MARLEY ET MOI

www.editions-jclattes.fr

John Grogan

MARLEY ET MOI

Mon histoire d'amour avec le pire chien du monde

Traduit de l'anglais (États-Unis) par Carole Delporte

JC Lattès
17, rue Jacob 75006 Paris

Titre de l'édition originale
MARLEY & ME
Life and Love with the World's Worst Dog
publiée par William Morrow, une division de HarperCollins Publishers.

Pour l'éditeur, le prince est d'utiliser des papiers composés de fibres naturelles, renouvelables, recyclables et fabriquées à partir de bois issus de forêts qui adoptent un système d'aménagement durable.

En outre, l'éditeur attend de ses fournisseurs de papier qu'ils s'inscrivent dans une démarche de certification environnementale reconnue.

ISBN : 978-2-7096-2889-1

Première édition novembre 2007.

À la mémoire de mon père, Richard Frank Grogan, dont l'esprit léger anime chaque page de ce roman.

Préface

Le chien idéal

L'été 1967, alors que j'étais âgé de dix ans, mon père accéda enfin à mon plus cher désir et m'emmena acheter mon propre chien. Nous nous sommes enfoncés dans la campagne du Michigan à bord du break familial, jusqu'à une ferme tenue par une femme fruste et sa vieille maman. On n'y vendait qu'une seule chose – des chiens. Des chiens de taille, d'âge, de race et de tempérament variés. Ils n'avaient que deux choses en commun : c'étaient tous des bâtards qui cherchaient un foyer pour les accueillir. Cet endroit était une véritable ferme peuplée de chiens.

— Maintenant, prends ton temps, fils, me prévint mon père. Car ce que tu choisis aujourd'hui va te suivre de nombreuses années.

Je décidai aussitôt que les plus vieux cabots feraient le bonheur d'autres âmes plus charitables. Je me précipitai sur la cage des chiots.

— Si tu veux un chiot qui n'est pas peureux, reprit mon père, secoue la cage pour voir lesquels ne sont pas effrayés.

J'attrapai la chaîne qui fermait la porte de la cage et tirai dessus brutalement. Une douzaine de chiots reculèrent aussitôt, culbutant pêle-mêle au fond du box, dans un amoncellement de fourrures.

Un seul tenait ses positions. Il avait le pelage doré et une touffe de poils blanche sur la poitrine, et il jappait joyeusement en direction de la grille. Tout excité, il bondit vers moi et me lécha la main à travers les barreaux. Ce fut le coup de foudre.

Je le ramenai à la maison dans une boîte en carton et je l'appelai Shaun. C'était l'un de ces chiens qui donnent ses lettres de noblesse à la race canine. Shaun m'obéissait en tout et était naturellement bien élevé. Si je laissais tomber une croûte de pain par terre, il n'y touchait pas sans mon consentement. Il venait quand je l'appelais et ne bougeait que si je le lui ordonnais. Nous l'autorisions à sortir seul la nuit, car il revenait toujours après avoir fait son tour. Même si cela nous arrivait rarement, nous pouvions le laisser seul des heures entières dans la maison sans qu'il ne se blesse ni ne dérange quoi que ce soit. Il courait derrière les voitures, mais sans les pourchasser et il marchait à nos côtés sans laisse. Il était capable de plonger au fond du lac et de remonter de si grosses pierres qu'elles restaient parfois coincées entre ses mâchoires. Lorsque nous faisions une balade en voiture, rien ne lui plaisait davantage que de rester sagement assis sur la banquette arrière à côté de moi, et de contempler le monde qui défilait sous ses yeux. Je l'entraînai à tirer ma bicyclette dans tout le voisinage, à la manière d'un chien de traîneau, ce qui rendait mes amis fous de jalousie. Il ne me fit jamais courir le moindre danger.

Il était avec moi quand je fumai ma première (et dernière) cigarette et que je donnai mon premier baiser. La première fois que je piquai la Corvair de mon frère aîné pour faire une virée, il se tenait fièrement à côté de moi sur le siège avant de la voiture.

Shaun était fougueux mais prudent, affectueux mais calme. Il était si bien élevé qu'il se retirait même discrètement dans les buissons pour faire sa petite affaire, ne laissant dépasser que sa tête des feuillages. Grâce à cette habitude proprette, nous pouvions marcher pieds nus sur la pelouse sans danger.

Des membres de la famille, venus passer le weekend à la maison, avaient été si impressionnés par Shaun – ou Saint Shaun, comme j'en étais venu à l'appeler – qu'ils étaient retournés chez eux avec la ferme intention d'acheter un chien. C'était une plaisanterie habituelle dans la famille, cette histoire de saint; pourtant, on était presque tenté d'y croire. D'origine inconnue, Shaun était l'un de ces dizaines de milliers de chiens dont l'Amérique ne voulait pas. Mais grâce à un heureux effet de la Providence, il avait trouvé une famille. Il était entré dans ma vie comme j'étais entré dans la sienne – et ce faisant, Shaun m'avait donné l'enfance dont rêve tout petit garçon.

Notre histoire d'amour a duré quatorze ans. Le jour où Shaun est mort, je n'étais plus l'enfant qui l'avait ramené à la maison cet été-là. J'étais un homme, tout frais émoulu de l'université, qui voyageait à travers le pays pour commencer son premier vrai travail. Saint Shaun était resté dans le Michigan lorsque j'avais déménagé. C'était là sa vraie place. Mes parents, alors retraités, m'appelèrent pour m'annoncer la nouvelle. Ma mère me dit plus tard : « En cinquante années de mariage, je n'ai vu ton père pleurer que deux fois. La première, c'était quand nous avons perdu Mary-Ann – ma sœur, mort-née. La seconde fois, c'était à la mort de Shaun. »

Le saint de mon enfance. Il était le chien idéal. Du moins, je m'en souviendrais toujours ainsi. Shaun serait ma référence pour tous les autres chiens à venir.

1

Le petit troisième

Nous étions jeunes. Nous étions amoureux. Nous vivions pleinement ces merveilleuses premières années de mariage, où la vie paraît plus belle que jamais.

Un soir de l'année 1991, ma jeune épouse et moi partagions un dîner rapide et nous hésitions à répondre à une petite annonce du *Palm Beach Post*.

Pourquoi avions-nous fait cela ? Je ne le savais pas exactement. Quelques semaines plus tôt, je m'étais réveillé un peu avant l'aube, et j'avais trouvé une place vide à côté de moi dans le lit. Je m'étais levé et avais découvert Jenny en robe de chambre sous le porche de notre bungalow. Assise à la table de verre, elle était penchée sur le journal, un stylo à la main.

Rien d'anormal dans cette scène. Le *Palm Beach Post* n'était pas seulement l'un des principaux quotidiens de la Floride du Sud, il nous assurait également la moitié de nos revenus dans la mesure où nous étions tous deux journalistes. Jenny était chroniqueuse pour la section « Événements » du *Post*; j'étais journaliste d'information pour son concurrent, le *Sun-Sentinel*, dont le siège se trouvait à une heure de route au sud, à Fort Lauderdale. Chaque matin, nous commencions la journée en épluchant les journaux, vérifiant la façon dont nos textes avaient été publiés et s'ils tenaient la route. Nous passions le journal au crible, entourant, soulignant, classant les articles avec délectation.

Mais ce matin-là, Jenny ne lisait pas les titres; elle avait le nez dans les petites annonces, à la rubrique « animaux domestiques – chiens ».

— Hum, lui dis-je de la voix douce et suave d'un jeune marié. Y a-t-il quelque chose que je devrais savoir ?

Elle ne répondit pas.

— Jen-Jen ?

— C'est la plante, finit-elle par dire, avec une note de désespoir dans la voix.

— La plante ?

— Cette plante idiote. Celle que nous avons tuée.

Celle que *nous* avons tuée ? Sans être mesquin, c'était la plante que *je* lui avais achetée et qu'*elle* avait tuée. Un soir, je lui avais fait la surprise de lui offrir une charmante dieffenbachia aux feuilles couleur crème et émeraude.

— C'est pour quelle occasion ? avait-elle demandé.

Mais il n'y avait pas d'occasion particulière. Je voulais juste lui dire : « Bon sang ! N'est-ce pas génial d'être mariés ? »

Elle avait adoré le geste, ainsi que le cadeau, et m'avait remercié en se jetant à mon cou et en m'embrassant. Puis elle s'était employée à assassiner mon présent avec une redoutable efficacité. Non pas qu'elle en eût l'intention. Sans le vouloir, elle avait gavé la pauvre créature jusqu'à l'étouffement. Jenny n'avait pas exactement ce qu'on appelle la main verte. Partant de l'idée communément admise que toute créature vivante a besoin d'eau – mais oubliant apparemment qu'elle a aussi besoin d'air – elle avait commencé à l'abreuver quotidiennement.

— Prends garde à ne pas la noyer, l'avais-je prévenue.

— O.K., m'avait-elle répondu, tout en s'emparant d'un nouveau litre d'eau.

Plus la plante se flétrissait, plus Jenny l'imbibait d'eau, jusqu'à ce que la pauvre chose en vînt à surnager dans une boue visqueuse.

Tout en observant son squelette distordu dans le pot sur le rebord de la fenêtre, je pensais : « Cette vision donnerait à réfléchir à tout homme un tant soit peu superstitieux. »

Voilà où en était à présent Jenny. Défiant les lois de la logique, elle était passée d'une plante morte dans un pot à un animal vivant trouvé dans les petites annonces. Tuez une plante, achetez un chiot. Logique en somme.

Je regardai de plus près le journal posé sous ses yeux et je vis qu'une annonce particulière semblait retenir toute son attention. Elle avait dessiné trois étoiles rouges à son endroit pour la démarquer des autres. L'annonce disait : « Bébés labradors, pelage couleur jaune. Garantis pure race. Parents visibles. »

— Alors ? Peux-tu m'expliquer une bonne fois pour toutes le rapport entre la plante et le chien ?

— Tu sais, répondit-elle en levant les yeux sur moi, j'ai fait de mon mieux et regarde ce qui est arrivé. Je suis incapable de m'occuper d'une stupide plante verte. Ce que je veux dire, c'est que ça ne doit pas être si sorcier que ça. Tout ce que je devais faire, c'était arroser cette maudite chose.

Puis elle vint au cœur du sujet.

— Si je suis incapable de garder une simple plante en vie, comment pourrais-je garder un bébé en vie ?

Elle semblait être sur le point de pleurer.

Le Syndrome du Bébé, comme je l'appelais, était une constante dans la vie de Jenny et il s'était amplifié avec le temps. Lorsque nous nous étions rencontrés, à la rédaction d'un petit journal, dans le Michigan, elle venait de terminer ses études et la question épineuse de la maternité n'était encore qu'un lointain concept. Tout juste sortis de l'université, elle et moi faisions nos premiers pas dans le monde professionnel. Nous ingurgitions beaucoup de pizzas, buvions des litres de bière et n'avions jamais imaginé être un jour autre chose que de jeunes célibataires consommateurs de pizzas et de bière.

Puis les années avaient passé. Nous commencions à peine à sortir ensemble quand des opportunités professionnelles s'étaient offertes à nous – et notamment une formation complémentaire d'un an pour moi –, ce qui nous a entraînés dans différents coins de l'est des États-Unis. Au début, nous n'étions qu'à une heure de route l'un de l'autre. Ensuite à trois heures. Puis à huit heures. Et même à vingt-quatre. Quand nous posâmes enfin nos valises en Floride du Sud pour nous installer ensemble, Jenny avait presque trente ans. Ses amis avaient des enfants. Son corps lui envoyait d'étranges messages. La fenêtre apparemment éternellement ouverte de la fécondité se refermait lentement.

Je me penchai vers elle, entourai ses épaules de mes bras et déposai un baiser sur ses cheveux.

— Ne t'inquiète pas, lui dis-je.

Je devais cependant admettre qu'elle avait soulevé une bonne question. Aucun de nous n'avait jamais élevé quoi que ce soit. Bien sûr, nous avions eu des animaux domestiques. Mais cela ne comptait pas. Nous avions toujours su que nos parents en prendraient soin. Nous savions tous les deux qu'un jour, nous voudrions avoir des enfants, mais étions-nous réellement prêts ? Les enfants étaient si… si… effrayants. Ils étaient fragiles, sans défense et semblaient vouloir se briser à la moindre chute.

Un petit sourire apparut sur le visage de Jenny.

— Je pense qu'avoir un chiot serait un bon entraînement, déclara-t-elle.

À la nuit tombante, alors que nous roulions en direction du nord, où les banlieues de West Palm Beach s'effaçaient progressivement pour laisser place à de vastes étendues désolées, je repensai à notre décision d'adopter un chien. C'était une lourde responsabilité, surtout pour deux personnes qui travaillaient à plein temps, même si nous savions ce qui nous attendait. Nous avions tous deux grandi avec des chiens et nous les adorions. J'avais eu Saint Shaun et Jenny Sainte Winnie, un setter anglais, le chouchou de la famille. Nos compagnons à quatre pattes étaient présents dans presque tous nos souvenirs. Nous partagions tout avec eux : nos promenades, nos baignades, nos jeux, et aussi nos ennuis. Si Jenny voulait un chien uniquement pour mesurer ses compétences maternelles, je devais peut-être essayer de la faire changer d'avis et la rassurer en lui offrant un poisson rouge. Mais nous étions certains de vouloir des enfants un jour et nous savions avec la même certitude que notre foyer ne serait pas complet sans un chien à nos côtés. Lorsque nous sortions ensemble, nous discutions des heures durant de nos animaux domestiques, et cela bien avant d'envisager d'avoir des enfants. Nous nous disions combien nos fidèles amis nous manquaient et que le jour où nous aurions un endroit pour vivre et une vie professionnelle plus stable, nous pourrions de nouveau avoir un chien.

Désormais, nous avions tout pour être heureux. Une vie paisible dans un endroit que nous n'avions pas l'intention de quitter avant longtemps, une maison bien à nous.

C'était une charmante petite bâtisse située sur un adorable lopin de terre entouré d'une barrière – le lieu idéal pour un chien. Le quartier était tout aussi plaisant. Une zone résidentielle à quelques pas de l'Intracoastal Waterway, qui sépare West Palm Beach des rares luxueuses propriétés de Palm Beach. À deux pas de chez nous, Churchill Road, une longue promenade pavée agrémentée d'espaces verts, longeait le front de mer. C'était l'endroit rêvé pour faire du jogging, du vélo, du roller. Et bien sûr, pour promener son chien.

La maison datait des années 50 et possédait le charme un peu suranné de ces vieilles maisons de Floride, avec une cheminée, des murs de plâtre brut, de larges fenêtres et des portes-fenêtres donnant sur le porche, notre espace préféré. Le jardin était un véritable petit paradis tropical où s'épanouissaient palmiers, bromélias, avocatiers et coléus aux couleurs vives. Un immense manguier dominait la propriété. Chaque année, ses fruits tombaient sur le sol avec un bruit lourd et empesé qui faisait penser, bizarrement, à des corps tombant du toit. Étendus sur le lit, nous entendions régulièrement : *Poum ! Poum ! Poum !*

Nous avions acheté ce bungalow comprenant deux chambres et une salle de bains quelques mois après notre retour de lune de miel. Nous nous y étions immédiatement installés et l'avions réaménagé. Les anciens propriétaires – un employé des postes et sa femme – adoraient la couleur verte. Les murs extérieurs en stuc étaient verts. Les papiers peints étaient verts. Les rideaux étaient verts. Les volets étaient verts. La porte d'entrée était verte. La moquette, qu'ils avaient achetée uniquement pour vendre la maison, était verte. Non pas un vert fruité ou un beau vert émeraude ou encore un vert tendre, mais un horrible vert de soupe de pois cassé, avec une nuance de kaki. Cela faisait immédiatement penser à un baraquement de l'armée.

Pendant notre première nuit dans la maison, nous avions arraché chaque centimètre carré de la moquette avant de la jeter sur le trottoir. Sous la moquette se trouvait un parquet de chêne parfaitement lisse qui n'avait apparemment jamais été éraflé par la moindre chaussure. Nous l'avions soigneusement poncé et verni, de façon à lui donner une belle patine. Ensuite presque deux semaines de salaire étaient passées dans l'acquisition d'un tapis persan tissé main qui avait trouvé sa place dans le salon, en face de la cheminée. Les mois passant, chaque surface verte de la maison avait été repeinte et chaque accessoire vert remplacé. L'ancienne maison de l'employé des postes était peu à peu devenue notre nouveau chez-nous.

Tout cela n'aurait aucun sens si cette maison accueillait un colocataire à quatre pattes, avec des ongles griffus, de grandes dents et une connaissance très limitée de notre langue.

— Ralentis, Fangio, ou bien nous allons la manquer, dit Jenny. Nous devrions la voir dans un instant.

Nous roulions dans une nuit d'encre, sur une route qui traversait un ancien marais. Il avait été drainé après la

Seconde Guerre mondiale pour l'exploitation agricole et était aujourd'hui colonisé par des banlieusards désireux d'adopter un mode de vie campagnard.

Comme Jenny l'avait prédit, nos phares éclairèrent bientôt une boîte aux lettres sur laquelle était inscrite l'adresse que nous recherchions. Un chemin de gravillons menait à une vaste propriété arborée. Un étang se trouvait devant la maison et une grange juste derrière. Sur le pas de la porte, une femme entre deux âges répondant au nom de Lori nous accueillit, un gros labrador placide à ses pieds.

— Voici Lily, l'heureuse mère, dit Lori après s'être présentée.

Cinq semaines après la naissance, le ventre du labrador au poil jaune était toujours rebondi et ses mamelles proéminentes. Nous nous sommes tous les deux agenouillés et la chienne reçut avec joie nos marques d'affection. Elle représentait le labrador idéal : doux, affectueux, calme et incroyablement beau.

— Où est le père ? demandai-je.

— Oh ! fit la femme, hésitant juste une fraction de seconde. Sammy Boy ? Il est quelque part dans les parages. J'imagine que vous mourez d'envie de voir les chiots ?

Elle nous fit traverser la cuisine pour nous emmener dans un débarras qui avait été transformé en nursery. Des journaux recouvraient le sol et, dans un coin de la pièce, une boîte en carton était posée sur de vieilles serviettes de plage. Mais nous ne fîmes pas attention à tout cela. Comment aurions-nous pu nous attacher à ces détails, alors que neuf charmants chiots au pelage jaune trébuchaient les uns sur les autres ? Jenny était conquise.

— Oh ! mon Dieu, s'exclama-t-elle. Je crois que je n'ai jamais vu une chose aussi adorable de toute ma vie.

Nous nous sommes assis sur le sol et nous avons laissé les chiots escalader nos genoux, pendant que Lily bondissait joyeusement à nos côtés. La queue frétillante, elle poussait gentiment sa progéniture du museau pour vérifier si tout se passait bien. Jenny et moi nous étions mis d'accord pour venir voir les chiots, poser quelques questions et prendre ensuite le temps de la réflexion avant de décider si nous allions ou non en ramener un à la maison.

— C'est la première annonce à laquelle nous répondons, lui avais-je répété avant de venir. Ne prenons pas de décision hâtive.

Mais après seulement trente secondes passées avec ces petites boules de poil, je savais que je ne pourrais pas lutter. Il était évident que dès ce soir, l'un de ces mignons petits chiots serait à nous.

Lori avait de l'expérience en matière d'élevage, alors que nous étions des novices dans ce domaine. Heureusement, nous nous étions suffisamment documentés pour savoir qu'il fallait se méfier des soi-disant élevages de chiens de pure race, en réalité de vraies exploitations commerciales qui produisaient des chiens de race comme Ford produisait des Taurus. À la différence des voitures en série, les chiots en série pouvaient présenter d'importants problèmes héréditaires, de la dysplasie des hanches à une cécité précoce, résultats d'unions consanguines.

Loin de tout ça, Lori était une passionnée, davantage motivée par l'amour de l'élevage que par le profit. Elle ne possédait qu'un mâle et une femelle, issus de deux lignées différentes. Elle en avait la preuve écrite. Ce serait la dernière portée de Lily avant qu'elle ne prît une retraite bien méritée avec sa petite famille à la campagne. Avec les deux parents sur place, l'acheteur pouvait vérifier l'ascendance des chiots – même si dans le cas présent, le père semblait introuvable.

La portée était composée de cinq femelles – dont quatre étaient déjà réservées – et de quatre mâles. Lori demandait quatre cents dollars pour la dernière femelle et trois cent soixante-quinze dollars pour les mâles. L'un d'entre eux semblait particulièrement épris de nous. C'était le plus intrépide. Il sautait sur nos genoux, faisait des cabrioles et se démenait pour nous lécher le visage. Il mâchouillait nos doigts avec des petites dents étonnamment pointues et décrivait des cercles autour de nous d'une démarche pataude, due à ses énormes pattes disproportionnées.

— Celui-là, vous pouvez l'avoir pour trois cent cinquante, dit la propriétaire.

Jenny était une chineuse enragée, qui avait l'habitude de rapporter à la maison des tas de choses inutiles, simplement parce qu'elle n'avait pu résister à leur prix attractif. « Je sais que tu ne joues pas au golf, m'avait-elle dit un jour où elle avait extrait du coffre de la voiture un set de clubs de golf usés. Mais tu ne devineras jamais à quel prix je les ai eus. »

Là, je voyais ses yeux briller de convoitise.

— Hé ! chéri, roucoula-t-elle, ce petit bonhomme est une affaire.

Je devais bien admettre qu'il était drôlement mignon. Et fringant, aussi. Avant que je puisse comprendre ce qu'il était en train de faire, le petit chenapan avait déjà grignoté une partie de mon bracelet-montre.

— Nous devons faire le test de la peur, suggérai-je.

J'avais raconté un nombre incalculable de fois à Jenny comment j'avais choisi Saint Shaun quand j'étais enfant. Je lui avais expliqué que mon père m'avait appris à faire un mouvement brusque ou un grand bruit pour séparer les trouillards des courageux. Assise au milieu de la bande de chiots, Jenny me lança ce regard qu'elle réservait aux comportements étranges de la famille Grogan.

— Sérieusement, insistai-je. Ça marche.

Je me levai, je tournai le dos aux chiots, puis je me retournai sans crier gare en faisant un brusque pas en avant. J'envoyai mon pied en l'air et je criai : « Hé ! » Pas un chiot ne parut concerné par les gesticulations d'un étranger. Mais l'un d'eux s'avança, prêt à affronter l'ennemi. C'était le chenapan. Il se rua sur mes pieds et s'attaqua à mes lacets comme s'ils étaient de dangereux assaillants.

— Je crois que c'est le destin, dit Jenny.

— Tu crois ? demandai-je en le soulevant d'une main à la hauteur de mon visage pour étudier sa petite bouille.

Il me regarda de ses yeux bruns attendrissants et se mit à me mordiller le nez. Je le confiai à Jenny et il recommença son manège.

— Apparemment, il nous aime bien, déclarai-je.

Voilà comment l'affaire fut conclue. Nous fîmes à Lori un chèque de trois cent cinquante dollars et elle nous dit qu'on pourrait venir chercher le chiot dans trois semaines. Il aurait alors huit semaines et serait sevré. Nous remerciâmes la propriétaire, puis nous lui donnâmes une poignée de main avant de prendre congé.

Tout en marchant vers la voiture, je pris Jenny par l'épaule et je la serrai contre moi.

— Est-ce que tu peux le croire ? Nous avons trouvé notre chien !

— J'ai hâte de le ramener à la maison ! répondit-elle.

En arrivant à la voiture, nous entendîmes un bruit bizarre venant des bois alentour. Quelque chose bougeait dans les branchages et respirait bruyamment. On avait l'impression d'être dans un film d'horreur. La chose venait vers nous. Nous tremblions, scrutant l'obscurité. Le bruit s'amplifiait et se rapprochait. Tout à coup, la chose jaillit des buissons et s'élança dans notre direction – c'était un gros labrador jaune. Un très *gros* labrador jaune. Il passa devant nous à toute vitesse sans s'arrêter et apparemment sans même nous remarquer. C'était un grand labrador retriever. Mais il ne ressemblait en rien à la douce Lily. Celui-là avait le poil trempé, les pattes crottées de boue, la langue pendante et la gueule pleine de bave. Dans la fraction de seconde où je l'aperçus, je captai dans son regard une étrange lueur, presque ironique. Un peu comme si cet animal venait de croiser un revenant et que cela le mettait en joie.

Puis, avec le bruit d'un troupeau de buffles en marche, il disparut derrière la maison et fut bientôt hors de vue.

Jenny laissa échapper un hoquet.

— Je pense, dis-je, soudain pris d'un mauvais pressentiment, que nous venons juste de rencontrer le papa.

2

La course au sang bleu

Notre premier acte de jeunes propriétaires de chien fut de nous disputer. Notre querelle commença sur le chemin du retour et se poursuivit par intermittence durant le week-end. Nous n'arrivions pas à nous mettre d'accord sur le nom de notre chien. Jenny rejetait toutes mes suggestions et je faisais de même avec les siennes. La bataille atteignit son point d'orgue un matin, juste avant que nous partions travailler.

— Chelsea ? fis-je. C'est un nom de nana. Aucun chien mâle n'accepterait de porter le nom de *Chelsea*.

— Il est vrai que le chien a son mot à dire.

— Hunter. Hunter[1] serait parfait.

— Hunter ? Tu plaisantes, n'est-ce pas ? Tu veux jouer les machos, les gros bras, c'est ça ? C'est beaucoup trop masculin. En plus, tu n'as jamais rien chassé de ta vie.

1. *Hunter* : chasseur en anglais.

— C'est un mâle, non ? hurlai-je, furibond. Il est *censé* avoir un prénom masculin. Alors, ne me débite pas ton petit laïus féministe.

Tout ça ne présageait rien de bon. Je venais de porter un coup bas. Au moment où Jenny allait contre-attaquer, je tentai de ramener la discussion sur mon candidat favori.

— Quel est le problème avec Louie ?

— Aucun, si tu es employé dans une station-service.

— Hé ! Attention ! C'était le nom de mon grand-père. Peut-être devrions-nous lui donner le nom de ton grand-père ? Bon chien, Bill !

Alors que nous nous disputions, Jenny se dirigea distraitement vers la chaîne stéréo et mit le lecteur de cassettes en marche. C'était une stratégie de combat marital. Quand vous doutez, faites traîner les choses. Le reggae de Bob Marley qui se déversa par les enceintes eut sur nous un effet apaisant immédiat.

Nous avions découvert le chanteur jamaïcain quand nous avions quitté le Michigan pour la Californie. Dans notre coin perdu de l'Upper Midwest, nous avions fait une cure de Bob Seger et John Cougar Mellencamp. Ici, dans le melting-pot de la Floride du Sud, la musique de Bob Marley était partout dans l'air, même dix ans après sa mort. Nous l'écoutions dans la voiture, en descendant Biscayne Boulevard. À Little Havana, en sirotant des *cafés cubanos*. Dans des bouis-bouis de la banlieue morose de Fort Lauderdale, en mangeant des ailes de poulet à la jamaïcaine. En dégustant nos premiers beignets de conque au festival Bahamiam Goombey de Miami ou encore à Key West, quand nous chinions, à la recherche d'objets d'art haïtiens.

Plus le temps passait, plus nous étions amoureux de la Floride du Sud, et plus nous étions amoureux l'un de l'autre. Et en toile de fond, Bob Marley semblait toujours présent. Il accompagnait nos dîners sur la plage, les travaux de rénovation de la maison, nos réveils, couvrant les cris des perroquets... Il était même là quand nous faisions l'amour dans la lumière filtrant à travers les feuilles des faux poivriers brésiliens devant nos fenêtres. Nous étions amoureux de cette musique pour ce qu'elle était, mais aussi pour ce qu'elle représentait – un moment de notre existence où nous avions cessé d'être deux pour n'être plus qu'un. Bob Marley était le reflet de notre nouvelle vie dans ce lieu étrange, exotique et chaotique qui ne ressemblait à rien de ce que nous avions connu auparavant.

Nous entendîmes alors notre chanson favorite, une très belle chanson qui avait vraiment un sens pour nous. La voix de Bob Marley emplissait la pièce, répétant encore et encore le refrain : « Est-ce de l'amour que je ressens ?[1] »

Et exactement au même moment, comme si nous avions répété notre texte, nous nous exclamâmes dans un chœur parfait : « Marley ! »

— C'est ça ! C'est le nom idéal.

Jenny souriait, ce qui était bon signe.

Je le répétai à voix haute, pour voir si ça collait.

— Marley, ici ! Marley, ne bouge pas ! Bon chien, Marley !

Jenny fit elle aussi un galop d'essai :

— Marley ! Tu es un bon toutou-à-sa-maman.

— Hé ! Je crois que ça fonctionne.

Jenny était d'accord. Notre dispute était terminée. Nous avions trouvé le nom de notre chiot.

1. *Could you be loved*, 1980.

Le lendemain soir, après dîner, je vins trouver Jenny, qui lisait dans notre chambre.

— Je pense que nous devons donner un peu plus de pep à son prénom, lui déclarai-je.

— De quoi parles-tu ? Nous adorons tous les deux Marley.

J'avais lu la documentation provenant de l'American Kennel Club[1]. Comme Marley descendait de deux purs labradors retrievers, tous deux enregistrés, il était lui-même automatiquement enregistré à l'AKC. Cela n'aurait réellement d'utilité que si nous projetions de faire passer des concours à notre chien ou de nous lancer dans l'élevage, auxquels cas rien n'était plus important que cette feuille de papier. Pour un animal domestique, c'était totalement superflu. Mais j'avais de grandes ambitions pour notre Marley. Comme Saint Shaun, le chien de mon enfance, je n'avais pas d'ascendance particulière. Mon arbre généalogique regroupait plus de nationalités que l'Union européenne tout entière. Ce chien était plus proche du sang bleu que je ne le serais jamais et je n'avais pas l'intention de laisser passer une telle opportunité.

— Imaginons qu'on veuille le faire participer à des compétitions, dis-je. As-tu déjà vu un champion avec un nom aussi simple ? Les gagnants ont toujours des titres importants, comme Sir Dartworth of Cheltenham.

— Et son maître, Sir Dorkshire of West Palm Beach, ajouta Jenny.

— Je suis sérieux, nous pourrions gagner de l'argent en le poussant un peu. Tu sais combien les gens sont prêts à payer pour avoir des graines de champion ?

1. L'American Kennel Club, ou AKC, est un organisme qui recense les chiens de race américains et qui dispense informations, conseils et services à leurs propriétaires.

— J'imagine, répliqua Jenny, avant de retourner à sa lecture.

Le lendemain matin, après une nuit de réflexion, je coinçai Jenny dans la salle de bains.

— J'ai trouvé le nom parfait, dis-je.

Elle m'observa d'un air sceptique.

— Surprends-moi.

— O.K. Tu es prête ? Voilà…

Je détachai chaque mot avec une lenteur calculée :

— Grogan's… Majestic… Marley… of… Churchill.

Ouais, pensai-je, *ça sonne drôlement bien.*

— Mmm, fit Jenny, c'est ridicule.

Je m'en moquais. J'étais en possession des papiers d'inscription et j'avais déjà noté ce nom. À l'encre. Jenny pouvait me taquiner autant qu'elle le voulait ; le jour où Grogan's Majestic Marley of Churchill recevrait les honneurs du Westminster Kennel Club Dog Show, dans quelques années, et que je le promènerais fièrement sur le devant de la scène, sous le regard admiratif des téléspectateurs du monde entier, on verrait bien qui rirait le dernier.

— Allez viens, mon cher duc, dit-elle, allons prendre notre petit-déjeuner.

3

Retour à la maison

En attendant de pouvoir ramener notre chien à la maison, j'avais commencé tardivement à me documenter sur les labradors retrievers. Je dis *tardivement*, car tous les livres que je lisais donnaient le même conseil primordial : « Avant d'acheter un chien, renseignez-vous sur sa race, afin de savoir exactement à quoi vous attendre. »

Oups. Un petit appartement, par exemple, accueillerait difficilement un saint-bernard. Une famille avec de jeunes enfants éviterait certainement les imprévisibles chows-chows. Un pantouflard à la recherche d'un bon chien pour paresser des heures entières devant la télévision serait bien mal avisé de prendre un border coolie, qui aura besoin de courir et de travailler pour être heureux.

J'étais gêné de constater que Jenny et moi n'avions fait aucune recherche préalable avant de porter notre choix sur un labrador retriever. Nous avions sélectionné la race sur un unique critère : le coup de cœur. Nous avions toujours admiré ces chiens qui trottaient aux côtés de leur maître à bicyclette le long de l'Intracoastal Waterway – de bons gros chiens animés d'une incroyable énergie.

Plus embarrassant encore, notre décision n'avait pas du tout été influencée par *The Complete Dog Book*, la bible des propriétaires de chiens, publiée par l'American Kennel Club, ni aucun autre livre de référence. Notre choix avait été motivé par un autre monument de la littérature canine, *The Far Side*, de Gary Larson. Nous étions de grands fans de la bande dessinée. Larson remplissait ses planches de labradors urbains pleins d'esprit qui racontaient les trucs les plus invraisemblables. Oui ! Ils parlaient. Pourquoi pas ? Les labradors étaient des animaux très drôles – du moins entre les mains de Larson. Et qui ne voudrait pas d'un peu de piment dans sa vie ? Nous étions conquis d'avance.

À présent que je me plongeais dans de sérieuses études sur les retrievers, j'étais soulagé d'apprendre que – malgré notre désinformation – nous étions loin d'être à côté de la plaque. Les livres relataient d'innombrables témoignages sur la personnalité aimante et attachante du retriever, sa gentillesse avec les enfants, son absence d'agressivité et son désir de plaire. Son intelligence et sa malléabilité en faisaient un bon candidat pour seconder les aveugles, les handicapés ou les sauveteurs. Toutes ces qualités s'appliquaient parfaitement à une maison qui accueillerait un jour ou l'autre des enfants.

Un livre disait : « Le labrador retriever est connu pour son intelligence, son caractère affectueux, son adresse et sa dévotion sans bornes. » Un autre précisait la grande loyauté qui caractérisait cette race. Ses aptitudes faisaient du labrador un chien idéal pour les sportifs. Capable de dénicher des faisans et des canards dans les eaux froides, il était aussi le chien favori des chasseurs. Pour les mêmes raisons, il ferait assurément un merveilleux animal domestique. En 1990, le labrador retriever avait détrôné le cocker spaniel à la tête de la liste des races les plus populaires de l'American Kennel Club. Aucune autre race n'avait menacé le labrador depuis. En 2005, le labrador tenait la première place de la liste de l'AKC depuis quinze années consécutives, avec 146 692 labradors inscrits. Loin derrière, à la seconde place, venaient les golden retrievers, avec 52 550 membres puis, à la troisième place se trouvaient les bergers allemands, qui étaient au nombre de 46 046.

Presque par accident, nous étions tombés sur la race préférée des Américains. Ces heureux propriétaires ne pouvaient pas tous se tromper, n'est-ce pas ? Nous avions choisi la race des champions. Il fallait cependant tenir compte des sérieux avertissements dont ces livres étaient remplis.

Les labradors étaient des chiens travailleurs et semblaient avoir une inépuisable énergie. Ils étaient extrêmement sociables et ne supportaient guère de rester seuls durant de longues périodes. Ils pouvaient se montrer particulièrement bornés et difficiles à dresser. Ils avaient besoin d'exercices rigoureux et quotidiens et pouvaient avoir des penchants destructeurs. Certains devenaient facilement incontrôlables et donnaient du fil à retordre aux éleveurs. Ils pouvaient vivre une sorte d'enfance prolongée, jusqu'à trois ans ou plus. Leur longue et exubérante adolescence requérait une extrême patience de la part de leur maître.

Tout en muscles, les retrievers étaient devenus, de génération en génération, très résistants à la douleur. Cette qualité leur était indispensable quand ils se jetaient dans les eaux glacées de l'Atlantique Nord pour aider les pêcheurs. Mais à la maison, ces mêmes qualités les transformaient parfois en véritables fauves. Ces animaux puissants ne mesuraient pas toujours leur force. Une femme me raconta qu'un jour, elle avait attaché son labrador à la porte de son garage, le temps de laver sa voiture dans l'allée. Le chien, qui avait aperçu un écureuil, s'était lancé à sa poursuite et, dans son élan, avait arraché la porte métallique du mur.

C'est alors que je lus une phrase qui m'effraya : « Les parents sont sans doute les meilleurs indicateurs du futur comportement de leur chiot. Il est étonnant de constater qu'il hérite d'une grande partie de leur propre tempérament. » Je me rappelai alors dans un flash le gros labrador qui était sorti des bois comme un diable de sa boîte, le soir où nous avions choisi notre chiot. *Oh, mon Dieu !* pensai-je. Le livre insistait sur l'importance de voir le père et la mère. Un nouveau flash-back et je me remémorai l'hésitation de la propriétaire, quand je lui avais demandé où se trouvait le père. *Oh !... Il est quelque part dans les parages.* Je finis par me rappeler la façon dont elle avait rapidement changé de sujet.

Tout cela était parfaitement clair. Un acheteur averti aurait exigé de voir le père. Et qu'aurait-il vu ? Un animal fou courant aveuglément dans la nuit, comme si le diable était à ses trousses. Je fis une prière silencieuse pour que Marley héritât des heureuses dispositions de sa mère.

L'héritage génétique mis à part, les labradors de pure race avaient certaines caractéristiques communes. L'American Kennel Club recensait les qualités des labradors retrievers. Physiquement, ils étaient charpentés et musclés, avec le poil court, dru et résistant. Leur pelage pouvait être noir, brun chocolat ou bien d'une nuance de jaune, du beige au roux flamboyant. L'un de leurs signes distinctifs était leur queue épaisse et charnue, qui faisait penser à celle d'une loutre, et grâce à laquelle ils pouvaient débarrasser une table basse en un clin d'œil. Leur tête était large et massive, avec des joues puissantes et de larges oreilles souples. La plupart des labradors mesuraient environ soixante centimètres au garrot et le mâle type pesait entre vingt-neuf et trente-six kilos, bien que certains fussent parfois bien plus lourds.

Son apparence seule ne caractérisait pas le labrador. L'American Kennel Club donnait certains critères standards : « Le tempérament du labrador retriever est une marque de fabrique, au même titre que sa fameuse "queue de loutre". Généralement affectueux, sociable et malléable, le labrador aime plaire et ne montre aucune agressivité envers l'homme ou l'animal. Sa gentillesse, son intelligence et sa capacité d'adaptation en font un chien idéal. »

Un chien idéal ! Quelle brillante conclusion ! Plus j'avançais dans mes lectures, plus j'étais convaincu que nous avions pris la bonne décision. Même les avertissements ne me faisaient plus peur. Jenny et moi allions naturellement nous habituer à notre nouveau chien, le couvrir d'attentions et lui prodiguer toute notre affection. Nous étions décidés à prendre tout le temps nécessaire pour lui apprendre l'obéissance et la sociabilité. Bons marcheurs, nous faisions généralement de longues balades au bord de l'eau, aussi bien le matin que le soir. Il serait naturel d'emmener notre nouveau chien avec nous lors de nos promenades. Nous allions épuiser ce petit vaurien. Comme le bureau de Jenny ne se trouvait qu'à un kilomètre et demi de la maison, elle rentrait tous les jours pour déjeuner. Ce serait l'occasion pour elle de jouer à la balle dans l'arrière-cour avec notre chien, histoire de canaliser cette énergie débordante dont on nous parlait tant.

Une semaine avant la date prévue pour l'arrivée de Marley, Susan, la sœur de Jenny, nous appela de Boston. Avec son mari et ses trois enfants, elle prévoyait d'aller à Disneyworld la semaine suivante. Jenny voulait-elle les rejoindre et passer quelques jours avec eux ? En tante généreuse qui ne manquait jamais une occasion de gâter ses neveux et nièces, Jenny mourait d'envie de s'y rendre. Mais elle était dubitative.

— Je ne pourrai pas aller chercher Marley, expliqua-t-elle.

— Vas-y, lui répondis-je. J'irai chercher le chien, je l'installerai, et nous attendrons ton retour ensemble.

J'essayais de paraître détaché, mais j'étais secrètement ravi à l'idée d'avoir le chiot pour moi tout seul durant quelques jours. Nous serions tranquilles, entre hommes. Il nous appartenait à tous les deux à égalité. Cependant, je ne pensais pas qu'un chien pût obéir à deux maîtres, et s'il devait y avoir une instance supérieure dans cette maison, autant que ce fût moi. Ces trois petits jours me donneraient une longueur d'avance.

Une semaine plus tard, Jenny partit pour Orlando – un voyage d'une heure et demie en voiture. Le vendredi, après le boulot, je suis retourné à la ferme d'élevage pour aller chercher notre nouveau compagnon de vie. Quand Lori amena mon nouveau chien devant la maison, je faillis manquer d'air. Le fragile petit chiot que nous avions choisi trois semaines auparavant avait doublé de volume. Il bringuebala jusqu'à moi et se jeta sur mes chevilles, s'empêtrant dans mes pieds avant de rouler sur le dos, les pattes en l'air, ce que je pris pour un signe de soumission. Lori dut s'apercevoir de mon trouble.

— C'est un grand garçon, n'est-ce pas ? dit-elle affectueusement. Vous devriez le voir bousculer les autres chiots !

Je me penchai, grattai son ventre et déclarai :

— Prêt à partir, Marley ?

C'était la première fois que j'utilisais son nom pour de vrai et cela sonnait bien.

Dans la voiture, je lui avais aménagé un coin douillet à l'aide de vieilles serviettes de plage que j'avais disposées sur le siège passager. Je l'installai confortablement dessus. Mais à peine avais-je quitté l'allée de la ferme qu'il commença à se tortiller et à gigoter dans tous les sens, repoussant les serviettes. Il rampait vers moi en gémissant. Marley venait de se mettre dans une de ces situations inextricables qui jalonneraient le cours de sa vie. Ainsi, il se retrouvait avec les pattes de derrière accrochées au siège passager, les pattes de devant campées sur le siège du conducteur, et le ventre coincé sur le frein à main. Ses petites pattes s'agitaient dans tous les sens, sans résultat. Il se trémoussait, se contorsionnait, se lamentait en vain. On eût dit un cargo échoué sur un banc de sable. Je l'attrapai par la peau du dos, mais cela ne fit que l'exciter davantage et il se trémoussa de plus belle. Ses pattes arrière cherchaient désespérément à prendre appui sur le tapis entre les deux sièges. Progressivement, il commença à se hisser sur ses pattes arrière et à progresser dans ma direction, levant son derrière encore et encore… jusqu'à ce que la loi de la gravité le rappelât à l'ordre. Il tomba la tête la première sur mes pieds, roula sur le dos, puis se remit sur ses pattes à la vitesse de l'éclair. De là, il n'eut plus qu'à sauter sur mes genoux.

Bon sang ! Comme il était content ! Il était tellement joyeux qu'il enfonça sa tête dans mon ventre et se mit à mâchouiller allégrement les boutons de ma chemise, sa queue battant le volant comme un métronome.

Je découvris rapidement que je pouvais modifier le tempo de ses battements par un simple contact. Quand j'avais les mains sur le volant, sa queue donnait trois coups rapides. *Tap. Tap. Tap.* Il me suffisait de poser un doigt sur le haut de sa tête pour que le rythme passât de la valse à la bossa nova. *Tap-tap-tap-tap-tap-tap !* Deux doigts, et il attaquait le mambo. *Tap-tapa-tap-tap-tapa-tap !* Et quand je couvrais sa tête de ma paume et que je commençais à masser son crâne, le rythme évoquait celui d'une mitraillette, d'une samba très rapide. *Taptaptaptaptaptaptaptap !*

— Ouah ! Tu as le rythme dans la peau ! Tu es le digne héritier de Bob Marley !

Quand nous arrivâmes à la maison, je lui retirai sa laisse et je le laissai fureter à l'intérieur. Il commença à renifler partout et ne s'arrêta qu'après avoir inspecté chaque centimètre carré de la maison. Puis il s'assit sur ses pattes arrière et me regarda avec l'air de me dire : *Sympa, mais où sont mes frères et sœurs ?*

La nouvelle vie ne commença vraiment qu'à l'heure du coucher.

Avant d'aller le chercher, j'avais installé ses quartiers dans le garage qui jouxtait la maison. Nous nous en servions rarement pour garer la voiture. Il faisait plutôt office de débarras ; on y avait mis la machine à laver, le sèche-linge et la planche à repasser. C'était une pièce chaude et confortable avec une porte qui donnait sur l'arrière-cour.

Avec ses murs et son sol de béton, cet endroit faisait penser à un bunker indestructible.

— Marley, dis-je affectueusement en l'entraînant dans le garage. Voici ta chambre.

Au centre de la pièce, j'avais recouvert le sol de vieux journaux et disposé des jouets usés tout autour. Puis j'avais rempli un bol d'eau et installé un vieux plaid dans une boîte en carton en guise de lit.

— Et voilà où tu vas dormir, expliquai-je en le déposant dans la boîte.

Cette installation ne lui était pas étrangère, mais il avait l'habitude d'être entouré de ses semblables. Après avoir étudié le périmètre de la boîte, il leva le museau vers moi. Pour faire un test, je fermai la porte et retournai dans la maison. Au début, rien ne se passa. Puis j'entendis un faible couinement, presque inaudible qui se transforma en un cri déchirant. On eût dit que quelqu'un était en train de le torturer.

J'ouvris la porte et, dès qu'il me vit, il se dressa sur ses pattes. Je le caressai quelques minutes, avant de sortir de nouveau. Debout de l'autre côté de la porte, je commençai à compter. Un, deux, trois... Sept secondes plus tard, les gémissements recommencèrent. Nous répétâmes l'exercice plusieurs fois, avec toujours le même résultat. Fatigué, je décidai de le laisser pleurer jusqu'à ce qu'il s'endormît. J'éteignis la lumière du garage, fermai la porte, gagnai ma chambre et m'écroulai dans mon lit. Les murs de béton étouffaient à peine ses cris pitoyables. Je restai allongé, tentant de les ignorer, essayant de me convaincre à chaque minute qu'il allait finir par abandonner la partie et s'endormir. Les pleurs continuaient. Même avec un oreiller plaqué sur la tête, je les entendais encore. Je pensai à Marley, seul dans cet environnement étranger, sans la moindre odeur connue pour le rassurer. Sa mère manquait cruellement à l'appel, tout comme ses frères et sœurs. Pauvre petite chose !

Je patientai encore une demi-heure avant d'aller le voir. Dès qu'il m'aperçut, ses yeux se mirent à briller et sa queue commença à battre la cadence sur la boîte en carton. C'était comme s'il me disait : *Allez, viens ! Il y a plein de place ici.* Au lieu de cela, je pris la boîte et je l'emportai dans ma chambre. Puis je la déposai tout contre mon lit. Je m'allongeai au bord du lit et laissai ma main pendre au-dessus de lui. Ainsi, avec la paume de ma main sur son dos, je pouvais sentir sa respiration. Bientôt, nous tombâmes tous deux profondément endormis.

4

M. Wiggle

Les trois jours suivants, je me consacrai entièrement à notre nouveau compagnon à quatre pattes. Je m'installai sur le sol près de lui et le laissai explorer les environs. Nous jouions à nous affronter. J'utilisai un vieux torchon qu'il attrapait avec les dents et tentait de m'arracher des mains – je constatai avec surprise que, pour son âge, il avait une force peu commune. Il me suivait partout et se faisait un devoir de mâchouiller tout ce qui se trouvait à sa portée. Cela ne lui prit qu'une journée pour découvrir la chose la plus intéressante de la maison : le papier toilette. Il disparaissait à tout moment dans la salle de bains et, cinq secondes plus tard, revenait à toute allure, le papier entre les dents, une longue bande rose flottant dans son sillage. La pièce prenait alors des allures de salle des fêtes pour Halloween.

Toutes les demi-heures ou presque, je le ramenais dans l'arrière-cour pour qu'il se calmât. Quand il provoquait des accidents dans la maison, je le grondais. Quand il faisait pipi dehors, je plaçais ma joue tout contre la sienne et le complimentais de ma voix la plus douce. Et quand il faisait caca dehors, je faisais comme s'il venait juste de décrocher le gros lot.

Lorsque Jenny revint de Disneyworld, elle s'occupa de lui avec le même total dévouement. C'était incroyable de la voir agir ainsi. Les jours suivants, je découvris chez ma jeune épouse un caractère posé, attentif, maternel que je ne lui connaissais pas. Elle le prenait dans ses bras, le caressait, jouait avec lui. Elle faisait constamment attention à lui. Elle examinait la moindre parcelle de sa fourrure pour y dénicher des puces et des tiques. Elle se levait régulièrement la nuit – toutes les nuits – pour l'emmener faire ses besoins dehors. Grâce à ce système qui tenait en grande partie au dévouement de Jenny, notre Marley fut propre en quelques semaines à peine.

La plupart du temps, c'était elle qui le nourrissait.

Suivant les instructions notées sur la boîte d'aliments, nous donnions à Marley trois grands bols de croquettes par jour. Il les avalait en un rien de temps, sans en laisser la moindre miette. Bien sûr, ce qui entrait d'un côté ressortait de l'autre et bientôt, notre cour fut aussi accueillante qu'un champ de mines. Nous n'osions nous y aventurer sans avoir les yeux bien ouverts. Si Marley avait un énorme appétit, ses besoins étaient plus impressionnants encore – des monticules géants qui ressemblaient étrangement à ce qu'il avait ingéré. C'était à se demander si son système digestif fonctionnait correctement.

Apparemment, oui. Marley grossissait à vue d'œil. Comme ces incroyables lianes de la jungle capables de recouvrir la façade d'une maison en à peine quelques heures, il grandissait de façon exponentielle. Chaque jour, il devenait un peu plus massif, un peu plus grand, un peu plus lourd. Il pesait neuf kilos et demi quand je l'avais ramené à la maison et après quelques semaines, il en faisait déjà plus de vingt-deux. Sa petite bouille ronde, que je couvrais de ma paume le premier jour où je l'avais vu, avait pris la taille et la forme d'une enclume. Ses pattes étaient énormes, ses muscles se dessinaient nettement et son poitrail était aussi large qu'un bulldozer. Comme dans les descriptions des livres, sa queue fine s'élargissait et se fortifiait comme celle d'une loutre.

Cette queue était incroyable. Tout objet à hauteur de genoux pouvait être balayé par cette arme redoutable. Il débarrassait la table basse, balayait les magazines, renversait les cadres de photographies des étagères, envoyait valser les bouteilles de bière et les verres à vin. Il avait même fait voler en éclats une vitre de la porte-fenêtre. Progressivement, chaque objet avait migré vers des cieux plus élevés, à l'abri de ses mouvements incontrôlés. Nos amis qui avaient des enfants s'étonnaient.

— Votre maison est déjà équipée pour les enfants !

En fait, Marley ne remuait pas la queue. Il remuait son corps tout entier, commençant par les épaules avant d'agiter l'arrière-train. Nous étions persuadés qu'il n'avait pas d'os, juste un gros muscle élastique. Jenny commença à l'appeler M. Wiggle[1].

C'était pire quand il avait quelque chose dans la bouche. Son comportement était compulsif : il se jetait sur la première chose qui lui tombait sous la dent : chaussure, oreiller, stylo – n'importe quoi faisait l'affaire – puis partait en courant. C'était comme si une petite voix dans sa tête lui murmurait : *Vas-y ! Prends-le ! Cours !*

1. *To wiggle* signifie « gigoter » ou « remuer » en français.

Certains objets étaient suffisamment petits pour être dissimulés, ce qui le réjouissait particulièrement – il avait l'impression d'avoir emporté quelque trésor. Marley aurait pourtant fait un très mauvais joueur de poker. Quand il avait planqué quelque chose, il ne pouvait masquer son forfait. Il avait des moments de calme, mais pouvait aussi exploser dans une sorte de frénésie, comme si un aiguillon invisible l'avait piqué au vif. Son corps ondulait, sa tête dodelinait et son être entier entrait dans une sorte de danse aérienne. Nous l'appelions le Marley Mambo.

— Bien, qu'est-ce que tu as pris cette fois ? lui demandai-je quand je remarquai qu'à mon approche il tentait de s'esquiver, s'éloignant en ondulant des hanches et en agitant la queue avec les yeux brillants d'un enfant pris la main dans le sac.

Quand je parvenais finalement à le bloquer dans un coin et que je lui faisais ouvrir les mâchoires, je n'étais jamais déçu. Il réussissait toujours à piquer un truc dans la poubelle, par terre ou bien, quand il fut plus grand, sur la table. Serviettes en papier, Kleenex usagés, tickets de caisse, pièces de jeu d'échecs, capsules de bouteille – sa gueule était un vrai fourre-tout. Un jour, je retrouvai même ma carte de crédit plaquée contre son palais.

Les semaines passant, nous avions beaucoup de mal à nous rappeler ce qu'était la vie sans notre nouveau protégé. La routine s'installa. Tous les matins, avant même mon premier café, je l'emmenais faire un saut à la rivière. Après le petit-déjeuner, et avant ma douche, je nettoyais la cour à l'aide d'une pelle, puis j'enterrais les excréments dans le sable. Jenny partait travailler avant neuf heures, et je quittais à mon tour la maison vers dix heures, après avoir enfermé Marley dans le bunker avec un bol d'eau fraîche, une tonne de jouet, et ma recommandation habituelle d'être « un bon garçon, Marley ». Vers midi et demi, Jenny revenait à la maison pour sa pause déjeuner. Elle donnait son repas à Marley puis jouait à la balle avec lui dans la cour. Les premières semaines, Jenny faisait également un passage éclair à la maison dans l'après-midi pour sortir Marley. Après dîner, nous marchions généralement tous les trois jusqu'au bord de l'eau, puis nous flânions pendant que les bateaux traversaient l'Intracoastal dans la lumière du soleil couchant.

Flâner n'était sans doute pas le terme exact. Marley flânait comme une locomotive lancée à pleine vitesse. Il se jetait en avant, tirant si fort sur sa laisse qu'il manquait s'étrangler. Nous avions beau lui enjoindre de se calmer, il s'élançait de plus belle. Il tirait tellement sur sa laisse qu'il se mettait à tousser comme un vieux fumeur. Il fouinait à droite et à gauche, examinait chaque boîte aux lettres et chaque arbuste, reniflait chaque poteau, pissait partout sans s'arrêter complètement, arrosant davantage ses pattes que la cible visée. Il nous tournait autour, enroulant la laisse autour de nos chevilles, manquant de nous faire tomber. Quand quelqu'un s'approchait avec un autre chien, Marley fonçait vers lui, excité comme une puce. Comme il ne pouvait aller plus loin, il se dressait sur ses pattes arrière et jappait joyeusement, mourant d'envie de se faire un copain.

— Il a l'air vraiment heureux de vivre, disait le propriétaire du chien.

Sans commentaire.

Il était encore suffisamment léger pour que nous sortions vainqueurs de ce permanent bras de fer. À chaque semaine qui passait, Marley gagnait en poids et en puissance, inversant progressivement le rapport de force. Bientôt, aucun de nous deux ne serait plus capable de le tenir en laisse. Nous étions conscients que nous allions devoir le dresser, avant qu'il ne nous conduise à une mort stupide en nous projetant sous les roues d'une voiture. Des amis propriétaires de chien de longue date nous conseillèrent de ne pas précipiter les choses.

— C'est trop tôt, nous avertit l'un d'entre eux. Profitez de sa jeunesse pendant qu'il en est encore temps. Ça passe trop vite, vous verrez. Ensuite, vous penserez sérieusement à le dresser.

Nous avons mis ce conseil en pratique. Pour autant, nous ne laissions pas Marley totalement libre de ses actes. Nous définîmes des règles pour les durcir au fur et à mesure. Les lits et les meubles étaient strictement interdits. Boire l'eau des toilettes, renifler l'entrejambe ou mâchouiller les pieds des chaises ne constituaient pas de graves offenses, mais méritaient malgré tout une réprimande. « Non » était devenu notre mot favori. Nous utilisions les ordres de base – assis, couché, pas bouger – avec un succès très relatif. Marley était jeune et fougueux. Il avait la capacité de concentration d'une algue et la volatilité de la nitroglycérine. Il était si excité que la moindre diversion entraînait chez lui une réaction à la fois imprévisible et hors de toutes proportions. Nous comprîmes seulement beaucoup plus tard que notre chien présentait tous les signes d'un dérèglement de comportement que l'on retrouvait chez des milliers de jeunes enfants scolarisés. Notre chiot souffrait de ce qu'on appelle en termes médicaux un désordre hyperactif avec déficit de l'attention.

À ce moment-là, dans ses jeunes années, Marley eut un rôle très important à la maison ainsi qu'au sein de notre couple. Malgré son tempérament incontrôlable, il avait permis à Jenny de se rendre compte qu'elle avait l'instinct maternel. Elle s'occupait de Marley depuis plusieurs semaines et ne l'avait pas encore tué. Bien au contraire, il grandissait à vue d'œil. Nous plaisantions à ce sujet, émettant l'idée de rationner sa nourriture, dans l'espoir de freiner sa croissance et de réduire son incroyable énergie.

La transformation de Jenny – d'implacable tueuse de plante à mère nourricière d'un chiot – continuait de me fasciner. À n'en pas douter, elle se surprenait elle-même. Elle agissait avec le plus grand naturel. Un jour, Marley avait commencé à s'étouffer. Je n'avais pas bougé le petit doigt que déjà Jenny se précipitait sur lui et, d'une main, lui maintenait la gueule ouverte tandis que de l'autre, elle plongeait au fond de sa gorge pour en retirer un gros morceau de cellophane plein de bave. Marley toussa une dernière fois, agita la queue et leva les yeux sur Jenny, comme pour lui dire : *Est-ce qu'on peut recommencer ?*

À présent que Marley faisait partie de la famille, nous commençâmes à réfléchir à l'idée d'agrandir notre foyer d'une autre manière. Quelques semaines après l'arrivée de Marley à la maison, nous décidâmes de ne plus utiliser aucun moyen de contraception. Nous n'avions pas à proprement parler décidé d'avoir un enfant. Cela eût été bien lourd de sens pour deux personnes en proie à une indécision chronique pour ce qui concernait leurs vies. Nous avions donc choisi de cesser de tout faire pour *ne pas* avoir d'enfant. C'était tiré par les cheveux, mais ce raisonnement nous soulageait tous les deux. Pas de pression. Pas du tout. Nous n'essayions pas d'avoir un bébé. Nous étions seulement prêts à assumer ce qui pouvait arriver. Laisser la nature suivre son cours. *Que será será* et tout le toutim.

Honnêtement, nous étions terrifiés. Nous avions plusieurs couples d'amis qui essayaient en vain depuis des mois, voire des années, de concevoir, et qui en étaient peu à peu venus à exposer leur désespoir en public. Au cours de dîners entre amis, ils parlaient de façon obsessionnelle des médecins qu'ils avaient consultés, du nombre de spermatozoïdes nécessaires à la procréation, des cycles menstruels – autant de sujets qui mettaient les convives mal à l'aise. Je veux dire : qu'étions-nous supposés répondre ? « Hé, mais vous avez le nombre de spermatozoïdes idéal ! » C'était vraiment très gênant, et nous mourions de peur à l'idée de devenir comme eux. Jenny avait souffert d'endométriose quelques années avant notre mariage et elle avait eu recours à la chirurgie laparoscopique pour se faire enlever un excédent de tissus sur les trompes de Fallope – qui aurait pu entraîner la stérilité. Dans un recoin de notre passé, un petit secret nous troublait encore davantage. Dans les premières années d'amour aveugle et passionné de notre relation, quand le désir nous dévorait littéralement, nous avions perdu tout sens commun et nous nous étions adonnés au sexe dans le plus total abandon, sans utiliser de moyen de contraception. Cela ne s'était pas produit qu'une seule fois. Quand on repensait aujourd'hui à notre comportement incroyablement immature, nous aurions dû être éperdus de reconnaissance pour avoir miraculeusement échappé à une grossesse non désirée. Au lieu de cela, nous nous disions sans cesse : *Qu'est-ce qui ne tourne pas rond chez nous ?* Aucun couple normalement constitué ne pouvait copuler avec une telle désinvolture et s'en sortir sans dommage. Nous étions donc convaincus que concevoir un enfant ne serait pas une tâche facile. Aussi, quand un couple d'amis nous annonça qu'ils projetaient d'avoir un enfant, nous restâmes silencieux. Jenny allait simplement faire disparaître sa boîte de pilules contraceptives de l'armoire à pharmacie et tenter de l'oublier. Si elle tombait enceinte, ce serait fantastique. Sinon, eh bien, nous n'étions pas réellement en train d'essayer, n'est-ce pas ?

À West Palm Beach, l'hiver est une merveilleuse période de l'année, marquée par des nuits fraîches et de belles journées sèches et ensoleillées. Durant l'été étouffant et interminable, nous avions passé la majeure partie de notre temps à rechercher la fraîcheur de l'air conditionné ou l'ombre des arbres, dans l'espoir d'échapper au soleil brûlant. À présent, l'hiver nous permettait enfin d'apprécier la vie sous les tropiques. Nous prenions tous nos repas sous le porche, nous nous concoctions des jus de fruits frais à base d'oranges du jardin tous les matins, nous entretenions un petit carré d'herbes aromatiques et de plants de tomates le long de la maison. Nous cueillions de jolies fleurs d'hibiscus qui, disposées dans un vase sur la table du salon, agrémentaient nos dîners. La nuit, nous dormions avec les fenêtres ouvertes, des senteurs de gardénia flottant dans notre chambre.

Par une de ces magnifiques journées de la fin mars, Jenny avait invité un collègue de bureau à venir passer l'après-midi avec son basset, Buddy, à la maison, pour que les chiens pussent jouer entre eux. Buddy était un chien trouvé à l'air incroyablement triste. Nous laissâmes les deux chiens jouer seuls dans la cour sans entrave. Le vieux Buddy ne savait trop comment s'y prendre avec ce jeune chiot au pelage jaune hyperdynamique qui courait, bondissait et décrivait des cercles autour de lui. Le chien de nos amis prit finalement la chose avec humour et tous deux jouèrent sans relâche pendant plus d'une heure avant de s'écrouler dans l'herbe, à l'ombre du manguier, complètement épuisés.

Quelques jours plus tard, Marley commença à se gratter et ne semblait plus vouloir s'arrêter. Il se grattait avec une telle violence que nous redoutâmes qu'il finît par se blesser. Jenny s'agenouilla et entama l'une de ses inspections routinières, écartant les poils de ses doigts pour examiner le cuir de sa peau.

— Bon sang ! Regarde-moi ça ! s'écria-t-elle au bout de quelques secondes.

Je jetai un coup d'œil par-dessus son épaule, à l'endroit qu'elle m'indiquait, juste à temps pour voir une petite bête noire se mettre à couvert. Nous allongeâmes le chien sur le sol et commençâmes à fouiller chaque recoin de sa fourrure. Tout excité d'être l'objet de cette double attention, Marley jappait joyeusement, sa queue battant le sol. Partout où nous regardions, nous en trouvions. Des puces ! Des régiments de puces. Il y en avait entre ses orteils, sous son collier et même dans ses oreilles. Même si elles avaient été faciles à attraper (ce qui n'était pas le cas), elles étaient bien trop nombreuses pour que nous pussions en venir à bout.

Nous avions déjà entendu parler du légendaire problème des puces et des tiques. En l'absence de gel ou même de grand froid, comme en Floride, les populations d'insectes n'étaient jamais exterminées et continuaient à proliférer dans un environnement chaud et humide. C'était le cas ici, où même les luxueuses maisons de Palm Beach, au bord de l'océan, étaient infestées de cafards. Jenny était horrifiée. Son chiot était en proie à la vermine. Bien sûr, nous pensions que Buddy était responsable de ce fléau, même si nous n'avions aucune preuve de ce que nous avancions. Jenny avait d'horribles visions de notre chien couvert de puces, mais aussi de toute la maison infectée de bestioles. Soudain, elle attrapa ses clés de voiture et quitta brusquement la maison.

Une demi-heure plus tard, elle était de retour avec un sac rempli de suffisamment de produits chimiques pour créer notre propre agence vétérinaire. Il y avait des sprays anti-puces, des solutions anti-puces, des poudres anti-puces, des bains anti-puces. Un pesticide était prévu pour la pelouse et le vendeur nous avait vivement conseillé de l'utiliser si nous voulions avoir une chance de nous débarrasser de tous ces petits parasites. Il avait également fourni à Jenny un peigne spécial pour ratisser les œufs des insectes.

Au fond du sac, je trouvai la note.

— Bon Dieu, chérie ! m'exclamai-je. Nous aurions pu aussi bien louer un avion pour asperger notre propriété pour ce prix-là !

Ma femme n'en avait cure. Elle était passée en mode extermination – cette fois, pour protéger les êtres qui lui étaient chers. Elle s'est mise à l'œuvre avec acharnement. Elle installa Marley dans une bassine et le shampooina à l'aide de savons spéciaux. Puis elle prit une solution (qui contenait le même pesticide que le produit pour le gazon) et en recouvrit entièrement le pelage de Marley. Pendant qu'il séchait dans le garage, dégageant une odeur d'usine de produits chimiques, Jenny s'employa à aspirer toute la maison comme une furie – sols, murs, tapis, rideaux, plaids. Puis elle vaporisa le produit partout à l'intérieur, pendant que je faisais la même chose à l'extérieur.

— Tu crois que nous avons coincé toutes les petites bestioles ? lui demandai-je quand j'eus terminé.

— Je crois que oui, répondit-elle.

La destruction systématique des puces au 345 Churchill Road fut un immense succès. Nous examinâmes Marley tous les jours, l'épouillant des pattes à la tête – la queue, le ventre et partout où nous pouvions vérifier. Nous ne trouvâmes pas la moindre trace de puce. Nous vérifiâmes aussi les tapis, les canapés, les rideaux, la pelouse – rien. L'ennemi avait été éradiqué.

5

Le test

Quelques semaines plus tard, nous étions allongés sur notre lit quand Jenny referma son livre et me dit :

— Ce n'est probablement rien.

— Qu'est-ce qui n'est probablement rien ? répondis-je d'un air absent, sans détacher les yeux de mon bouquin.

— J'ai du retard.

Elle avait capté mon attention.

— Du retard ? C'est vrai ?

Je me tournai vers elle.

— Cela arrive parfois. Mais ça fait plus d'une semaine. Et je me suis aussi sentie un peu bizarre.

— Bizarre comment ?

— Comme si j'avais mal à l'estomac ou quelque chose comme ça. J'ai bu un verre de vin au dîner l'autre soir et j'ai cru que j'allais vomir.

— Cela ne te ressemble pas.

— La seule pensée de l'alcool me donne la nausée.

Je n'allais pas le faire remarquer, mais elle avait aussi été plutôt grincheuse ces derniers temps.

— Tu penses que...

— Je ne sais pas. Et toi ?

— Comment pourrais-je le savoir ?

— Oublie ce que je viens de dire, fit Jenny. Je ne voudrais pas nous alarmer pour rien.

C'est à ce moment-là que je mesurai combien c'était important pour elle – et aussi pour moi. D'une certaine manière, la parentalité nous avait rattrapés. Nous étions prêts à avoir un bébé. Nous restâmes ainsi côte à côte un long moment sans rien dire, regardant droit devant nous.

— Nous n'allons jamais réussir à nous endormir, dis-je finalement.

— Le suspense est insoutenable, répondit Jenny.

— Allez, habille-toi. Nous allons aller au drugstore pour acheter un test de grossesse.

Nous enfilâmes rapidement un short et un T-shirt et ouvrîmes la porte d'entrée, Marley sur nos talons, tout heureux à l'idée de faire une balade nocturne en voiture. Il se précipita sur notre petite Toyota, bondissant de joie, haletant, bavant tout son saoul, attendant avec une excitation non dissimulée que j'ouvre la porte arrière de la voiture.

— Bon sang ! On dirait que c'est lui le futur papa, constatai-je.

Quand j'ouvris la porte, il grimpa avec un tel empressement qu'il fonça tout droit contre la portière opposée, ne s'arrêtant que quand sa tête frappa lourdement la vitre – apparemment sans lui faire de mal.

La pharmacie était ouverte jusqu'à minuit. J'attendis Jenny dans la voiture avec Marley. Dans la vie, il y a des choses qui ne sont pas faites pour les hommes et le test de grossesse n'était pas loin d'être en tête de liste. Sur le siège arrière, le chien attendait, les yeux rivés sur la devanture de la pharmacie. Comme toujours quand il était excité – ce qui était presque toujours le cas lorsque nous partions en balade – il haletait et il salivait abondamment.

— Oh, pour l'amour du ciel, Marley, calme-toi ! Que crois-tu qu'elle est en train de faire ? Qu'elle va nous abandonner tous les deux ?

Pour toute réponse, Marley s'ébroua furieusement, me gratifiant d'une douche de poils et de bave. Habitués au comportement de Marley en voiture, nous avions toujours à portée de main une serviette de bain, pour les cas d'urgence. Je m'en servis pour me débarrasser des poils que j'avais sur moi et pour nettoyer le siège passager.

— Reste calme, lui ordonnai-je. Je suis presque sûr qu'elle va revenir.

Cinq minutes plus tard, Jenny était de retour, un petit sachet à la main. Tandis que nous quittions le parking, Marley se campa entre les deux sièges avant de notre petite voiture, les pattes sur le levier de vitesse et le nez collé au rétroviseur. À chaque virage, il était projeté, poitrail en avant, contre le tableau de bord. Après chaque chute, il se redressait, plus heureux que jamais.

Quelques minutes plus tard, nous étions de retour à la maison avec notre précieux petit paquet à huit dollars quatre-vingt-dix-neuf. Dans la salle de bains, je lus les instructions à haute voix.

— Bon, annonçai-je, il est écrit que c'est fiable à quatre-vingt-dix pour cent. D'abord, tu dois faire pipi dans ce tube.

L'étape suivante consistait à plonger une fine languette de plastique dans l'urine avant de la tremper dans une solution fournie avec le test.

— On attend cinq minutes puis on met la languette pendant quinze minutes dans une deuxième solution. Si elle vire au bleu, tu es officiellement enceinte, baby !

Nous attendîmes les cinq premières minutes, après quoi Jenny plongea la languette dans la seconde solution et déclara :

— Je ne supporterai pas d'attendre ici.

Nous nous rendîmes au salon et nous entamâmes une conversation anodine, comme si nous attendions que le thé fût infusé.

Mais mon cœur battait à tout rompre et une sourde angoisse me nouait l'estomac. Si le test était positif, *waouh*, notre vie allait changer pour toujours. Si le test était négatif, Jenny serait bouleversée. Je commençai à croire que j'allais être dans le même état, moi aussi. Une éternité plus tard, la minuterie sonna.

— Nous y sommes, dis-je. Quoi qu'il arrive, tu sais que je t'aime.

J'allai dans la salle de bains et je sortis la languette du tube. Aucun doute, elle était bleue. Aussi bleue que l'océan. Un bleu profond, intense. Un bleu qui ne pouvait être confondu avec aucune autre couleur.

— Félicitations, chérie !

— Oh ! Mon Dieu !

C'est tout ce qu'elle put répondre, avant de fondre en larmes dans mes bras.

Nous étions ainsi enlacés depuis un moment, les yeux clos, quand je me rendis compte que quelque chose s'agitait à mes pieds. Baissant les yeux, j'aperçus Marley qui dodelinait de la tête en frétillant de la queue. Quand je me penchai pour le caresser, il s'esquiva. Oh, oh, c'était le Marley Mambo, et cela ne pouvait signifier qu'une seule chose.

— Qu'est-ce que tu as pris, cette fois ? lui demandai-je en le pourchassant.

Il se faufila dans le salon et réussit à m'échapper juste au moment où j'allais l'attraper. Quand je parvins finalement à le bloquer dans un coin et à lui faire ouvrir la gueule, au début, je ne vis rien. Puis, tout au fond de sa gorge, j'aperçus une chose qu'il était sur le point d'avaler. C'était une longue tige fine, aussi bleue que l'océan. Je plongeai mes doigts dans sa gorge et en retirai le test de grossesse.

— Désolé de te décevoir, repris-je, mais cet objet est destiné à l'album de famille.

Jenny et moi éclatâmes de rire et nous eûmes beaucoup du mal à nous calmer. Nous nous amusâmes ensuite à imaginer ce qui pouvait passer par la bonne grosse caboche de ce chien. *Hum, si je détruis les preuves, peut-être qu'ils vont oublier toute cette histoire et je n'aurai pas à partager mon empire avec un intrus.*

Puis Jenny prit Marley par les pattes de devant et l'entraîna dans une danse tout autour du salon.

— Tu vas devenir oncle, chantonna-t-elle.

Marley lui répondit à sa manière, en la gratifiant d'un grand coup de langue râpeuse sur la bouche.

Le lendemain, Jenny m'appela au bureau. Sa voix tremblait. Elle venait juste de revenir de chez le médecin, qui confirmait le diagnostic annoncé par le test.

— Il a dit que tout allait bien, précisa-t-elle.

La veille au soir, nous avions essayé de déterminer à l'aide d'un calendrier quel jour elle était tombée enceinte. Jenny craignait d'être déjà enceinte le jour où elle avait aspergé la maison de pesticides. S'exposer dans son état à des produits chimiques ne devait pas être une bonne chose, n'est-ce pas ? Elle avait partagé ses doutes avec le médecin, qui lui avait répondu que cela n'aurait probablement aucune incidence.

— Ne les utilisez plus, lui avait-t-il simplement conseillé.

Il lui avait également prescrit des vitamines et donné rendez-vous trois semaines plus tard pour une échographie, un processus d'imagerie électronique qui nous donnerait notre premier aperçu du minuscule fœtus grandissant dans le ventre de Jenny.

— Il a proposé que nous apportions une cassette vidéo, dit-elle. Comme ça, nous aurons une copie pour la postérité.

Sur mon agenda de bureau, je pris bonne note du rendez-vous.

6

Affaires de cœur

Les natifs de la région vous diront qu'en Floride du Sud, il y a quatre saisons. Peu distinctes, admettent-ils, mais quatre saisons tout de même. Ne les croyez pas. Il n'existe que deux saisons – la chaude saison sèche et la chaude saison humide. Nous étions à l'époque où on bascule brutalement dans la saison tropicale, quand un matin, nous nous rendîmes compte que notre chiot n'était plus un chiot. Aussi rapidement que l'hiver avait fait place à l'été, Marley s'était transformé en un jeune chien. À peine âgé de cinq mois, le corps de Marley avait déjà rempli les plis de son immense pelage jaune. Ses pattes étaient si disproportionnées que c'en était presque comique. Ses charmantes petites quenottes étaient à présent des crocs acérés capables de briser un Frisbee – ou des chaussures de cuir neuves par exemple – en deux temps trois mouvements. Le timbre de sa voix était descendu dans les graves, ce qui la rendait intimidante. Quand il se levait sur ses pattes arrière – ce qu'il faisait souvent, trottant autour de nous comme un ours dans un cirque –, il pouvait poser ses pattes avant sur mes épaules et me regarder droit dans les yeux.

La première fois que le vétérinaire le vit, il émit un long sifflement et déclara :

— Eh bien, nous avons là un sacré grand garçon !

Et il avait bien raison. Marley était devenu un vrai spécimen du genre et j'étais bien obligé de faire remarquer à l'incrédule Jenny que le nom que j'avais trouvé à Marley n'était pas si mal choisi. Grogan Majestic Marley of Churchill – en dehors du fait qu'il habitait à Churchill Road – assumait parfaitement son imposant patronyme. Quand il cessait de courir après sa queue, évidemment. Parfois, quand il avait épuisé jusqu'à la dernière once de son étonnante énergie, il s'écroulait sur le tapis persan du living-room et se prélassait à la chaleur des rayons de soleil qui filtraient à travers les baies vitrées. La tête haute, le museau brillant, les pattes croisées devant lui, il nous faisait penser au Sphinx égyptien.

Nous n'étions pas les seuls à avoir remarqué la transformation. À la façon dont les étrangers reculaient quand Marley bondissait vers eux, nous savions qu'ils ne le considéraient plus comme un chiot inoffensif. À leurs yeux, il avait pris la figure d'un animal qui peut s'avérer dangereux.

Notre porte d'entrée possédait une petite fenêtre à hauteur d'yeux, de vingt centimètres de large sur dix centimètres de haut. Marley adorait avoir de la visite et, quand retentissait la sonnette de l'entrée, il fonçait à travers la maison, dérapait dans le hall, patinait sur le parquet, se jetait sur les tapis pour ralentir sa course et ne s'arrêtait que lorsqu'il se heurtait à la porte avec un bruit sourd. Ensuite, il se dressait sur les pattes de derrière en jappant joyeusement, et sa grosse tête s'encadrait dans la lucarne pour faire face au visiteur, quel qu'il fût. Pour Marley, c'était une façon joviale de leur souhaiter la bienvenue. Pour les colporteurs, les postiers, ou quiconque ne le connaissait pas, c'était comme si Cujo[1] s'était échappé du roman de Stephen King, et le seul rempart entre eux et le molosse qui s'apprêtait à les dévorer était notre lourde porte de bois. Plus d'un étranger, après avoir sonné à la porte et vu Marley aboyer et les observer par la minuscule fenêtre, avait opéré une prudente retraite jusqu'au milieu de l'allée, en attendant que l'un de nous voulût bien lui répondre.

Cela dit, ce n'était pas forcément une mauvaise chose.

Notre quartier était ce que les sociologues appelaient un environnement fluctuant. Construit dans les années 1940-1950 et peuplé à l'origine par des drogués et des retraités, il s'était transformé quand les premiers propriétaires avaient disparu et avaient été remplacés par un groupe hétéroclite de locataires et de familles de classes ouvrières. À l'époque où nous avons emménagé, le voisinage était de nouveau en période de transition. Cette fois, il était investi par des gays, des artistes et de jeunes professionnels attirés par sa situation privilégiée au bord de la mer et son architecture originale et design.

Notre quartier faisait le tampon entre la partie bétonnée de South Dixie Highway et les propriétés chic du bord de mer. Dixie Highway était la route qui longeait originairement la côte Est de la Floride et servait de voie principale pour rejoindre Miami, avant la construction de

1. Cujo est un saint-bernard enragé, personnage clé du roman éponyme de Stephen King.

routes intérieures. C'était une cinq-voies – deux à gauche, deux à droite et une voie commune de dépassement – longée par une flopée de petits commerces, stations d'essence, stands de fruits, restaurants et motels démodés.

Aux quatre coins de South Dixie Highway et de Churchill Road se trouvaient un magasin de spiritueux, une épicerie ouverte vingt-quatre heures sur vingt-quatre, un magasin de produits manufacturés avec un bar et une laverie automatique en plein air où des gens squattaient toute la nuit, laissant souvent derrière eux des bouteilles vides dans des sacs de papier kraft. Notre maison se situait sur Churchill Road, à quelques pas de toute cette agitation.

Le voisinage me semblait sûr, mais de nombreuses histoires circulaient. Des outils avaient disparu de la cour, et le lendemain de l'un des rares coups de froid, le tas de bois que j'avais empilé le long du mur de la maison s'était volatilisé. Un dimanche, nous prenions notre petit-déjeuner dans notre restaurant favori, à notre table habituelle, quand Jenny pointa du doigt un trou fait par une balle dans la vitre en face de nous et me dit :

— Je peux t'assurer que ce n'était pas là la dernière fois que nous sommes venus.

Un matin, je traversais le quartier en voiture pour me rendre à mon bureau, quand j'aperçus un homme étendu dans le caniveau, les mains et le visage en sang. Je garai la voiture et me précipitai vers lui. À son approche, une forte odeur d'urine mêlée d'alcool me saisit, et lorsqu'il commença à parler, je compris qu'il était complètement ivre. J'appelai une ambulance et attendis à ses côtés. Mais quand le véhicule arriva, le type refusa les soins qu'on voulait lui prodiguer. Comme les infirmiers et moi l'observions, il tituba en direction du magasin de spiritueux.

Il y eut aussi la nuit où un homme à l'air désespéré frappa à ma porte et m'expliqua qu'il venait rendre visite à des amis qui habitaient un peu plus loin, mais que sa voiture était tombée en panne d'essence. Est-ce que je pouvais lui prêter cinq dollars ? Il me rembourserait à la première heure le lendemain. *Bien sûr, mon vieux*, pensai-je. Quand je lui proposai d'appeler la police à la place, il marmonna de vagues excuses et s'éclipsa.

Plus déconcertant encore était le drame qui s'était déroulé dans la petite maison au coin de la nôtre. Un meurtre avait été commis à l'intérieur quelques mois à peine avant notre arrivée. Pas un crime à la petite semaine, mais un meurtre macabre où il était question d'une veuve invalide et d'une tronçonneuse. Le crime avait fait la une de tous les journaux et bien avant d'arriver sur place, nous étions déjà au courant de bon nombre de détails – de tout, en fait, excepté le lieu. Et aujourd'hui, nous avions la scène du crime juste sous les yeux.

La victime était une enseignante à la retraite du nom de Ruth Ann Nedermier qui vivait seule et qui était l'une des pionnières de la petite communauté. Après une opération des hanches, Mlle Nedermier avait embauché une infirmière qui venait quotidiennement lui prodiguer des soins. Cette décision lui avait été fatale. La police avait en effet découvert que l'infirmière avait volé des chèques à la victime et imité sa signature.

La vieille dame avait beau être invalide, elle avait toute sa tête. Elle avait donc demandé des comptes à l'infirmière au sujet des chèques manquants et des retraits intempestifs sur son compte. Paniquée, l'employée avait frappé la pauvre femme à coup de massue, jusqu'à ce que mort s'ensuive. Puis elle avait appelé son petit ami qui était venu avec une tronçonneuse et l'avait aidée à démembrer le corps dans la baignoire. Tous deux avaient ensuite chargé les morceaux humains dans un camion, nettoyé le sang de la victime, et s'étaient envolés.

Les voisins nous racontèrent plus tard que, pendant plusieurs jours, la disparition de Mlle Nedermier était restée une énigme. Le mystère fut résolu quand un homme contacta la police à propos d'une odeur pestilentielle provenant de son garage. Les policiers ont découvert le camion et son contenu macabre. Quand ils demandèrent au propriétaire du garage comment le camion était arrivé là, celui-ci leur répondit la vérité : sa fille lui avait demandé si elle pouvait entreposer le camion dans son garage pour le mettre en sécurité.

Bien que l'horrible meurtre de Mlle Nedermier fût le sujet de conversation numéro un de notre quartier, personne ne nous en parla quand nous achetâmes la maison. Ni l'agent immobilier ni les officiers de police ni les anciens propriétaires. Le jour de notre emménagement, les voisins nous apportèrent des cookies et nous racontèrent tout. Cette première nuit-là, alors que nous étions allongés dans notre lit, il nous était pénible d'imaginer qu'à quelques dizaines de mètres de la fenêtre de notre chambre, une femme sans défense avait été découpée en morceaux. Nous nous répétions que cela ne nous arriverait jamais. Pourtant, nous ne pouvions nous empêcher d'y penser chaque fois que nous regardions la maison voisine.

D'une certaine façon, Marley nous avait libérés d'un poids. En voyant la façon dont les étrangers le regardaient, nous avions retrouvé le sentiment de paix qui nous faisait défaut. C'était un bon gros toutou dont la stratégie de défense contre les intrus serait sûrement de les lécher jusqu'à l'étouffement. Mais pour eux, il était gros, puissant et totalement imprévisible. Et c'était ainsi que nous l'aimions.

La grossesse de Jenny se déroulait bien. Elle commençait ses journées en se levant à l'aube pour promener Marley et lui faire faire un peu d'exercice. Elle se préparait des repas copieux et sains, composés de légumes et de fruits frais. Elle jeta aux oubliettes la caféine, les sodas et bien sûr, tous les alcools. Je n'avais même pas le droit de voler une cuillère d'alcool de cerise dans le pot.

Nous nous étions promis de ne rien dire à personne tant que nous ne serions pas certains que le fœtus était viable et que la période où les risques de fausse couche étaient importants ne serait pas passée. Mais dans ce domaine, nous ne fûmes pas très performants. Nous étions tellement excités que nous confiâmes notre secret à un confident, puis à un autre, faisant promettre à chacun de garder le secret. Jusqu'à ce que notre secret n'en fût plus du tout un. D'abord, nous parlâmes à nos parents, puis à nos frères et sœurs, à nos plus proches amis, à nos collègues de bureau, jusqu'à nos voisins. Le ventre de Jenny, à dix semaines, commençait légèrement à s'arrondir. Cela devenait presque réel. Pourquoi ne pas partager notre joie avec le monde entier ? Quand arriva le jour où Jenny devait passer son échographie, nous aurions presque pu afficher sur un tableau : *John et Jenny attendent un enfant.*

Je pris une matinée de congé le jour de la consultation et j'emportai comme prévu une cassette vierge, afin d'enregistrer les premières images floues de notre bébé. Le rendez-vous était en partie un examen, en partie une séance d'information. Une sage-femme allait s'occuper de nous. Elle pourrait répondre à toutes nos questions, mesurer le ventre de Jenny, écouter le cœur du bébé et, bien sûr, nous montrer le petit être qui grandissait en elle.

Nous arrivâmes à neuf heures du matin, le cœur battant à l'idée de ce qui nous attendait. La sage-femme, une femme d'âge mûr à l'accent anglais, nous conduisit vers une petite salle d'examen.

— Aimeriez-vous écouter le cœur du bébé ? demanda-t-elle.

Évidemment, nous lui répondîmes que rien ne pourrait nous rendre plus heureux. Nous attendîmes patiemment qu'elle fixât une sorte de microphone sur le ventre de Jenny. Puis nous restâmes silencieux, un sourire figé sur nos visages, car aucun son ne nous parvenait du microphone.

La sage-femme nous expliqua que c'était tout à fait normal.

— Cela dépend de la position du fœtus. Parfois, on n'entend rien du tout. Cela peut aussi être un peu trop tôt.

Elle nous proposa de procéder à l'échographie.

— Voyons à quoi ressemble votre bébé, dit-elle joyeusement.

— Notre première vision de bébé Grogie ! s'exclama Jenny, radieuse.

La sage-femme nous introduisit dans la salle et fit allonger Jenny sur la table d'examen, à côté d'un moniteur.

— J'ai apporté une cassette, dis-je.

— Gardez-la pour le moment, répondit-elle tout en soulevant le T-shirt de Jenny et en faisait courir un instrument de la forme et de la taille d'un palet de hockey sur son ventre.

Nous fixions le moniteur où se dessinait une forme grise floue.

— Mmm, cela ne donne pas grand-chose, reprit la sage-femme d'un ton neutre. Nous allons essayer l'échographie vaginale. Vous aurez bien plus de détails.

Elle quitta la pièce et revint quelques minutes plus tard avec une autre sage-femme, une grande blonde du nom de Essie. Celle-ci demanda à Jenny de se déshabiller, puis elle fit pénétrer un instrument allongé protégé par une gaine de latex dans son vagin. La sage-femme avait raison : l'image était nettement meilleure. Elle zooma sur une petite tache noyée dans un océan de gris et, avec un clic de souris, en affina les contours, afin de rendre l'image parfaitement nette. Mais malgré la profusion de détails, la tache nous paraissait désespérément vide. Où étaient les petits bras et jambes dont les livres parlaient, après dix semaines de grossesse ? Où était la petite tête ? Et le petit cœur battant ?

Jenny, qui se tordait le cou pour mieux voir l'écran, était toujours aussi fébrile.

— Est-ce qu'il y a quelque chose à voir ?

Je levai les yeux sur le visage de Essie et je sus que la réponse ne serait pas celle que nous attendions. Soudain, je me rendis compte qu'elle n'avait plus dit un mot depuis que l'image était parfaitement nette. Elle répondit à Jenny d'une voix calme.

— À ce stade de la grossesse, nous devrions voir quelque chose.

Je posai la main sur le genou de Jenny. Nous continuions à fixer le moniteur, comme si nous pouvions lui donner vie.

— Jenny, je pense que nous avons un problème, dit Essie. Je vais chercher le Dr Sherman.

Tandis que nous patientions en silence, je compris ce que voulaient dire les gens quand ils parlaient d'un bourdonnement d'abeilles juste avant l'évanouissement. Je sentis le sang monter à mes tempes et j'entendis un bourdonnement dans mes oreilles. *Si je ne m'assieds pas, je vais tomber*, pensai-je. Comme ce serait embarrassant ! Ma courageuse épouse supportant la nouvelle stoïquement pendant que son mari tombait inconscient sur le sol, les sages-femmes tentant de le réanimer à l'aide de sels. Je m'assis sur le coin de la table d'examen et pris la main de mon épouse. Des larmes emplissaient ses yeux mais elle ne pleurait pas.

Le Dr Sherman, un homme distingué, affable malgré son allure rude, confirma que le fœtus était mort.

— Nous aurions dû voir le cœur battre, dit-il.

Il nous expliqua ensuite gentiment ce que nous avions déjà lu dans les livres. Une grossesse sur six se terminait par une fausse couche. C'était la manière dont la nature évacuait les fœtus faibles, retardés ou mal formés. Se souvenant apparemment de la question de Jenny sur les pesticides, il précisa que cela n'avait rien à voir avec nous. Il mit sa main sur la joue de Jenny et se pencha vers elle, si près qu'il aurait pu l'embrasser.

— Je suis désolé, dit-il. Vous pourrez réessayer dans quelques mois.

Nous restâmes assis sans mot dire. La bande vierge toujours dans ma main me sembla tout à coup terriblement embarrassante, douloureux symbole de notre optimisme aveugle et naïf.

— Qu'allez-vous faire maintenant ? demandai-je au médecin.

— Nous devons retirer le placenta. Autrefois, nous n'aurions pas su que vous aviez fait une fausse couche et vous auriez risqué l'hémorragie.

Il nous proposa de laisser passer le week-end et de revenir le lundi suivant pour effectuer l'intervention, qui était la même que pour un avortement. Cela consistait à retirer le fœtus et le placenta de l'utérus. Mais Jenny voulait que cela fût fini au plus vite. Tout comme moi.

— Le plus tôt sera le mieux, dit-elle.

— Très bien, répondit le Dr Sherman.

Il lui donna un comprimé pour forcer la dilatation et s'éclipsa. Dans le hall, nous l'entendîmes accueillir et féliciter une future jeune maman, avant de l'introduire dans une autre salle d'examen.

Seuls dans la pièce, nous tombâmes dans les bras l'un de l'autre et nous restâmes ainsi sans bouger jusqu'à ce que quelqu'un frappât discrètement à la porte. Une dame âgée, que nous n'avions encore jamais vue, pénétra dans la pièce et s'adressa à Jenny avec chaleur.

— Je suis désolée, vraiment désolée.

Puis elle lui fit signer un document où Jenny acceptait l'opération qui comportait un risque d'ablation de l'utérus.

Quand le Dr Sherman revint, il se concentra sur son travail. Il injecta d'abord à Jenny une dose de Valium, puis de Demerol, et la procédure fut rapide, à défaut d'être indolore. Il avait fini avant même que l'anesthésie n'eût fait totalement effet. Quand tout fut terminé, Jenny était dans un état comateux, sous l'effet des tranquillisants.

— Assurez-vous qu'elle ne s'arrête pas de respirer, me dit le Dr Sherman avant de quitter la pièce.

Je n'en revenais pas. N'était-ce pas à lui de s'assurer qu'elle ne cessait pas de respirer ? Le document que Jenny avait signé ne mentionnait pas : « Le patient peut cesser de respirer à tout moment à cause d'une overdose de barbituriques. » Je suivis les consignes : je parlai doucement à Jenny, lui caressai la main, lui pressai le bras, lui dis des choses du genre : « Hé ! Jenny ! Combien j'ai de doigts ? » Elle était coupée du monde.

Après quelques minutes, Essie passa la tête dans la pièce pour voir comment Jenny allait. Après un coup d'œil à ma femme, elle quitta la pièce et revint avec une serviette humide et des sels, qu'elle fit respirer à Jenny pendant ce qui me sembla une éternité avant que celle-ci n'émergeât. Je continuais à lui parler avec douceur, l'exhortant à respirer profondément, de façon à pouvoir sentir son souffle sur ma main. Son teint était cendreux. Je vérifiai son pouls : soixante pulsations par minute. Je passai nerveusement le linge mouillé sur son front, ses joues, son cou. Finalement, elle revint à elle, mais elle était encore dans les vapes.

— Tu m'as fait une sacrée peur, lui dis-je.

Elle m'observa d'un regard vide, comme si elle cherchait à se rappeler pour quelle raison elle avait bien pu m'inquiéter. Puis elle se déconnecta de nouveau de la réalité.

Une demi-heure plus tard, une sage-femme l'aida à se rhabiller et je l'accompagnai dehors avec les consignes suivantes : pendant les deux prochaines semaines, pas de bain, pas de baignade, pas de douches, pas de tampons, pas de sexe.

Dans la voiture, Jenny se plongea dans un profond mutisme, le regard errant à travers la fenêtre, le corps recroquevillé contre la portière du côté passager. Ses yeux étaient rougis, mais elle se refusait à pleurer. Je cherchai en vain des paroles réconfortantes. Mais en vérité, que dire ? Nous avions perdu notre bébé. Oui, je pouvais lui dire que nous pourrions refaire une tentative. Je pouvais lui dire que de nombreux couples étaient passés par cette épreuve. Aujourd'hui, elle n'avait pas envie d'entendre ça, et je n'avais pas envie de le dire. Un jour, nous verrions tout cela sous un autre angle. Un jour.

J'empruntai Flagler Drive, la route qui contournait West Palm Beach en longeant la mer depuis les quartiers Nord, où se trouvait le bureau du Dr Sherman, jusqu'à la pointe Sud, où nous habitions. La surface de l'eau scintillait à la faveur des rayons du soleil ; les palmiers dansaient doucement dans le ciel bleu. Cela aurait pu être une journée radieuse. Nous restâmes silencieux tout au long du trajet.

Arrivés à la maison, j'aidai Jenny à descendre de la voiture et à s'installer sur le canapé. Puis j'allai dans le garage pour trouver Marley qui attendait notre retour, comme toujours avec une grande impatience. Dès qu'il me vit, il alla chercher son énorme os et parada avec à travers la pièce, le corps frétillant, la queue battant la machine à laver comme un tambour. Il me défiait de lui prendre son trésor.

— Pas aujourd'hui, mon gars, lui dis-je avant de lui ouvrir la porte pour le laisser sortir dans la cour.

Il alla faire pipi contre le néflier, puis revint dans le garage boire une grande lampée d'eau. Le museau dégoulinant, il se précipita ensuite dans le hall à la recherche de Jenny, aspergeant le sol de gouttes d'eau sur son passage. J'essuyai rapidement l'eau qu'il avait répandue avant de le suivre dans le living-room.

Quand j'arrivai dans le salon, je m'arrêtai net. Je n'aurais jamais cru que je verrais un jour une telle scène. Notre incontrôlable chien fou se tenait tout près de

Jenny, sa grosse tête reposant calmement sur ses genoux. Sa queue était immobile. C'était la première fois qu'elle ne battait pas frénétiquement alors qu'il se trouvait près de l'un de nous deux. Ses grands yeux étaient levés sur Jenny et il gémissait faiblement. Jenny caressa sa tête plusieurs fois, puis, sans crier gare, elle enfouit son visage dans sa fourrure et se mit à pleurer. De gros sanglots, qui venaient du fond du cœur.

Ils restèrent ainsi un long moment. Marley, figé comme une statue, Jenny l'étreignant comme une grosse poupée. Un peu en retrait, je me sentais comme un voyeur qui ferait intrusion dans ce moment privilégié. Je ne savais pas très bien ce que je devais faire. C'est alors que Jenny, sans même lever les yeux vers moi, m'invita d'un geste de la main à venir avec eux. Je les rejoignis sur le canapé et entourai Jenny de mes bras. Nous restâmes ainsi tous les trois enlacés, à partager notre chagrin.

7

Maître et élève

Le lendemain matin, un samedi, je me réveillai à l'aube et trouvai Jenny étendue à côté de moi. Elle me tournait le dos et pleurait doucement. Marley était là lui aussi, le menton posé sur la couverture, partageant la douleur de sa maîtresse. Je me levai et allai préparer du café, des toasts et du jus d'orange pressé. Quand Jenny descendit quelques minutes plus tard, elle avait séché ses larmes et me gratifia d'un bref sourire qui semblait vouloir dire qu'elle allait mieux à présent.

Après le petit-déjeuner, nous décidâmes d'emmener Marley faire une grande balade au bord de l'eau pour qu'il puisse se baigner. Non loin de chez nous, un long môle de béton construit près d'un monticule de gros rochers barrait l'accès à la mer. Une douzaine de blocs plus loin, le môle disparaissait à l'intérieur des terres, faisant place à une petite crique de sable blanc couverte de morceaux de bois – l'endroit idéal pour un chien. Une fois à la plage, je montrai à Marley un morceau de bois et dénouai sa laisse.

Il observait le bâton comme un homme affamé devant un croûton de pain, le regard fixé sur la cible.

— Va chercher ! hurlai-je tout en envoyant le morceau de bois aussi loin que possible dans l'eau.

Marley franchit le mur de béton d'un bond spectaculaire, avala la petite bande de sable et se jeta dans les eaux peu profondes. Voilà ce à quoi étaient prédestinés les labradors. C'était inscrit dans leurs gènes. Et largement décrit dans les livres.

Personne ne sait exactement d'où sont originaires les labradors retrievers, mais une chose est sûre, ils ne viennent pas du Labrador. Ces chiens musculeux, au poil court, amoureux fous de l'eau, apparurent au XVIe siècle à environ cent cinquante kilomètres au sud du Labrador, à Terre-Neuve. Là, les écrits racontent que les pêcheurs emmenaient les labradors avec eux dans leurs barques, et s'en servaient pour haler les lignes et empêcher les poissons de s'échapper des filets ou des hameçons. Leur peau dure et résistante leur permettait de nager dans les eaux glaciales et leur insatiable énergie, leur remarquable aisance dans l'eau et leur capacité à prendre délicatement les poissons dans leurs mâchoires sans en endommager la chair en faisaient des compagnons parfaits pour les pêcheurs de l'Atlantique Nord.

Comment ces chiens sont-ils arrivés à Terre-Neuve ? Telle est la question que chacun se pose. Il n'y avait pas d'indigènes sur l'île et rien ne laisse penser que les Esquimaux aient emmené avec eux des chiens quand ils ont colonisé cette terre. La théorie la plus plausible est que les ancêtres des retrievers ont été emmenés à Terre-Neuve par des pêcheurs venus d'Europe et d'Angleterre, et que certains d'entre eux ont sauté des bateaux et nagé jusqu'à la côte. Là, ils se sont installés et se sont reproduits.

Les labradors retrievers ont apparemment des ancêtres communs avec la race des terre-neuve.

Quelle que soit leur origine, les incroyables retrievers ont rapidement été dressés par les chasseurs de l'île à chasser des oiseaux et des poules d'eau. En 1662, un natif de St. John, à Terre-Neuve, du nom de W. E. Cormack, voyagea à pied à travers l'île et remarqua l'abondance de ces chiens d'eau, dont il nota les remarquables aptitudes pour la chasse et... bien d'autres choses encore. La petite noblesse anglaise en prit bonne note et au XIXe siècle, des gentilshommes anglais firent venir des retrievers en Angleterre pour les accompagner dans leur chasse au faisan et à la perdrix.

D'après le Labrador Retriever Club, un groupe national formé en 1931 et dédié à la préservation de l'intégrité de la race, le nom de labrador apparut dans les années 1830, quand le troisième comte de Malmesbury écrivit au sixième duc de Buccleuth à propos de ses retrievers : « Nous appelons les nôtres des labradors. » Un nom qui lui est resté depuis. Le brave comte ajouta qu'il se faisait un devoir de « conserver la race aussi pure que possible, depuis le début ». Mais d'autres gentlemen étaient bien moins regardants et des labradors furent croisés avec d'autres chiens de chasse, dans l'espoir que leurs aptitudes puissent se communiquer à d'autres races. Les gènes du labrador semblaient indestructibles, de sorte que la lignée du labrador retriever resta bien distincte et fut reconnue comme une race à part entière par le Kennel Club of England le 7 juillet 1903.

B.W. Ziessow, un éleveur de longue date, toujours très enthousiaste, écrivit au Labrador Retriever Club : « Les Américains amateurs de sport ont adopté cette race venue d'Angleterre et ont développé ses aptitudes à la chasse dans leur pays. Aujourd'hui, comme par le passé, le labrador peut plonger dans l'eau glacée du Minnesota pour pourchasser un oiseau. Il peut chasser toute la journée des colombes dans la chaleur étouffante du Southwest – sa seule récompense pour le travail accompli est une simple caresse. »

Tel était le brillant héritage de Marley, qui semblait avoir également hérité de l'instinct de ses ancêtres. Il était passé maître dans l'art de traquer sa proie. En revanche, rapporter son trophée était une aptitude encore mal assimilée. Son attitude générale semblait vouloir dire : *Si tu veux récupérer le bout de bois, c'est à TOI de plonger dans l'eau pour aller le chercher.*

Il revint sur la plage, le bâton entre les dents.

— Apporte-le-moi ! criai-je en frappant dans mes mains. Viens, mon garçon, donne-le-moi.

Marley s'ébroua, envoyant de l'eau et du sable tout autour de lui, dans un état d'excitation totale. Puis, à ma grande surprise, il vint déposer son trophée à mes pieds. *Waouh*, pensai-je, *comment est-ce possible ?* Je jetai un coup d'œil à Jenny, qui était assise sur un banc, sous un pin d'Australie. Quand je voulus attraper le morceau de bois, Marley était prêt. Il sauta dessus, l'agrippa et galopa sur la plage, puis revint à toute allure en jappant et bondissant autour de moi. Il me défiait de le pourchasser. Je fis la course avec lui, mais il était clair que l'agilité et la rapidité étaient de son côté.

— Tu es censé être un chien de chasse, clamai-je. Pas un chien de course !

J'avais un atout cependant, un cerveau sans doute un tout petit peu plus évolué que le sien. Je ramassai un second morceau de bois et fis un boucan du tonnerre avec. Je le pris d'une main, le lançai en l'air et le rattrapai de l'autre. Je voyais Marley sous le coup d'une intense réflexion. Soudain, le bâton qui était son plus précieux trésor quelques minutes plus tôt avait perdu tout son intérêt. Mon bout de bois était pour lui le summum de la tentation. Il se rapprocha avec précaution de moi, jusqu'à ce qu'il ne fût plus qu'à quelques centimètres.

— Alors, qu'est-ce que tu vas faire, mon vieux ? lui demandai-je en agitant mon bout de bois sous son museau.

Je pouvais imaginer son désarroi tandis qu'il se demandait comment il allait me piquer mon trophée sans lâcher le sien. Ses lèvres tremblaient. Il se demandait s'il ne pouvait pas attraper le second en gardant le premier dans la gueule. Déjà, j'avais saisi de ma main libre l'extrémité de son bâton et je le tenais fermement, pendant qu'il grondait. Je lui mis de nouveau mon trophée sous le nez.

— Tu le veux, n'est-ce pas ? murmurai-je.

Et j'avais raison. La tentation était trop forte. Je sentis l'étreinte de ses mâchoires se desserrer. Il finit par lâcher prise. Il ouvrit la gueule pour attraper le deuxième bout de bois sans lâcher le premier. En une fraction de seconde, je m'emparai des deux morceaux de bois et les levai au-dessus de ma tête. Marley se mit à bondir, japper et aboyer, visiblement déconcerté par cette imparable stratégie de bataille.

— Voilà pourquoi je suis le maître et toi l'animal, lui dis-je.

Pour toute réponse, il m'arrosa d'une nouvelle volée de sable et d'eau.

Je lançai l'un des bâtons dans l'eau et il courut après en aboyant comme un beau diable. Il était devenu un concurrent avisé. Cette fois, il resta prudemment à bonne distance de moi. Quelques mètres plus loin, son morceau de bois dans la gueule, il observait d'un œil circonspect le nouvel objet de ses désirs, qui n'était autre que l'ancien bout de bois, à présent perché au-dessus de ma tête. Il montrait de nouveau les dents. Il pensait *: Cette fois, je ne vais pas bouger d'ici et attendre qu'il envoie le bout de bois. Comme ça, j'en aurai deux et lui aucun.*

— Tu me prends pour un imbécile, hein, mon chien ?

Je me reculai et je poussai un hurlement en faisant un grand geste du bras pour envoyer de nouveau mon projectile. Marley grogna et se jeta dans l'eau avec son trésor dans la gueule. Le truc, c'était que je n'avais pas lâché mon trésor à moi. Marley ne s'en était pas rendu compte. Il nagea jusqu'à Palm Beach avant de comprendre que le bâton n'avait pas quitté ma main.

— Tu es cruel ! lança Jenny depuis son banc.

Je la regardai et je vis qu'elle riait.

Quand Marley revint sur la plage, il s'étendit sur le sable, épuisé, mais pas assez pour lâcher son trophée.

Je lui montrai le mien pour lui rappeler mon indéniable supériorité et lui ordonnai :

— Lâche-le.

Je fis mine de lever la main pour lancer mon bout de bois et, de nouveau, il se mit sur ses pattes, prêt à foncer tête baissée.

— Lâche-le, répétai-je quand il se retourna.

Après plusieurs tentatives, Marley finit par obéir. À l'instant où le bâton heurta le sable, j'envoyai le mien dans les airs. Je recommençai l'opération encore et encore et, au fur et à mesure, Marley semblait comprendre un peu plus clairement le concept. Lentement, la leçon pénétrait ses petits neurones. S'il me rapportait le bâton, j'en envoyais un autre, et ainsi de suite.

— C'est comme un échange de cadeaux, lui expliquai-je. Tu dois donner pour recevoir.

Il me gratifia d'un grand coup de langue râpeuse et sableuse, ce que je considérai comme le témoignage d'une leçon bien acquise.

Sur le chemin du retour à la maison, l'infatigable Marley, pour une fois, ne tirait pas sur sa laisse comme un perdu. Je le promenai avec fierté à l'idée du travail accompli. Depuis des semaines, Jenny et moi nous efforcions de lui enseigner les bases des bonnes manières, mais ses progrès étaient extrêmement lents. C'était un peu comme si nous vivions avec un animal sauvage et que nous essayions de lui apprendre à boire du thé dans une tasse en porcelaine.

Je repensais parfois à Saint Shaun et à la façon dont moi – un jeune garçon de treize ans – je fus capable de lui enseigner tout ce qu'il fallait pour être un bon chien. Je me demandais en quoi je m'étais trompé cette fois-ci.

Mais notre petit exercice avec le bâton me donnait une faible lueur d'espoir.

— Tu sais, dis-je à Jenny, je crois qu'il commence vraiment à piger le truc.

Elle regarda Marley qui marchait nonchalamment à nos côtés. Trempé, couvert de sable, la bave aux lèvres, il tenait fermement le bâton dans ses mâchoires.

— À ta place, je n'en serais pas si sûr, répondit-elle.

Le lendemain matin, je me réveillai de nouveau à l'aube, Jenny en larmes à mes côtés.

— Hé, fis-je en la prenant dans mes bras.

Elle enfouit son visage contre ma poitrine et je sentis ses larmes à travers mon T-shirt.

— Je vais bien, dit-elle. C'est juste que… tu sais.

Oui, je savais. Je m'efforçais d'être un courageux soldat, mais je ressentais, moi aussi, le sentiment douloureux de la perte et de l'échec. C'était étrange. Il y avait moins de quarante-huit heures, nous étions tous les deux très excités à l'idée d'avoir un bébé. Et maintenant, c'était comme s'il n'y en avait jamais eu. Comme si toute cette histoire était un rêve dont nous étions brutalement sortis. Un peu plus tard, j'emmenai Marley faire quelques courses et acheter à la pharmacie deux trois choses dont Jenny avait besoin. Sur le chemin du retour, je fis une halte chez le fleuriste et achetai un énorme bouquet de fleurs printanières disposées dans un vase, en espérant qu'elles lui redonneraient le sourire.

Je posai le vase sur le siège arrière, à côté de Marley, pour qu'il ne se renversât pas. En passant devant le magasin animalier, je me dis que Marley avait lui aussi droit à une petite récompense. Après tout, il avait été d'un grand secours pour réconforter l'inconsolable femme de nos vies.

— Sois un bon garçon, lui recommandai-je. Je reviens tout de suite.

Je fonçai dans le magasin, juste le temps d'acheter un énorme os en plastique à mâchouiller. Quand nous rejoignîmes la maison quelques minutes plus tard, Jenny vint à notre rencontre et Marley sauta de la voiture pour lui faire la fête.

— Nous avons une petite surprise pour toi, dis-je.

Quand je voulus prendre le vase, c'est moi qui fus le plus surpris. Le bouquet était une composition de marguerites blanches et jaunes, de lys assortis et d'œillets rouges. Mais à présent, il n'y avait plus trace des œillets. En regardant de plus près, je découvris des têtes décapitées qui, quelques minutes plus tôt, étaient de belles fleurs épanouies. Le reste du bouquet était intact. Je jetai un coup d'œil à Marley qui venait d'exécuter un pas de sa danse redoutable.

— Va-t'en de là ! hurlai-je.

Quand je parvins finalement à l'attraper, je réussis à lui faire ouvrir la gueule et je découvris l'objet du délit. Tout au fond de sa gorge caverneuse, je saisis un unique œillet rouge. Les autres avaient déjà probablement été engloutis. J'étais prêt à l'assassiner.

Je levai les yeux sur Jenny et je vis des larmes couler le long de ses joues. Cette fois, c'était des larmes de joie. Elle n'aurait pas ri davantage si je m'étais mis à jouer la sérénade dans une troupe de mariachis. Que pouvais-je faire d'autre sinon rire moi aussi ?

— Ce chien, grommelai-je.

— Je n'ai jamais adoré les œillets, de toute façon, dit-elle.

Marley était si excité de nous voir heureux et souriants qu'il se mit sur ses pattes de derrière et commença à faire du smurf rien que pour nous.

Le lendemain matin, je me réveillai à l'aube, éclairé par les rayons de soleil qui filtraient à travers les feuilles du faux poivrier. Je jetai un coup d'œil au réveil : il était presque huit heures. Je regardai ma femme, qui dormait paisiblement, sa poitrine se soulevant doucement puis retombant, au rythme de sa respiration lente et profonde.

Je déposai un baiser sur ses cheveux, entourai sa taille de mon bras et me rendormis profondément.

8

Une bataille de volonté

Quand Marley eut presque six mois, nous décidâmes de l'inscrire à des leçons de dressage. Il faut dire qu'il en avait rudement besoin. Malgré cette séance de rattrapage de bâton sur la plage, Marley était généralement un élève turbulent, nerveux, dissipé et incapable de tenir en place, victime de son inépuisable énergie. Nous commencions à nous dire qu'il n'était pas comme les autres chiens. Comme mon père l'avait si bien dit, après que Marley eut tenté de s'accoupler avec son genou : « Ce chien a une case en moins. » Nous avions besoin d'un professionnel.

Notre vétérinaire nous parla d'un club de dressage qui donnait des leçons tous les jeudis soir sur le parking derrière l'arsenal. Les instructeurs étaient des bénévoles, des amateurs sérieux qui avaient déjà entraîné leurs propres chiens et réussi à modifier notablement leur comportement. Le cours comprenait huit leçons et coûtait cinquante dollars, ce qui était une affaire, si on considérait que Marley était capable de détruire une paire de chaussures à cinquante dollars en trente secondes. Le club garantissait qu'après les leçons, notre chien serait le digne successeur de Lassie. Lors de l'inscription, nous fîmes connaissance avec notre instructeur. C'était une femme sévère et rationnelle qui souscrivait à la théorie selon laquelle il n'y avait pas de chien incorrigible, seulement des maîtres laxistes et velléitaires.

La première leçon sembla lui donner raison. Avant même de descendre de voiture, Marley repéra un attroupement de chiens avec leur maître. Une fête ! Il bondit hors du véhicule, arrachant sa laisse qu'il traîna derrière lui pour rejoindre ses nouveaux petits camarades. Il alla d'un chien à un autre, reniflant leurs parties intimes, lâchant un petit pipi, et bavant à foison. Pour Marley, c'était un festival d'odeurs et de sensations – toutes ces femelles en si peu de temps ! Et il profitait du moment présent, prenant bien garde de rester toujours à bonne distance, de sorte que quand je croyais l'attraper, il se sauvait en faisant un saut sur le côté. Je parvins finalement à me rapprocher et, soudain, je bondis sur lui, plantant mes deux pieds sur sa laisse. Cela le coupa si brusquement dans son élan que l'espace d'une seconde, je craignis lui avoir brisé la nuque. Il tomba sur ses pattes arrière, tourna autour de sa laisse et me fixa avec l'expression béate d'un héroïnomane qui aurait eu sa dose.

Pendant ce temps, l'instructrice nous observait d'un air qui n'aurait pas été plus réprobateur si j'avais jeté mes vêtements et que je m'étais mis à danser nu.

— Prenez place, s'il vous plaît, nous dit-elle sèchement.

« Il va falloir que vous décidiez qui d'entre vous sera le maître, ajouta-t-elle en voyant que Marley nous entraînait tous deux, Jenny et moi.

Nous commençâmes à lui expliquer que nous voulions participer tous les deux, mais elle nous interrompit.

— Un chien, dit-elle, n'obéit qu'à un seul maître.

Je voulus protester, mais elle m'intima le silence avec l'un de ces regards glacials qu'elle devait réserver aux chiens désobéissants. Je me mis donc en retrait sans un mot, laissant Jenny aux commandes.

C'était probablement une erreur. Marley était déjà beaucoup plus fort que Jenny et il le savait. Miss Dominatrix n'en était qu'à son introduction sur l'importance d'établir un rapport de domination entre l'homme et l'animal quand Marley décida que le caniche du groupe méritait qu'on s'y intéressât de plus près. Il se lança vers lui avec Jenny dans son sillage.

Tous les autres chiens se tenaient sagement à côté de leur maître, attendant la suite des instructions. Jenny se démenait pour obliger Marley à s'arrêter, tandis qu'il l'entraînait dans une course folle, à la poursuite du caniche. Ma femme avait l'air de faire du ski nautique, véhiculée par un puissant hors-bord. Tout le monde la fixait. Certains ricanaient. Je préférai ne pas en voir davantage.

Marley n'était pas fait pour la discipline. Il fondit sur le caniche et plongea son museau entre ses pattes, sûrement une façon toute masculine de lui demander : *Alors, vous venez souvent ici ?*

Après que Marley eut effectué un examen gynécologique complet du caniche, Jenny parvint enfin à le ramener à sa place. Miss Dominatrix annonça calmement :

— Ceci, chers amis, est l'exemple même du chien qui a été habitué à croire qu'il était le mâle dominant de la famille. Et aujourd'hui, c'est lui qui mène la danse.

Et comme pour illustrer ce point, Marley se mit à pourchasser sa queue. Tout en aboyant, il enroula sa laisse autour des chevilles de Jenny, jusqu'à ce que celle-ci fût totalement immobilisée. Je compatissais, tout en remerciant le ciel de ne pas être à sa place.

L'instructrice commença à nous enseigner les ordres de base : assis et couché. Jenny ordonna à Marley : « Assis ! » – il lui sauta dessus et planta ses pattes sur ses épaules. Elle le força à se coucher sur le sol – il se roula par terre. Elle essaya de le faire tenir en place – il attrapa sa laisse entre ses dents et secoua la tête de droite à gauche comme s'il luttait contre un python. Cela faisait peine à voir. À un moment, je vis Jenny allongée sur le sol, face contre terre, Marley jappant joyeusement au-dessus d'elle. Plus tard, elle m'expliqua qu'elle essayait de lui montrer ce que signifiait « couché ».

Quand la classe fut terminée et que Jenny et Marley m'eurent rejoint, Miss Dominatrix nous héla.

— Vous devriez vraiment essayer de garder le contrôle de cet animal, dit-elle d'un air ironique.

Eh bien, merci pour ce précieux conseil. Et merci aussi de penser que nous nous sommes inscrits à ce cours pour distraire le reste de la classe. Aucun de nous ne sut que répondre. Nous gagnâmes la voiture en silence, vaincus par l'humiliation et nous rentrâmes à la maison. On entendait seulement le battement de la queue de Marley, encore tout émoustillé après sa première expérience de dressage.

— Une chose est sûre à son propos, il adore l'école, dis-je finalement.

La semaine suivante, Marley et moi étions de retour, mais cette fois sans Jenny. Quand je lui avais suggéré que j'étais sans doute la chose la plus proche du mâle dominant dans cette maison, elle m'avait offert avec soulagement son éphémère titre de maître et commandeur et avait prié pour ne plus jamais revivre une telle humiliation en public. Avant de quitter la maison, je pris Marley par la peau du dos et je le rabrouai en lui disant de ma voix la plus intimidante :

— Je suis le boss ! Tu as compris, le chien ?

Il se mit à battre de la queue et commença à grignoter mes poignets.

La leçon de ce soir visait à leur apprendre à marcher au pas. Un sujet qui m'intéressait au plus haut point. J'étais fatigué de me battre avec Marley chaque fois que nous partions en balade. Il avait déjà fait tomber Jenny une fois quand il s'était lancé sans crier gare à la poursuite d'un chat. Il était temps qu'il apprît à trottiner sagement à nos côtés. Je le conduisis sur le parking, criant à tout instant pour l'empêcher de courir après tous les chiens qu'il croisait. Miss Dominatrix nous donna à chacun une chaîne avec un anneau en acier à chaque extrémité. C'était un collier étrangleur, nous expliqua-t-elle. Ce serait notre nouvelle arme secrète pour apprendre à notre chien à marcher au pas sans effort. Ce modèle de collier était d'une étonnante simplicité. Quand le chien marchait tranquillement à côté de son maître – comme il est toujours supposé le faire –, la chaîne pendait mollement autour de son cou. Si le chien se mettait à tirer sur sa laisse et à vouloir n'en faire qu'à sa tête, la chaîne se rétrécissait comme un nœud coulant, obligeant le malheureux animal à une totale soumission. Cela ne prendrait pas longtemps, promit notre instructrice, avant que notre chien comprît qu'il avait le choix entre l'obéissance et la mort par asphyxie. *Vicieusement délicieux*, pensai-je.

Je commençai à passer le collier autour de la tête de Marley, malheureusement il comprit mon manège et saisit le collier entre ses dents. Je l'obligeai à ouvrir les mâchoires pour lui reprendre la chaîne et j'essayai de nouveau de la lui passer autour du cou. Il la mordit encore. Tous les autres chiens étaient parés, la chaîne autour du cou. Tout le monde m'attendait. Je saisis son museau d'une main et de l'autre, je tentai de lui passer la chaîne autour du cou comme un lasso. Il reculait et essayait de nouveau d'attraper le mystérieux serpent d'acier. Je réussis finalement à passer la chaîne en force. Marley se jeta alors au sol et se roula par terre, les pattes en l'air, agitant la tête dans tous les sens, jusqu'à ce qu'il pût de nouveau saisir le collier entre les dents. Je levai les yeux vers l'instructrice.

— On dirait qu'il aime ça, dis-je.

Obéissant aux ordres, j'obligeai Marley à se remettre sur ses pattes et à lâcher la chaîne. Puis, toujours en suivant les instructions, je fis asseoir Marley sur son postérieur et me tins à côté de lui, frôlant son épaule droite de ma jambe gauche. Après avoir compté jusqu'à trois, je devais dire : « Marley, au pas ! » et faire un pas avec ma jambe gauche – jamais avec la droite. S'il commençait à vouloir accélérer, une série de corrections mineures – tirer plusieurs petits coups sur sa laisse – devait le ramener à la raison.

— Tout le monde, à trois..., s'écria Miss Dominatrix.

Marley était au comble de l'excitation. L'objet brillant inconnu qu'il avait autour du cou le rendait euphorique

— Un... deux... trois !

— Marley, au pas ! ordonnai-je.

Dès que je fis un pas en avant, Marley partit comme une fusée. Je tirai rudement sur la laisse et il émit un son étranglé au moment où la chaîne le priva brutalement d'air. Il resta une seconde pantelant, mais dès que la chaîne se desserra, le choc ressenti fut aussitôt oublié et relégué dans le minuscule compartiment de son cerveau qui était réservé chez lui à l'apprentissage. Il s'élança aussitôt. Je le retins et il s'étrangla une fois de plus. Nous continuâmes à progresser ainsi péniblement tout au long du parcours sur le parking. Marley se jetait en avant, je tirais de toutes mes forces en arrière. Chaque fois avec une incroyable énergie. Il toussotait et haletait. Je grognais et m'essoufflais.

— Maîtrisez ce chien ! cria Miss Dominatrix.

J'essayais de le contrôler de toute la force de ma volonté, mais la leçon s'avérait être un désastre et je me disais que Marley allait finir étranglé avant même de l'avoir assimilée. Pendant ce temps, les autres chiens trottinaient aux côtés de leur maître, réagissant sans broncher aux corrections mineures, exactement comme Miss Dominatrix l'avait indiqué.

— Bon sang, Marley ! lui murmurai-je. L'honneur de la famille est en jeu.

L'instructrice nous demanda de recommencer l'opération. Une fois de plus, Marley s'étrangla en tirant comme un fou sur sa laisse, les yeux révulsés. À l'arrivée, Miss Dominatrix nous désigna, Marley et moi, comme l'exemple à ne pas suivre.

— Ici ! lança-t-elle d'un ton impatient en levant la main. Laissez-moi vous montrer.

Je lui confiai la laisse et elle fit mettre Marley en position assise avec une étonnante efficacité. Marley s'assit sans broncher tout en la fixant d'un air gourmand. *Bon sang !* me dis-je.

D'un ton implacable, elle lui donna l'ordre de marcher au pas et le libéra. Aussitôt, Marley s'élança comme s'il devait disputer une course de chiens de traîneau. L'instructeur tenta de le corriger en mettant tout le poids de son corps en arrière. Marley trébucha, siffla, puis repartit de plus belle. On eût dit qu'il allait lui faire faire un vol plané.

J'aurais dû être embarrassé, mais je ressentais cet étrange sentiment de satisfaction qui accompagne généralement l'esprit de vengeance. Miss Dominatrix n'avait pas plus de succès que moi. Toute la classe ricanait et je me délectais d'une fierté perverse. *Regardez, mon chien est insupportable avec tout le monde, pas seulement avec moi !*

À présent que je n'étais plus l'imbécile de service, je devais avouer que je trouvais la scène plutôt comique. Arrivés tous deux en bout de course, ils firent demi-tour, Marley, heureux comme un pape dans les starting-blocks, Miss Dominatrix étouffée par un sentiment de rage bien visible. Elle tirait sur la laisse comme une furie et Marley, écumant de bave, tirait plus furieusement encore, ravi de jouer à ce formidable nouveau jeu que le professeur avait voulu lui montrer. Quand il fut à quelques mètres de moi, il mit la gomme et Miss Dominatrix dut piquer un sprint pour ne pas être projetée au sol. Marley ne s'arrêta qu'une fois qu'il pût me faire la fête avec son inénarrable *joie de vivre*. Miss Dominatrix me jeta un regard noir qui signifiait que j'avais franchi la ligne invisible qu'il ne fallait surtout pas dépasser. Marley avait tourné en ridicule tous ses principes sur les chiens et la discipline. Il l'avait publiquement humiliée. Elle me rendit la laisse et s'adressa à la classe comme si cet humiliant épisode n'avait jamais eu lieu.

— Bien, je compte jusqu'à trois…

Quand le cours prit fin, elle me demanda si je pouvais patienter quelques minutes supplémentaires. J'attendais avec Marley qu'elle terminât de répondre aux questions des différents élèves. Une fois qu'elle eut fini, elle se tourna vers moi et me dit sur un ton étonnamment amical :

— Je pense que votre chien est un peu trop jeune pour des séances de dressage.

— Il est épuisant, n'est-ce pas ? dis-je, ressentant une certaine compassion pour la personne qui avait partagé la même désastreuse expérience que moi.

— Il n'est tout simplement pas prêt pour ce genre de choses, dit-elle. Il doit mûrir encore un peu.

Petit à petit, je compris où elle voulait en venir.

— Est-ce que vous essayez de me dire que...

— Il distrait les autres chiens.

— ... que vous...

— Il est beaucoup trop excité.

— ... nous renvoyez du cours ?

— Vous pourriez très bien revenir dans six ou huit mois.

— Alors vous nous renvoyez ?

— Je serais heureuse de vous rembourser intégralement.

— Vous nous renvoyez.

— Oui, dit-elle finalement. Je vous renvoie.

Comme s'il avait compris ce qui se passait, Marley leva la patte arrière et émit un jet d'urine, à quelques centimètres à peine de la chaussure de sa révérée instructrice.

Parfois, un homme devait se mettre en colère pour devenir sérieux. Miss Dominatrix m'avait mis en colère. J'étais le propriétaire d'un magnifique labrador retriever pure race, un fier représentant de la race des chiens célèbres pour leurs aptitudes à guider les aveugles, sauver les victimes de désastres, assister les chasseurs et pêcher des poissons dans un océan démonté, tout cela en faisant preuve d'une remarquable intelligence. Comment osait-elle le renvoyer après seulement deux séances ? Il n'avait que de bonnes intentions. J'allais montrer à cette insupportable mégère de quoi Majestic Marley of Churchill était capable. On se reverrait bientôt.

Dès le lendemain matin, j'emmenai Marley avec moi dans la cour. Personne n'était en droit de renvoyer un membre de la famille Grogan de l'école.

Impossible à maîtriser ? C'est ce que nous allions voir.

— D'accord, Marley ?

Il faisait des bonds de tous les côtés.

— On peut y arriver, Marley ?

Il se trémoussa.

— Je ne t'entends pas ! On peut y arriver ?

Il aboya.

— C'est mieux. Maintenant, au travail.

Nous commençâmes avec la position assise. Nous jouions à ce petit jeu depuis qu'il était un chiot et il était plutôt doué. Je me plantai devant lui et, avec mon air le plus menaçant et le plus sérieux, je lui ordonnai de s'asseoir. Il s'assit. Je fis une prière mentale. Nous répétâmes l'exercice plusieurs fois. Puis nous étudiâmes la position couchée, autre exercice que nous avions déjà pratiqué ensemble. Il me fixait intensément, le cou tendu en avant, prêt à anticiper mes directives. Je levai lentement la main en l'air et la gardai suspendue un moment. Impatient, Marley attendait le feu vert. D'un mouvement brusque, je pointai le doigt vers le sol et dis fermement :

— Couché !

Marley s'aplatit sur le sol en gémissant. Il ne se serait pas précipité sur le sol avec plus d'empressement si un obus avait éclaté juste derrière lui. Assise sous le porche avec un café, Jenny le remarqua, elle aussi, et cria :

— Incroyable !

Après plusieurs rounds de assis-couché, je décidai de passer à la phase suivante. L'ordre de ne pas bouger. Pour

Marley, il n'était pas difficile de répondre à notre appel et de venir si on le lui demandait. Mais pour ce chien affectueux qui avait la bougeotte, rester immobile, surtout si l'un de nous s'éloignait, était un véritable calvaire. Je le mis en position assise face à moi, et nos regards se rivèrent l'un à l'autre. Tandis qu'il me fixait, je levai la main devant moi comme un agent de police et lui dis :

— Pas bouger !

Je fis un pas en arrière. Il tressaillit, m'observant avec anxiété, attendant un signe de ma part qui l'autorisât à se jeter sur moi. Quand j'eus reculé de quatre pas, il n'y tint plus. Il se releva et courut vers moi. Je le sermonnai et renouvelai l'opération. Encore et encore. À chaque fois, je gagnais un peu plus de terrain avant qu'il ne se décidât à désobéir. Finalement, je réussis à traverser entièrement la cour, la paume toujours levée devant moi. Il resta assis, en position, son corps entier secoué de tremblements à l'idée d'être bientôt libéré. Je pouvais voir l'énergie brute qui courait le long de ses muscles. Il était comme un volcan au bord de l'éruption. Il tint bon pourtant. Je comptai jusqu'à dix. Il ne faisait pas un mouvement. Il ne me quittait pas des yeux. *O.K., fin de la torture*, pensai-je. Je laissai retomber ma main et criai :

— Marley, viens !

Comme il s'élançait vers moi, j'applaudis pour l'encourager. Je pensais qu'il allait bondir comme un fou à travers la cour, mais il fonça tout droit vers moi. *Parfait*, pensai-je.

— Viens, mon garçon, ordonnai-je. Viens !

Et il poursuivit sa course folle... dans ma direction.

— Doucement, fis-je alors qu'il se rapprochait dangereusement.

En vain.

— Doucement, répétai-je.

Trop tard. Il se dirigeait vers moi avec le regard d'un dément. Juste avant l'impact, je compris que le pilote avait quitté le poste de commande.

— STOP ! criai-je.

Blam. Il s'abattit sur moi et je tombai en arrière, frappant lourdement le sol. Quand j'ouvris les yeux quelques secondes plus tard, il m'écrasait de tout son poids et me plaquait au sol de ses quatre grosses pattes, tout en me léchant avidement le visage. *Comment j'ai été, boss ?*

Techniquement parlant, il avait suivi mes instructions à la lettre. Après tout, je ne lui avais absolument rien expliqué sur cette histoire de STOP.

— Mission accomplie, marmonnai-je.

Jenny passa la tête par la fenêtre de la cuisine.

— Je vais au bureau, lança-t-elle. Quand vous aurez terminé tous les deux, n'oublie pas de fermer les fenêtres. Il va sûrement pleuvoir cet après-midi.

Je congratulai Marley, puis j'allai prendre une douche pour me rendre à mon tour au bureau.

Quand je rentrai ce soir-là à la maison, je trouvai Jenny sur le pas de la porte, et je vis immédiatement qu'elle était bouleversée.

— Va voir dans le garage, dit-elle.

En ouvrant la porte du garage, la première chose que je vis fut un Marley couché sur le tapis, l'air prostré. De cette vision fugitive, je retins que le museau et les pattes avant de Marley n'étaient pas comme d'habitude. Leur habituelle teinte jaune s'était muée en un brun foncé, car elles étaient maculées de sang séché. Puis je regardai tout autour de moi et retins ma respiration. Le garage

– notre indestructible bunker – était un véritable champ de bataille. Les tapis étaient déchirés, la peinture des murs avait été écaillée à coups de griffes, la table à repasser renversée et le tissu qui la recouvrait était en lambeaux. Pire que tout, l'embrasure de la porte dans laquelle je me tenais avait été déchiquetée. Des morceaux de bois étaient éparpillés un peu partout dans un demi-cercle autour de la porte qui avait été enfoncée de l'intérieur. Les jambages de la porte avaient totalement disparu. Du sang maculait les murs.

— Bon sang! m'exclamai-je, à la fois étonné et inquiet.

Je repensai soudain à la pauvre Mlle Nedermier et au meurtrier à la tronçonneuse de l'autre côté de la rue. J'avais l'impression de me tenir au beau milieu d'une scène de crime.

La voix de Jenny s'éleva derrière moi.

— Quand je suis rentrée, à l'heure du déjeuner, tout allait bien. Je savais qu'il allait bientôt pleuvoir.

Peu après, une grosse tempête avait éclaté, avec des torrents de pluie, des dizaines d'éclairs aveuglants et un tonnerre si puissant qu'on pouvait presque l'entendre résonner dans sa poitrine.

Quand elle était rentrée à la maison quelques heures plus tard, elle avait trouvé Marley – au beau milieu du bunker ravagé d'où il avait désespérément essayé de s'échapper – dans un état de panique totale. Il était si pathétique qu'elle n'avait pas eu le cœur de le réprimander. De plus, l'incident était clos; il n'aurait donc absolument pas compris la raison de cette punition. Cependant, elle était si écœurée des dégâts causés dans notre nouvelle maison – la maison que nous nous étions donné tant de mal à retaper – qu'elle n'avait pas voulu s'occuper de tout cela.

— Nous allons attendre le retour de papa ! l'avait-elle menacé, avant de refermer la porte sur lui.

Durant le dîner, nous tentâmes de comprendre ce que nous appelions la « sauvagerie » de Marley. Tout ce qui nous venait à l'esprit, c'est que, seul et terrifié par la tempête qui s'était abattue sur le quartier, Marley s'était dit que sa meilleure chance de survie était de creuser un chemin dans la maison. Il avait probablement obéi à quelque instinct venant de son ancêtre, le loup. Et il avait poursuivi son but avec une redoutable efficacité. Je n'aurais jamais cru qu'un animal pût faire un tel carnage.

Quand la vaisselle fut terminée, Jenny et moi retournâmes dans le garage où Marley, qui avait retrouvé ses esprits, était en train de mâchouiller un jouet en plastique. Il vint tourner autour de nous, prêt à jouer à la bataille. Je l'obligeai à rester tranquille pendant que Jenny nettoyait son pelage. Puis il nous observa en frétillant de la queue pendant que nous nous mîmes à l'ouvrage. Il nous fallut jeter les tapis et le tissu de la planche à repasser, balayer les débris de la porte, effacer les traces de sang sur les murs et faire une liste du matériel nécessaire pour réparer les dégâts – les premiers d'une longue liste à venir. Marley paraissait passablement excité de nous avoir tous les deux auprès de lui.

— Ce n'est pas la peine d'avoir l'air si heureux, lui dis-je d'un air maussade, avant de l'enfermer pour la nuit.

9

L'étoffe des mâles

Tous les chiens ont besoin d'un bon vétérinaire, un professionnel patenté capable de les garder en bonne santé et de les immuniser contre les maladies. Les propriétaires de chiens en ont besoin aussi, pour tous les conseils qu'ils dispensent sans compter.

Nous fîmes un certain nombre de faux départs. L'un des vétos que nous avions rencontrés était si insaisissable que nous avions toujours affaire à son assistant – un jeune homme tout juste sorti de l'école ; un autre était si âgé que j'étais persuadé qu'il aurait été incapable de distinguer un chihuahua d'un chat. Un troisième choisissait manifestement sa clientèle parmi les riches rentières de Palm Beach – qui avaient presque toutes un petit chien dans leurs accessoires. Enfin, nous trouvâmes le praticien de nos rêves. Son nom était Jay Butan – Dr Jay pour les intimes – et il était jeune, intelligent, branché et incroyablement gentil. Le Dr Jay comprenait les chiens exactement comme les bons mécanos comprennent les voitures, de façon intuitive. Il adorait vraiment les animaux et avait la certitude qu'ils avaient un rôle à jouer dans le monde des humains. Durant les premiers mois, nous l'appelions pour un oui ou pour un non. Lorsque Marley commença à avoir des callosités sur les articulations de ses pattes, je craignis qu'il eût attrapé quelque maladie de peau rare et contagieuse. Décontracté, le Dr Jay m'expliqua qu'il s'agissait de simples cals dus au fait que Marley était souvent étendu sur le sol dur. Un jour, Marley bâilla en ouvrant toute grande la gueule et j'aperçus sur sa langue une étrange tache de couleur pourpre. *Oh, mon Dieu*, pensai-je. *Il a un cancer*. Le sarcome de Karposi sur la langue. Le docteur nous rassura aussitôt : il s'agissait seulement d'une marque de naissance.

À présent, Jenny et moi étions avec lui dans la salle d'examen, débattant de la peur panique que Marley avait des éclairs. Ce qui s'était passé dans le garage n'était pas un incident isolé, mais au contraire les prémices d'un comportement phobique et irrationnel. En dépit de l'excellente réputation des labradors en tant que chiens policiers, nous avions apparemment hérité du seul labrador qui était mortellement terrifié par la moindre détonation – même le saut d'un bouchon de champagne le faisait sursauter. Feux d'artifice, moteurs d'avion et pistolets le terrifiaient. Les éclairs étaient pour lui pire qu'une nuit dans la maison des horreurs. L'orage pouvait mettre Marley dans tous ses états. Quand nous étions à la maison, il se pressait contre nous en tremblant et en pleurant sans pouvoir se contrôler, les yeux hagards, les oreilles couchées, la queue entre les jambes. Quand il était seul, il devenait incontrôlable et envoyait balader tout ce qui se trouvait entre lui et le lieu qu'il considérait comme sûr. Un jour, comme de gros nuages noirs s'amoncelaient dans le ciel, Jenny était rentrée à la maison et avait trouvé un Marley épouvanté perché sur la machine à laver, en train de danser une gigue ridicule, ses pattes glissant sur l'émail du couvercle. Comment avait-il grimpé là-dessus et pourquoi cet endroit lui semblait-il rassurant ? Cela demeurait un mystère. Les gens pouvaient être complètement dingues, mais, d'après ce que nous avions pu constater, les chiens aussi.

Le Dr Jay mit un flacon de pilules jaunes dans ma main et me dit :

— N'hésitez pas à vous servir de ça.

Il s'agissait de sédatifs qui pouvaient, selon lui, « calmer les crises d'angoisse de Marley ». Il espérait que sous l'effet des tranquillisants, Marley pourrait analyser la situation de façon plus rationnelle et se rendre compte que les tempêtes n'étaient rien d'autre que de gros pétards inoffensifs. L'anxiété n'était pas inhabituelle chez les chiens, nous expliqua-t-il, en particulier en Floride, où de grandes rafales balayaient régulièrement la péninsule durant les torrides mois d'été. Marley vint renifler le flacon dans ma main, apparemment pressé de commencer une vie de dépendance à la drogue.

Le Dr Jay flatta l'encolure de Marley et pinça les lèvres, comme s'il s'apprêtait à dire quelque chose mais qu'il ignorait encore la manière de l'énoncer.

— Et, dit-il, vous voudrez probablement commencer à penser sérieusement à le faire castrer.

— Le castrer ? répétai-je. Vous voulez dire...

Je baissai les yeux vers les parties génitales de Marley.

Le Dr Jay suivit mon regard et acquiesça. Je dus tressaillir, peut-être même sursauter, car il ajouta :

— C'est indolore, je vous assure, et il sera bien plus à l'aise.

Le Dr Jay savait que Marley représentait un défi pour nous. C'était à lui que nous confiions tous nos déboires : les désastreux cours de dressage, l'infantilisme, l'instinct destructeur, l'hyperactivité. Et maintenant, à l'âge de sept mois, Marley commençait à bondir sur tout ce qui bougeait autour de lui, y compris nos invités.

— Cela lui ôtera simplement tout ce surplus d'énergie sexuelle négative et fera de lui un chien plus heureux et plus calme, précisa-t-il.

Il nous promit que cela ne priverait pas Marley de son caractère exubérant et enjoué.

— Bon sang, je ne sais pas, dis-je. Cela me paraît si... radical.

Jenny, quant à elle, ne semblait avoir aucun état d'âme.

— Coupez-moi tout ça !

— Mais comment fonder une famille ? Comment perpétuer sa lignée ?

Tout l'intérêt financier de l'affaire me revint en mémoire.

De nouveau, le docteur parut choisir ses mots avec précaution.

— Marley est un chien extraordinaire, mais je ne suis pas sûr qu'il possède les qualités requises pour avoir une grande descendance.

Il se montra aussi diplomate que possible, mais l'expression de son visage trahissait sa pensée : *Bon Dieu ! Pour préserver les générations futures, nous devons à tout prix isoler cette erreur de la nature !*

Je lui répondis que nous allions y réfléchir, et nous rentrâmes à la maison avec notre petit flacon de pilules.

Au moment où nous débattions de l'idée de priver la race des labradors de la descendance de Marley, Jenny me sollicita pour que nous fondions notre propre famille. Le Dr Sherman l'avait encouragée à envisager une nouvelle grossesse. Elle avait relevé le défi avec l'esprit individualiste et forcené d'une athlète olympique. L'époque où nous nous contentions d'oublier la plaquette de pilules et de laisser les choses se faire était bel et bien révolue. Dans cette guerre de la procréation, Jenny avait décidé de passer à l'offensive. Pour cela, elle avait besoin de moi – j'étais l'allié clé qui avait le contrôle du stock de munitions. Comme tous les mâles, j'avais passé la moitié de mon adolescence à essayer de convaincre le sexe opposé que j'étais un partenaire sexuel digne d'intérêt. Finalement, j'avais trouvé une femme qui avait bien voulu le croire. Cependant, c'était la première fois qu'elle me voulait plus que je ne la voulais. Pour un homme, c'était le paradis. Plus de supplications, plus d'insistance. Comme les étalons, j'étais réclamé à cor et à cri. J'aurais dû être aux anges. Mais soudain, cela ne m'apparut plus que comme un boulot, et un boulot stressant. Jenny n'attendait pas de moi une partie de jambes en l'air, elle attendait un bébé. Ce qui voulait dire qu'il fallait être à la hauteur. C'était un business sérieux. Le plus excitant des passe-temps nocturnes était devenu une affaire clinique, incluant courbes de température, calendriers menstruels et périodes d'ovulation. J'avais l'impression d'être au service de Sa Majesté. Tout cela était aussi excitant qu'un contrôle fiscal. Jenny avait l'habitude de me voir prendre la moindre allusion comme une invitation et elle pensait que ces vieilles règles étaient toujours en vigueur. Si j'étais, par exemple, en train de réparer le broyeur d'ordures, elle arrivait, son calendrier à la main, en disant :

— J'ai eu mes dernières règles le dix-sept, ce qui veut dire... – elle marquait une pause pour compter les jours dans sa tête – que nous devons le faire... MAINTENANT !

Les Grogan n'avaient jamais très bien géré la pression et je n'étais pas une exception. Je ne tardai pas à souffrir de l'humiliation masculine ultime : la contre-performance. Le jeu était terminé. Ma confiance en moi s'était émoussée. Si c'était arrivé une fois, cela pouvait parfaitement se reproduire. L'échec avait son propre mode de fonctionnement. Plus je craignais de ne pas pouvoir remplir mon devoir conjugal, moins j'étais capable de me détendre et de faire ce qui me venait autrefois de manière parfaitement naturelle. Je réprimai tous mes élans d'affection, de peur de mettre des idées dans la tête de Jenny. Je commençai à vivre dans la crainte mortelle que ma femme – mon Dieu ! – ne m'ordonnât de lui arracher ses vêtements et de lui faire l'amour. Je me demandai si finalement, une vie d'ermite dans un monastère isolé ne serait pas une meilleure solution.

Jenny n'avait pas l'intention de renoncer si facilement. C'était une chasseuse. Et j'étais la proie. Un jour, alors que je travaillais dans le bureau de mon journal de West Palm Beach, à dix minutes de la maison, elle m'appela pour me proposer de déjeuner avec elle à la maison. *Tu veux dire seul ? Sans chaperon ?*

— Nous pouvons peut-être nous retrouver au restaurant, proposai-je.

Un restaurant bondé, si possible. Avec plusieurs de nos collègues. Et nos deux belles-mères.

— Allez ! dit-elle. Ce sera sympa.

Puis sa voix se mua en un murmure et elle ajouta :

— C'est une belle journée... Je... crois... que je suis... en période d'ovulation.

Une vague de terreur me submergea. Oh, non! Par pitié, pas *ce* mot! La pression était à son maximum. Réussir ou périr, il n'y avait pas d'autre alternative. C'était tout ou rien. *S'il te plaît, ne me force pas*, voulus-je répondre. Au lieu de cela, je dis d'une voix posée :

— Bien sûr. Douze heures trente, ça te va ?

Quand j'ouvris la porte d'entrée de la maison, Marley, comme à son habitude, me fit la fête. Mais pas de Jenny en vue. Je l'appelai.

— Dans la salle de bains, répondit-elle. J'arrive dans une minute.

Je me mis à marcher de long en large pour tuer le temps avec un terrible sentiment d'appréhension, un peu comme ces gens qui attendent avec fatalisme les résultats de leur biopsie.

— Par ici, matelot! fit une voix derrière moi.

Quand je me retournai, Jenny se tenait devant moi, avec pour tout vêtement un minuscule ensemble de sous-vêtements de soie. Son ventre plat se détachait sous un joli soutien-gorge retenu par deux fines bretelles. Ses jambes ne m'avaient jamais paru aussi longues.

— De quoi j'ai l'air ? demanda-t-elle en plantant ses mains sur ses hanches.

Elle était tout bonnement incroyable! D'habitude, à l'heure de se coucher, Jenny sautait dans un *baggy* confortable. J'aurais pu parier qu'elle se sentait ridicule dans cette tenue sexy. Pourtant, elle remplissait parfaitement sa mission.

Je la poursuivis dans la chambre. Bientôt, nous roulions dans les draps en nous embrassant. Je fermai les yeux et sentis mon bon vieux copain se réveiller. La magie opérait de nouveau. *Tu peux le faire, John.* J'essayai de faire appel aux images les plus érotiques possibles. *Ça va marcher !* Mes doigts glissèrent sous les fines petites bretelles du soutien-gorge. *Vas-y doucement, John. Pas de stress.* Je pouvais à présent sentir son haleine chaude et humide sur mon visage. *Mmmmm. Sexy.*

Une minute… Quelle était cette odeur ? Il y avait quelque chose de bizarre dans sa respiration. Quelque chose de familier et d'inconnu à la fois. Pas vraiment déplaisant, mais pas vraiment affriolant non plus. Je connaissais cette odeur, mais je n'arrivais pas à l'identifier. J'hésitai. *Que fais-tu, idiot ? Oublie l'odeur. Concentre-toi, mon pote !* Mais cette odeur – je ne pouvais me l'ôter de l'esprit. *Tu te déconcentres, John. Ne te déconcentre pas.* Qu'est-ce que ça pouvait bien être ? *Reste dans la course !* Ma curiosité prenait le dessus. *Laisse tomber, mon pote. Laisse tomber !* Je commençai à renifler autour de moi. De la nourriture. Oui, c'était bien ça. Mais quoi ? Pas des crackers. Ni des chips. Ni du thon. J'y étais presque. C'était… des Milk-Bones ?

Des Milk-Bones ! Voilà ! Jenny avait une haleine de Milk-Bones. Mais pourquoi ? me demandai-je – et cette petite question s'insinua dans ma tête. *Pourquoi Jenny aurait-elle mangé des biscuits pour chiens ?* Au même moment, je sentis ses lèvres dans mon cou… Comment pouvait-elle m'embrasser dans le cou tout en expirant devant mon nez ? Cela n'avait aucun s…

Oh… mon… Dieu.

J'ouvris les yeux. Là, à quelques centimètres de mon visage, envahissant mon champ de vision, apparut la grosse bouille de Marley. Son menton reposait sur le drap et il se trémoussait, des filets de bave s'écoulant sur les draps. Ses yeux étaient mi-clos – il avait l'air totalement énamouré.

— Méchant chien ! hurlai-je en le repoussant. Non, non et non. Va au lit ! ordonnai-je fermement. Au lit ! Couché !

Trop tard. La magie s'était envolée. Le moine était de retour.

Tout doux, soldat.

Le lendemain matin, je pris rendez-vous pour faire castrer Marley. Je me disais que si je devais renoncer au sexe pour le restant de mes jours, il ferait de même. Le Dr Jay nous proposa d'emmener Marley un matin avant d'aller au bureau et de venir le rechercher le soir sur le chemin du retour. C'est ce que nous fîmes la semaine suivante.

Alors que Jenny et moi nous apprêtions à partir, Marley bondissait joyeusement autour de nous, pressentant une sortie imminente. Pour lui, toute balade était source d'excitation et de joie. Peu importait la destination et la durée du voyage. Sortir la poubelle ? Pas de problème ! Aller chercher une brique de lait à l'épicerie du coin ? Comptez sur moi ! Je commençais à ressentir les affres de la culpabilité. Le pauvre vieux n'avait aucune idée de ce qui l'attendait. Il nous faisait totalement confiance. Il savait que nous agissions toujours dans son intérêt. Aujourd'hui, nous projetions secrètement de le faire émasculer. Existait-il une trahison plus terrible que celle-ci ?

— Viens ici, lui dis-je.

Puis je m'agenouillai pour lui caresser vigoureusement l'échine.

— Ce ne sera pas si terrible. Tu verras. Le sexe, finalement, c'est très surfait.

Même moi, en repensant à mes piètres performances de ces dernières semaines, je ne pouvais croire une chose pareille. Qui essayais-je de tromper ? Le sexe était super. Le sexe était incroyable. Le pauvre chien allait être privé de l'un des plus grands plaisirs de la vie. Pauvre vieux. Je me sentais affreusement mal.

Mon malaise augmenta encore quand Marley sortit de la maison en jappant et qu'il bondit joyeusement dans la voiture. Il avait placé en nous une confiance aveugle, persuadé que nous ne pourrions jamais lui faire le moindre mal. Il était prêt à nous suivre dans n'importe quelle aventure. Jenny se mit au volant et moi sur le siège passager. Comme à son habitude, Marley se tenait au milieu, les pattes sur la boîte de vitesse, le nez tout près du rétroviseur central. À chaque coup de frein, il était projeté contre la vitre avant, ce qui ne le dérangeait pas le moins du monde. Il était tout simplement heureux de partir en balade avec ses deux meilleurs amis. La vie pouvait-elle être plus belle à ses yeux ?

J'entrouvris ma vitre et Marley commença à contempler la route en se vautrant sur moi. Il essayait de capter les mille odeurs qui défilaient sous son nez. Bientôt, il était passé entièrement sur mes genoux et s'escrimait à infiltrer son museau dans l'ouverture de la vitre, mais il avait tant de mal à renifler les odeurs qu'il émettait des grognements. *Oh ! Et après tout, pourquoi pas ?* pensai-je. C'était là son dernier trajet en tant que mâle à part entière. Je pouvais au moins lui donner un peu d'air. J'ouvris la fenêtre suffisamment pour qu'il pût passer entièrement sa tête dehors. Il paraissait si émerveillé par cette sensation que je descendis encore un peu la vitre. Ses oreilles flottaient au vent et sa langue pendait comme s'il avait soif de découvrir toutes les merveilles de la ville. Bon sang, il était heureux.

Comme nous roulions sur Dixie Highway, je partageai avec Jenny mon malaise à propos de ce que nous nous apprêtions à lui faire subir. Elle commençait à me dire quelque chose qui aurait sans doute balayé tous mes doutes quand je remarquai, plus par curiosité que sous l'effet d'une sonnette d'alarme, que Marley avait posé ses deux grosses pattes sur le rebord de la vitre à moitié ouverte. Et à présent, son cou et ses épaules étaient carrément passés à l'extérieur. Il ne lui manquait qu'une paire de lunettes de soleil et une écharpe de soie pour ressembler à l'un de ces as de l'aviation de la Première Guerre mondiale.

— John, il me rend nerveuse, dit Jenny.

— Il va bien, répondis-je. Il a juste besoin d'un bol d'…

Au même moment, les pattes avant de Marley glissèrent au-dehors, entraînant tout son corps.

— John, attrape-le ! Attrape-le !

Avant que je pusse réagir, Marley avait quitté mes genoux et son corps glissait lentement par la fenêtre de la voiture en marche. Son postérieur pointait en l'air et ses pattes arrière pédalaient dans la semoule. Il était en train de se faire la malle.

Avant qu'il ne tombe pour de bon, je parvins à saisir sa queue de la main gauche. Jenny manœuvrait dans la circulation dense. Marley était presque entièrement à l'extérieur de la voiture, suspendu par la queue, que je tenais encore presque par miracle. J'étais dans une position si inconfortable qu'il m'était impossible de l'attraper avec l'autre main. Le pauvre Marley trottait littéralement le long de la voiture à l'aide de ses pattes avant.

Jenny arrêta la voiture sur le bas-côté et mit les feux de détresse.

— Et maintenant ? criai-je.

J'étais coincé. Je ne pouvais pas le tirer vers moi pour le ramener dans la voiture. Je ne pouvais pas ouvrir la portière. Je ne pouvais pas passer ma main gauche par la vitre. Et je n'osais pas le lâcher, de peur qu'il ne se fît écraser par l'un de ces chauffeurs fous qui nous dépassaient à toute allure. Je tins bon, au nom de la vie qui m'est chère, visage plaqué contre la vitre, à quelques centimètres de son scrotum géant.

Jenny fit le tour de la voiture pour venir de mon côté et elle retint Marley par le collier, le temps pour moi de descendre et de le faire remonter aussitôt dans la voiture. Notre petit drame personnel avait eu lieu juste en face d'une station-service et quand Jenny fit demi-tour pour reprendre la route principale, les mécaniciens étaient rassemblés dehors, comme pour assister au spectacle. Ils se fendaient la gueule.

— Merci les gars, leur lançai-je. Heureux de vous avoir fait rire.

Enfin, nous arrivâmes à la clinique. Je guidai Marley à l'aide d'une très courte laisse, au cas où il eût l'idée de refaire un petit numéro d'acrobatie. Ma culpabilité s'était envolée et ma résolution était prise. Marley sautillait et se trémoussait, tirant sur sa laisse pour aller renifler tous les autres animaux. Dans la salle d'attente, il réussit à terroriser un couple de chats et à faire tomber une boîte remplie d'affiches publicitaires.

Cette nuit-là, quand j'allai chercher Marley, il n'était plus le même chien. Il venait de subir une opération et avançait prudemment. Ses yeux étaient injectés de sang, à cause de l'anesthésie, il était encore groggy. Quant aux magnifiques bijoux de famille qu'il arborait si fièrement, il n'en restait… rien. Juste un morceau de peau fin comme du papier. L'incontrôlable lignée des Marley avait officiellement pris fin.

10

La chance des Irlandais

Nos vies étaient de plus en plus définies par le travail. Le travail de bureau. Les corvées de la maison. Le jardinage. Faire un enfant. Élever Marley était aussi pratiquement un travail à plein temps. Il réclamait presque autant d'attentions et de temps qu'un enfant. Nous avions déjà eu un aperçu du degré des responsabilités qui nous incomberaient quand nous aurions une famille. Un aperçu seulement. Car nous avions beau être ignorants en matière d'enfants, nous nous doutions bien que nous ne pourrions pas les enfermer dans le garage avec un bol d'eau le jour où nous aurions besoin de sortir pour la journée.

Nous n'avions même pas atteint notre deuxième anniversaire de mariage que déjà pesait sur nous le poids d'une vie maritale responsable et mature. Nous avions besoin de nous échapper. De partir en vacances, rien que nous deux, de laisser derrière nous les obligations de la vie quotidienne. Un soir, je fis à Jenny la surprise de lui offrir un billet d'avion pour l'Irlande. Nous allions partir trois semaines. Il n'y aurait ni itinéraires préétablis ni guide de voyage ni passages obligés. Nous louerions juste une voiture et nous nous munirions d'une carte routière et d'un guide des hôtels-restaurants. Rien que le fait de tenir les billets dans ma main, j'avais l'esprit plus léger.

Il nous restait quelques détails à régler avant de partir. En tête de liste, Marley évidemment. Nous écartâmes rapidement l'idée du chenil. Marley était trop jeune, trop sauvage, trop incontrôlable pour être enfermé dans une telle institution vingt-quatre heures sur vingt-quatre. Comme le Dr Jay l'avait prédit, l'opération n'avait en rien émoussé l'exubérance de Marley. Il avait toujours une incroyable fougue et un comportement imprévisible. En dehors du fait qu'il avait cessé d'enfourcher des objets inanimés, il était toujours aussi fou. Il était trop sauvage – et trop destructeur quand il était pris de panique – pour être livré à lui-même dans la maison d'un ami. Ou même d'un ennemi. Ce qu'il fallait, c'était un *dog-sitter* à domicile. Une nounou pour chien ordinaire ne suffirait pas, étant donné le défi que représentait la garde de Marley. Nous avions besoin d'une personne responsable, digne de confiance, très patiente et suffisamment forte pour maîtriser un labrador retriever de trente-deux kilos.

Nous fîmes la liste de tous les voisins, amis et collègues que nous connaissions, puis éliminâmes les candidats un à un. Fêtard de première. *Éliminé*. Trop dans la lune. *Éliminé*. Ne supporte pas la bave de chien. *Éliminé*. Trop mou pour contrôler un teckel – imaginez un labrador. *Éliminé*. Allergique. *Éliminé*. Incapable de ramasser les crottes de chien. *Éliminé*.

Finalement, il ne restait qu'un seul nom sur notre liste. Kathy travaillait avec moi et était célibataire et sans enfants. Elle avait grandi à la campagne, dans le Midwest, adorait les animaux et rêvait de pouvoir un jour troquer son petit appartement pour une maison avec jardin. Elle était sportive et aimait la marche à pied. Cela dit, elle était timide et plutôt douce, ce qui pourrait lui poser des problèmes pour imposer ses vues à un mâle dominant tel que Marley. Sinon, elle était parfaite. Et surtout, elle était d'accord.

Le mémo que nous lui avions préparé n'aurait pas été plus détaillé si nous lui avions confié un enfant atteint d'une maladie grave. Il comptait six pages bien remplies.

NOURRITURE : Marley mange trois fois par jour, deux gamelles à chaque repas. Merci de le nourrir au réveil et le soir, quand vous rentrez du boulot. Les voisins le nourriront dans l'après-midi. Si après ces six gamelles, il paraît affamé, vous pouvez lui en donner une supplémentaire. Comme vous devez le supposer, toute cette nourriture termine quelque part. Voyez le paragraphe « BESOINS »

VITAMINES : Chaque matin, nous donnons à Marley une dose de vitamines pour chien. Le plus simple pour la lui administrer est de faire tomber la gélule par terre et d'agir comme s'il n'était pas censé l'avaler. Si pour une raison quelconque cela ne fonctionne pas, vous pouvez diluer le contenu de la gélule dans sa nourriture.

EAU : Par temps chaud, il est important que Marley ait toujours à sa disposition un bol rempli d'eau fraîche. Nous changeons son eau tous les jours et nous couvrons le bol quand il pleut. Attention ! Marley adore plonger la tête en entier dans le bol pour jouer les sous-marins. Il peut mettre un sacré bazar. Sa gueule peut contenir une grande quantité d'eau, qui s'écoule au compte-gouttes quand il s'éloigne. Il en met alors partout sur vos vêtements, le sol et le canapé. Une dernière chose : en général, il s'ébroue après voir bu, et envoie des filets de bave partout autour de lui. Nous avons pris l'habitude de nettoyer aussitôt après, car une fois que la bave est sèche, il est pratiquement impossible de l'enlever.

PUCES ET TIQUES : Si vous en trouvez sur lui, vous pouvez l'asperger avec le spray prévu à cet effet. Vous avez également à votre disposition un insecticide que vous pouvez utiliser pour le tapis et autre mobilier, si nécessaire. Les puces sont petites et rapides, mais elles mordent rarement les humains, comme nous avons pu le constater. Ce n'est donc pas trop inquiétant. Les tiques sont plus grosses et plus lentes et nous en avons quelquefois trouvé sur lui. Si vous en trouvez une et que le cœur vous en dit, enlevez-la et écrasez-la dans un tissu (vous risquez d'avoir besoin de vos ongles; c'est un animal coriace) ou jetez-la dans le lavabo ou les toilettes (la meilleure solution si son corps regorge de sang). Vous avez probablement entendu dire que les tiques pouvaient transmettre la maladie de Lyme aux humains et engendrer des problèmes de santé à long terme. De nombreux vétérinaires nous ont cependant assuré qu'il était rare de contracter la maladie de Lyme ici, en Floride. Pour ne prendre aucun risque inutile, lavez-vous bien les mains après avoir enlevé la tique. Si vous voulez tenter une opération de ce genre, commencez par occuper Marley avec un jouet. Puis d'une main, pincez la peau et servez-vous des ongles de votre autre main comme d'une pince à épiler. Vous pouvez alors l'extraire comme une épine. Après quoi, si Marley sent un peu trop fort et que vous en avez le courage, donnez-lui un bain dans la baignoire réservée à cet effet dans la cour. N'oubliez pas votre maillot de bain, car il va vous asperger d'eau !

OREILLES : Marley a tendance à accumuler beaucoup de cérumen dans ses oreilles, ce qui peut, à la longue, entraîner une infection. Il faudrait qu'une ou deux fois durant notre absence, vous lui enleviez la majeure partie de la cire à l'aide d'un coton-tige et de la solution bleue. C'est une opération plutôt salissante, alors pensez à porter de vieux vêtements.

PROMENADES : Sans sa promenade matinale, Marley se transforme en véritable démon. Pour votre propre bien-être, je vous conseille également de lui faire faire une courte sortie avant de le coucher, mais c'est optionnel. Utilisez le collier d'étranglement pour le sortir, mais n'oubliez pas de le lui enlever quand vous rentrez. Il y a un risque qu'il s'étrangle tout seul et connaissant Marley, il ne manquerait pas de le faire.

ORDRES BASIQUES : Promener Marley sera plus facile si vous le faites marcher au pas. Commencez toujours par le faire asseoir à votre gauche, puis dites-lui d'un ton ferme « Marley, au pas ! » et avancez votre pied gauche. S'il tente de vous dépasser, tirez avec virulence sur la laisse. En général, cela fonctionne. (Il a pris des cours de dressage !) S'il n'est pas tenu en laisse, il répond généralement à l'ordre « Marley, au pied ! » À noter que cela a plus de chances de marcher si vous êtes debout et non pas assise ou allongée.

ORAGES : Marley a tendance à devenir nerveux quand il y a des orages, en particulier avec des éclairs. Nous rangeons ses sédatifs (les pilules jaunes) dans le même placard que ses vitamines. Une pilule une demi-heure avant la tempête (vous serez capable de prédire le temps bien plus vite que vous ne pouvez l'imaginer) devrait faire l'affaire. Faire avaler cette pilule à Marley est tout un art. L'astuce utilisée pour les vitamines ne fonctionnera pas. La technique la plus efficace consiste à le maintenir en place et à lui faire ouvrir la gueule d'une main. De l'autre, vous enfoncez la pilule aussi loin que vous le pouvez dans sa gorge. Cela doit atteindre le point de non-retour, sans quoi il la recrachera aussitôt. Puis refermez sa gueule et attendez qu'il l'avale. Après ça, vous devrez vraisemblablement faire un brin de toilette.

BESOINS : Je me sers de la pelle qui se trouve sous le manguier pour ramasser les crottes de Marley. À vous de voir si vous voulez nettoyer derrière son passage ou non. Tout dépend de votre envie de passer du temps dans le jardin. Faites attention où vous mettez les pieds !

INTERDICTIONS : Nous n'autorisons PAS Marley à :

— Monter sur les meubles.

— Mâchouiller les pieds de meubles, chaussures, oreillers, etc.

— Boire l'eau de la cuvette des toilettes (il vaut mieux tirer la chasse d'eau après chaque passage, on ne sait jamais. Il adore venir fourrer son nez dans la cuvette).

— Creuser des trous dans le jardin ou déterrer les plantes et les fleurs. Il le fait généralement quand il estime qu'on ne s'occupe pas suffisamment de lui.

— Fouiller dans la poubelle. (Vous devrez peut-être la mettre en hauteur.)

— Sauter sur les gens, renifler les entrejambes, ou se rendre coupable de comportements indécents. Nous essayons notamment de lui apprendre à ne pas mâchouiller les bras des gens, ce qui, vous pouvez l'imaginer, n'est guère apprécié de nos invités. Il a cependant du mal à réfréner ses envies en la matière. N'hésitez pas à lui donner une tape sur le museau en lui disant : « Non ! »

— Mendier à table.

— Foncer dans les vitres des portes-fenêtres ou du porche (Vous constaterez que plusieurs vitres ont déjà été remplacées.)

Merci encore pour tout, Kathy. Vous nous rendez un immense service. Je ne sais pas comment nous aurions fait sans vous. Nous espérons que Marley et vous deviendrez de bons amis et que vous serez aussi heureuse que nous de passer du temps avec lui.

Je montrai les instructions à Jenny et lui demandai si je n'avais rien oublié. Elle prit le temps de lire ma prose entièrement avant de lever sur moi des yeux effarés.

— À quoi penses-tu ? Tu ne vas tout de même pas lui donner *ça* ?

Elle agitait les pages sous mon nez.

— Montre-lui ce mémo, et tu peux dire adieu à l'Irlande. Kathy est la seule personne que nous ayons sous la main et qui soit capable de remplir ce rôle. Si tu lui fais lire ces instructions, tout sera fini. Elle va s'enfuir en courant et ne s'arrêtera que quand elle aura atteint Key West.

Et pour être sûre de s'être bien fait comprendre, elle répéta :

— As-tu perdu l'esprit ?

— Alors tu penses que c'est trop ?

Mais j'avais toujours aimé la transparence, aussi montrai-je à Kathy mes instructions, comme je l'avais décidé. Au cours de la lecture, Kathy tiqua à plusieurs reprises, en particulier lors du passage sur les puces, mais elle ne fit aucun commentaire désobligeant. Apparemment troublée, mais pas suffisamment pour manquer à sa promesse, elle se contenta de dire rapidement :

— Bon voyage. Tout ira bien.

L'Irlande était exactement comme nous l'avions imaginée. Belle, bucolique, reposante. Le temps fut incroyablement clair et ensoleillé la majeure partie du séjour, ce qui faisait craindre aux habitants du coin une prochaine sécheresse. Comme nous nous l'étions promis, nous ne tînmes compte ni des emplois du temps, ni des itinéraires. Nous prîmes plaisir à nous balader, flâner le long de la côte, faire du shopping, de la randonnée, boire quelques Guinness ou encore nous perdre dans la contemplation de l'océan. Nous nous arrêtions pour parler aux paysans qui ramassaient le foin ou pour nous prendre en photo au milieu des troupeaux de moutons sur la route. Si un chemin nous semblait intéressant, nous l'empruntions sans réfléchir. Nous ne pouvions pas nous perdre, car nous n'avions aucun but précis. Tous nos devoirs et nos obligations habituels n'étaient plus que de lointains souvenirs.

Quand le soir tombait, nous cherchions un endroit où passer la nuit. Nous choisissions toujours une chambre chez l'habitant, souvent dans la maison d'une charmante veuve qui nous proposait une tasse de thé, nous faisait dormir dans de bons draps et nous posait invariablement la même question.

— Alors, vous comptez bientôt fonder une famille, tous les deux ?

Puis elle nous laissait dans notre chambre et refermait la porte non sans nous avoir adressé un sourire équivoque.

Nous étions tous deux convaincus qu'il devait y avoir en Irlande une loi qui obligeait les hôtesses à installer en face des lits de grandes icônes du pape ou de la Vierge. Certaines chambres possédaient les deux.

La loi sur le célibat irlandais précisait que les lits dévolus aux hôtes devaient être grinçants et faire office d'alarme chaque fois que l'un des hôtes le quittait.

Tout concourait à créer dans ces lieux une atmosphère aussi propice aux sentiments amoureux que celle d'un couvent. Nous étions dans la maison d'une autre personne – une personne très catholique –, une maison aux murs fins comme du papier, avec des chambres équipées de lits grinçants et de représentations de saints. Sans oublier l'hôtesse qui, à coup sûr, devait se trouver de l'autre côté de notre porte. C'était bien le dernier endroit où vous pouviez avoir envie de sexe. Ce qui, bien sûr, me fit convoiter ma femme avec une toute nouvelle ardeur.

Une fois les lumières éteintes, nous nous enfouîmes dans les draps, les ressorts couinant sous notre poids, et je mis immédiatement la main sur la poitrine de Jenny.

— Pas question, souffla-t-elle.

— Pourquoi pas ? murmurai-je en retour.

— Tu es fou ? Mlle O'Flaherty est juste de l'autre côté de la porte.

— Et alors ?

— On ne peut pas !

— Bien sûr que si, on peut.

— Elle va tout entendre.

— On ne fera pas de bruit.

— Oh, bien sûr !

— Promis. On ne bougera presque pas.

— Eh bien, mets d'abord un T-shirt ou autre chose sur le pape, dit-elle finalement, sa résistance s'émoussant. Je ne ferai rien s'il nous observe.

Soudain, le sexe semblait être devenu… si… illicite. C'était un peu comme quand nous étions au lycée et que j'essayais de me soustraire à la vigilance de ma mère. Prendre le risque d'avoir des relations sexuelles ici, c'était prendre le risque de ravaler sa honte à la table du petit-déjeuner de Mlle O'Flaherty. C'était risquer de voir la vieille dame lever un sourcil au moment où elle servirait les œufs et les tomates frites, et nous demander ironiquement : « Alors, le lit était-il confortable ? »

L'Irlande était une zone de Non-Sexe. Et c'était le stimulant dont j'avais besoin. Nous passâmes la nuit à copuler comme des lapins.

Jenny ne pouvait s'empêcher de se tourmenter pour son gros bébé resté à la maison. Régulièrement, elle introduisait des pièces dans la fente d'un appareil téléphonique public pour prendre des nouvelles de Kathy. Je patientais en dehors de la cabine et écoutais la fin de la conversation.

— Il l'a fait… Vraiment ?… Au beau milieu de la circulation ?… Vous n'avez pas été blessée, n'est-ce pas ?… Merci, mon Dieu… J'aurais crié, moi aussi… Quoi ? Vos chaussures ?… Oh non !… Et votre sac ?… Nous paierons pour les dégâts… Rien d'autre ?… Du ciment frais, vous dites ?… Comment cela a-t-il pu arriver ?

Et ainsi de suite. Chaque appel était une litanie de transgressions, plus graves les unes que les autres, qui nous surprenaient nous aussi, pauvres survivants de la guerre canine. Marley était l'incorrigible étudiant et Kathy l'infortunée enseignante. S'offrait à lui, en notre absence, un champ infini de possibilités.

À notre retour à la maison trois semaines plus tard, Marley fonça sur nous pour nous faire la fête. Kathy se tenait dans l'entrée, l'air épuisé et impatient. Elle avait le regard hébété d'un soldat ayant survécu à un assaut terriblement meurtrier. Son bagage était prêt et attendait sous le porche. Prête à partir, elle tenait ses clés de voiture dans la main, comme si elle avait hâte de s'échapper. Nous lui offrîmes des cadeaux, la remerciâmes chaleureusement, et lui dîmes de ne pas s'inquiéter pour les vitres brisées et autres dommages. Elle s'excusa poliment et disparut.

D'après ce que nous pûmes constater, Kathy avait été incapable d'exercer la moindre autorité sur Marley, ni même de le garder sous contrôle. À chaque victoire, il avait pris de l'assurance. Il s'était empressé d'oublier toutes ses bonnes manières et avait mené la pauvre Kathy par le bout du nez. Il avait attrapé tout ce qui lui était tombé sous la dent – chaussures, sacs, oreillers – et n'avait plus voulu lâcher ses trophées. Il avait volé de la nourriture dans son assiette. Fouillé les poubelles. Il avait même essayé de dormir dans son lit. Il avait en somme décidé qu'en l'absence des parents, c'était *lui* le maître des lieux, sans laisser la douce jeune fille lui gâcher son plaisir.

— Pauvre Kathy, fit Jenny. Elle semblait complètement brisée, tu ne trouves pas ?

— Je dirais même anéantie.

— Je crois que c'était la première et la dernière fois qu'elle faisait du *dog-sitting* pour nous.

— La lune de miel est terminée, chef. À partir d'aujourd'hui, on reprend le dressage, dis-je en me tournant vers Marley.

Le lendemain matin, Jenny et moi retournâmes au bureau. Avant de partir, je mis le collier d'étranglement à Marley et je l'emmenai en balade. Il tenta immédiatement de foncer en avant, comme si la marche au pas n'était plus qu'un lointain souvenir.

— On est un petit peu rouillé, on dirait, constatai-je en tirant de toutes mes forces sur la laisse.

Il s'arrêta net, poussa un gémissement puis me regarda avec une expression de désespoir, comme s'il voulait dire : *Tu n'as pas besoin d'être aussi sévère. Kathy ne me traitait pas comme ça.*

— Il va falloir t'y habituer, annonçai-je en lui ordonnant de se mettre en position assise.

J'ajustai le collier, de sorte qu'il fût placé bien haut sur son cou, car je savais d'expérience que c'était plus efficace ainsi.

— Allez, on recommence.

Il me jeta un regard sceptique.

— Marley, au pas ! ordonnai-je tout en avançant mon pied gauche, sans cependant donner du mou à la chaîne.

Il s'élança aussitôt et je tirai brusquement sur la chaîne, resserrant le collier sans le moindre état d'âme.

— Profiter de la gentillesse de cette pauvre Kathy, grommelai-je. Tu devrais avoir honte de toi.

À la fin de la promenade – ma main tenait si fermement la laisse que mes phalanges en étaient toutes blanches –, je parvins à convaincre Marley que je ne plaisantais pas. Il ne s'agissait en effet pas d'un jeu, mais au contraire d'une leçon de vie, où l'on devait assumer les conséquences de ses actes. S'il cherchait à s'échapper, il subirait un choc. Chaque fois, sans exception. S'il acceptait de coopérer et de marcher à mes côtés, je relâcherais mon étreinte et il sentirait à peine la chaîne autour de son cou. Désobéissance, choc. Au pas, respiration. C'était simple à comprendre, même pour Marley. Nous répétâmes la séquence encore et encore tout le long du chemin. Désobéissance, choc. Au pas, respiration. Peu à peu, il prit conscience que j'étais le maître et qu'il était l'animal, et que c'était ainsi que les choses devaient être. Quand nous arrivâmes dans l'allée, Marley trottinait à mes côtés. Ce n'était pas parfait, mais tout à fait acceptable. Pour la première fois de sa vie, Marley obéissait, ou du moins n'était pas loin de l'obéissance. Je le pris comme une victoire.

— Oh, oui ! chantonnai-je joyeusement. Le boss est de retour.

Quelques jours plus tard, Jenny m'appela au bureau. Elle sortait d'une consultation avec le Dr Sherman.

— Les Irlandais nous ont porté chance, déclara-t-elle.

11

Ce qu'il déteste

La seconde grossesse de Jenny se déroula différemment. La fausse couche nous avait appris un certain nombre de choses et nous n'avions pas l'intention de reproduire les mêmes erreurs. Tout d'abord, nous décidâmes de garder le secret de la grossesse de Jenny le plus longtemps possible. En dehors du médecin et de la sage-femme, personne – pas même nos propres parents – ne fut mis dans la confidence. Quand nous recevions des invités, Jenny remplaçait son verre de vin par du jus de raisin, afin de sauver les apparences. Nous nous efforcions également de modérer notre joie, même quand nous étions seuls. Nous commencions nos conversations par des phrases du genre : « Si tout se passe bien… » C'était un peu comme si, en évitant d'en parler, nous pouvions oublier cette grossesse. Et éviter un second drame.

Nous mîmes les pesticides et produits nocifs en lieu sûr, évitâmes de prendre la route. Jenny devint une grande adepte du vinaigre, produit dissolvant naturel qui venait même à bout de la bave séchée de Marley sur les murs. Nous utilisâmes également de l'acide borique, produit inoffensif pour les humains qui se révéla plutôt efficace pour empêcher les colonies de puces de s'approcher de Marley. Au cas où les puces viendraient à prendre le dessus, nous pouvions faire appel à des professionnels.

Jenny se levait tous les matins à l'aube pour emmener Marley faire une brève promenade matinale au bord de l'eau. Je me réveillais souvent juste à leur retour et commençais par remplir mes poumons d'un grand bol d'air marin. Ma femme était en pleine forme, si ce n'est qu'elle risquait à tout moment d'être prise de vomissements. Elle ne se plaignait pas. Au contraire, elle acceptait chaque vague de nausées avec une sorte de reconnaissance, car elle était le signe que le petit être qui grandissait en elle se portait bien.

Elle avait raison. Cette fois, Essie prit ma cassette vidéo et nous rentrâmes à la maison avec les premières images floues et informes de notre bébé. On pouvait entendre son cœur battre et voir les pulsations de ses quatre petites cavités. On distinguait également le contour de sa tête, ainsi que les quatre petits membres. Le Dr Sherman passa nous voir dans la salle d'examen pour nous dire que tout allait parfaitement bien, puis il se tourna vers Jenny et lui dit de sa grosse voix :

— Pourquoi pleurez-vous, mon petit ? Vous devriez être heureuse.

Essie arriva avec son classeur et le gronda :

— Laissez-la tranquille, voyons, docteur !

Elle regarda ensuite Jenny d'un air entendu, qui voulait dire : *Les hommes ne comprennent rien à rien !*

En matière de femme enceinte, j'avais moi-même beaucoup de mal à comprendre.

Je faisais tout pour plaire à Jenny, la soutenir dans les moments où la nausée la prenait. J'essayais même de ne pas faire la grimace quand elle se plongeait dans la lecture de *À quoi vous attendre quand vous attendez un bébé ?*

Quand son ventre commença à s'arrondir, je ne cessai de lui faire des compliments, du genre : « Tu as très bonne mine. On dirait un voleur à l'étalage qui a planqué un ballon de basket sous son T-shirt. » Je fis même mon possible pour accepter son comportement à la fois étrange et irrationnel. Je devins bientôt un habitué de l'épicerie ouverte vingt-quatre heures sur vingt-quatre. Je m'y rendais à toute heure du jour et de la nuit pour acheter de la crème glacée, des pommes, du céleri ou des chewing-gums aux parfums les plus exotiques.

— Vous êtes sûr que c'est parfumé au clou de girofle ? Ma femme a insisté pour avoir des clous de girofle !

Une nuit, alors que Jenny était enceinte de cinq mois, elle décréta soudain que nous avions besoin de chaussettes pour le bébé.

Bien sûr que nous en avions besoin, avais-je acquiescé. D'ailleurs nous allions acheter une garde-robe complète avant la naissance du bébé. Mais ce qu'elle voulait dire, ce n'était pas qu'on en aurait besoin *un jour*. Non, il nous fallait des chaussettes de bébé *maintenant*.

— Sinon, nous n'aurons rien à mettre aux pieds du bébé quand nous rentrerons de l'hôpital, fit-elle d'une voix plaintive.

Peu importait qu'elle n'accouchât pas avant quatre mois. Peu importait que d'ici là, la température atteignît les trente-cinq degrés. Et même un ignorant comme moi savait qu'en sortant de la maternité, le bébé serait emmitouflé de la tête aux pieds dans une couverture.

— Ma chérie, s'il te plaît, sois raisonnable. On est dimanche et il est huit heures du soir. Où veux-tu que je trouve des chaussettes de bébé à cette heure ?

— Nous avons besoin de chaussettes, répéta-t-elle.

— Mais nous avons des semaines devant nous pour en acheter. Et même des mois entiers.

— C'est que je vois ses tout petits pieds nus, sanglota-t-elle.

Toute résistance était inutile.

Je pris la voiture et commençai à vadrouiller jusqu'à ce que je tombe sur un magasin *Kmart* ouvert où j'achetai un éventail coloré de chaussettes si minuscules qu'elles n'étaient pas plus grosses que mon pouce.

Quand je rentrai à la maison et que je montrai mon acquisition à Jenny, elle parvint enfin à se détendre. Par chance, j'avais pu acheter les dernières paires chaudes avant la mise en place de la collection d'été, qui pouvait arriver à tout moment sans prévenir. Les petits doigts de pied de notre bébé étaient saufs. Nous pouvions retourner au lit et dormir paisiblement.

Tandis que la grossesse de Jenny suivait son cours, Marley, de son côté, faisait aussi des progrès. Je l'entraînais tous les jours et à présent, je pouvais distraire nos amis en hurlant « Couché ! » et en regardant Marley s'aplatir sur le sol, les quatre membres écartés.

Il obéissait consciencieusement à mes ordres (sauf si quelque chose de particulier attirait son attention – comme un chien, un chat, un écureuil, un papillon, un grain de pollen ou le facteur) ; il s'asseyait consciencieusement (sauf s'il avait une envie impérieuse de rester debout) ; il marchait relativement bien au pas (sauf si quelque chose lui paraissait digne de s'étrangler pour l'attraper – un chien, un chat, un écureuil, etc.). Il commençait à suivre mes directives, ce qui ne signifiait pas qu'il s'était transformé en chien calme et bien élevé. Si je me plantais devant lui et que je lui donnais des ordres d'un air martial, souvent, il obéissait, et même avec une certaine efficacité. La plupart du temps, il restait l'incorrigible Marley.

Il avait notamment un appétit insatiable pour les mangues, qui tombaient par douzaines dans le jardin. Elles pesaient au moins quatre cents grammes chacune et étaient si sucrées qu'elles pouvaient vous donner aisément des caries. Marley adorait s'installer dans le jardin avec une mangue bien calée entre ses deux grosses pattes, qu'il s'employait ensuite à dépecer avec la patience d'un chirurgien. Puis il se régalait de la chair jaune du fruit, enfournant de gros morceaux triangulaires jusqu'à ce qu'il n'en restât pas un gramme. Quand il avait terminé, on aurait dit que la mangue était passée dans un bain d'acide. Certains jours, il passait des heures entières dans le jardin à décortiquer et dévorer les mangues les unes après les autres.

Comme toute personne qui se gavait de fruits, Marley avait des difficultés à digérer tout ce qu'il ingurgitait. Bientôt, notre jardin fut parsemé de petits monticules colorés, ce qui lui donnait un petit air festif. L'avantage de cet état de fait était qu'il fallait être aveugle pour marcher accidentellement sur l'un de ces cônes, qui à la saison des mangues prenaient une teinte orange fluorescente.

Marley mangeait un tas d'autres choses. Et tout passait dans son tube digestif. Je le constatais chaque fois que j'ensevelissais ses excréments à l'aide de la pelle. Une fois, j'avais trouvé un soldat de plastique. Puis, une gomme, et une capsule de bouteille. Ou encore un capuchon de stylo.

— Voilà où passent mes fournitures de bureau! m'exclamai-je un matin.

Il avalait les gants de toilette, les chaussettes, les mouchoirs en papier usagés. Les torchons à main avaient sa préférence, et quand finalement ils ressortaient à l'autre bout de la chaîne, ils flottaient tels des drapeaux en berne au sommet des monticules orangés.

Son estomac ne pouvait pas pour autant tout digérer, aussi régurgitait-il régulièrement, comme s'il était atteint de boulimie. Nous entendions parfois un *burp* sourd dans la pièce d'à côté, et le temps d'arriver, un nouvel indice de son étrange comportement alimentaire nous apparaissait, au milieu d'un mélange peu ragoûtant de mangue et d'autres aliments non identifiés. Dans sa grande bonté d'âme, Marley ne vomissait jamais sur les parquets ou le linoléum. Il préférait se lâcher sur le tapis persan.

Jenny et moi pensions qu'il serait agréable d'avoir suffisamment confiance en notre chien pour le laisser seul dans la maison durant de courtes périodes. L'enfermer dans le bunker chaque fois que nous mettions un pied dehors était devenu fastidieux et comme Jenny le disait :

— Quel est l'intérêt d'avoir un chien s'il ne peut pas nous faire la fête quand nous rentrons à la maison ?

Il était bien sûr hors de question de le laisser seul à la maison si une tempête se préparait. Même avec ses calmants, il avait déjà prouvé qu'il était capable de creuser un tunnel jusqu'en Chine. Cependant, quand le temps était clément et que nous devions nous absenter pour un court laps de temps, il ne nous paraissait plus nécessaire de l'enfermer dans le garage.

Nous avions commencé par le laisser quelques minutes, le temps de faire une course à l'épicerie ou d'aller dire bonjour à un voisin. Parfois, il se tenait bien et nous retrouvions notre maison intacte. Ces jours-là, quand nous revenions à la maison, nous pouvions voir son gros museau noir plaqué contre la vitre du salon, signe qu'il attendait notre retour avec impatience. D'autres fois, il faisait des bêtises et nous pouvions le deviner avant même de mettre un pied dans la maison, car il n'y avait pas trace du museau de Marley contre la fenêtre. Le brigand se cachait quelque part, conscient de son forfait.

Un jour – Jenny était alors enceinte de six mois –, nous revînmes à la maison après plus d'une heure d'absence et nous trouvâmes Marley planqué sous le lit – cela n'avait pas dû être simple pour lui de se glisser là-dessous ! On aurait dit qu'il venait juste d'assassiner le facteur. La culpabilité se lisait dans ses grands yeux chocolat. La maison semblait intacte, mais nous savions que Marley cachait quelque noir secret et nous inspectâmes donc les pièces les unes après les autres afin de découvrir le pot-aux-roses. Je remarquai bientôt que la housse en mousse qui protégeait l'une des enceintes stéréo du salon s'était volatilisée. Nous eûmes beau la chercher partout, elle avait disparu sans laisser de traces. Marley aurait pu se tirer de ce mauvais pas si je n'avais trouvé le lendemain dans ses excréments la preuve de sa culpabilité. Des restes de la housse en mousse apparurent chaque jour dans les monticules.

Lors d'une autre sortie, Marley s'appliqua à désosser le cône de la même enceinte. Celle-ci fonctionnait toujours, mais elle était entièrement mise à nu. Finalement, il fit subir le même traitement à la seconde enceinte. Une autre fois, nous trouvâmes un tabouret amputé d'un pied. Et il n'y avait aucun signe nulle part – pas le moindre indice – du membre manquant.

Alors que chacun aurait pu jurer qu'il ne neigerait jamais en Floride, un jour, en ouvrant la porte d'entrée, nous découvrîmes dans le living-room un véritable blizzard. Des petits flocons blancs flottaient partout dans la pièce. À travers ce rideau blanc, nous vîmes finalement Marley, devant la cheminée, en train de secouer comme un damné un grand oreiller d'où s'échappait une flottille de plumes.

La plupart du temps, nous nous montrions magnanimes, malgré les dégâts causés par Marley. Nous savions que tout propriétaire de chien devait renoncer à quelques précieux objets de famille. Une seule fois, j'eus la tentation de l'ouvrir pour reprendre mon bien.

J'avais offert à Jenny pour son anniversaire un collier en or dix-huit carats – une délicate chaîne avec un joli petit fermoir – qu'elle avait mis autour de son cou immédiatement. Mais quelques heures plus tard, elle porta la main à son cou et cria :

— Mon collier ! Je ne l'ai plus !

Le fermoir avait dû s'ouvrir malencontreusement, ou bien il avait été mal fermé.

— Ne panique pas, la rassurai-je. Il est tombé dans la maison. Il ne doit pas être bien loin.

Nous commençâmes à explorer tous les recoins de la maison, pièce par pièce. Je pris progressivement conscience que Marley était plus turbulent que d'habitude. Je fonçai droit sur lui et l'observai. Il se tortillait comme un mille-pattes. Quand il comprit que j'en avais après lui, il commença à se trémousser. *Oh, non ! pensai-*

je. Le Marley Mambo... Cela ne pouvait signifier qu'une seule chose.

— Qu'est-ce que c'est que ça ? cria Jenny d'une voix stridente. Ce truc qui pend de sa gueule ?

C'était fin, délicat et... brillant comme de l'or.

— Oh merde !

— Pas de gestes brusques ! lança Jenny, sa voix se muant en un murmure.

Nous nous figeâmes sur place.

— Très bien, mon gars, très bien, dis-je.

J'avais l'impression d'être dans la peau d'un expert en négociations tout droit sorti de la brigade antiterroriste.

— Nous ne sommes pas en colère contre toi. Viens maintenant. Nous voulons juste récupérer le collier.

Instinctivement, Jenny et moi prîmes position autour de lui, avec des gestes d'une lenteur mesurée. On aurait dit qu'il était chargé d'explosifs et que le moindre faux mouvement pouvait faire exploser toute la maison.

— Doucement, Marley, fit Jenny de sa voix la plus suave. Doucement. Laisse le collier et personne ne sera blessé.

Marley nous observait d'un air suspicieux, et son regard allait de Jenny à moi, comme s'il hésitait sur la marche à suivre. Il était cerné, mais il possédait une monnaie d'échange. Je pouvais voir son petit cerveau s'activer et réfléchir à différentes options. L'une d'entre elles pourrait être : *Laissez deux cents barres chocolatées dans un carton à ma portée ou bien vous ne reverrez jamais votre précieux collier.*

— Lâche-le, Marley, murmurai-je, en faisant un nouveau pas vers lui.

Son corps entier commença à se dandiner. Je progressais petit à petit. De la même manière, Jenny se rapprochait imperceptiblement de lui. L'étau se resserrait. Sans un mot, nous échangeâmes un coup d'œil – nous savions exactement ce que nous avions à faire. Nous avions déjà tenté des opérations de sauvetage de ce genre. Jenny devait sauter sur l'arrière-train de Marley pour l'immobiliser tandis que j'attraperais sa tête afin de le forcer à ouvrir les mâchoires pour récupérer la marchandise. Avec de la chance, tout serait terminé en quelques secondes. C'était notre plan, mais Marley l'avait deviné.

Nous n'étions plus qu'à quelques centimètres de lui. Je fis un signe de tête à Jenny et prononçai silencieusement : « À trois ! » Avant que nous ayons pu esquisser le moindre mouvement, Marley rejeta sa tête en arrière et émit un bruit de déglutition sourd. La chaîne qui pendait de sa gueule disparut en une fraction de seconde.

— Il va l'avaler ! hurla Jenny.

Nous nous jetâmes sur lui – Jenny immobilisa ses pattes arrière pendant que je le forçais à ouvrir la gueule et plongeais ma main au plus profond de sa gorge. En vain.

— Trop tard, dis-je. Il l'a avalé.

Jenny lui donna une claque sur l'arrière-train en criant :

— Crache-le ! Bon sang !

C'était inutile. Tout ce qu'elle put obtenir de lui, ce fut un beau rot.

Marley avait gagné une bataille, pas la guerre et il savait que ce n'était qu'une question de temps. La nature était de notre côté. Tôt ou tard, ce que son corps avait ingéré, son corps allait le rejeter. Aussi pénible que me fût cette idée, je savais que si j'examinais minutieusement tous les excréments de Marley, je finirais par le retrouver. Si ça avait été une chaîne en argent ou en plaqué or, ma réticence l'aurait sans doute emporté. Là, c'était de l'or massif et ce bijou m'avait coûté une bonne partie de ma paie. Malgré mon profond dégoût, j'allais remonter mes manches et mettre la main à la pâte.

C'est ainsi que je concoctai à Marley son laxatif préféré – un grand bol de jus de mangue – et je me préparai mentalement à tenir un siège. Les trois jours suivants, j'étais derrière lui chaque fois qu'il sortait, comme pour ensevelir ses selles à l'aide de ma pelle. Au lieu de les recouvrir de terre, je transportais les dômes colorés sur une planche dans le gazon et les triturais à l'aide d'une branche, séparant les aliments digérés des objets suspects. Je me sentais comme un chercheur d'or qui découvrait toutes sortes de choses – des lacets de chaussure aux clés de guitare. Mais pas de trace du collier. Où diable était-il passé ? Ne devrait-il pas déjà être sorti à présent ? Je commençai à me demander si je n'étais pas passé à côté en faisant le tri des excréments. Mais comment aurais-je pu ne pas voir une chaîne en or dix-huit carats ? Jenny suivait mon opération de sauvetage depuis le porche avec beaucoup d'intérêt. Elle m'avait même donné un nouveau surnom.

— Alors, Mister Scatman, du neuf ?

Le quatrième jour, mes efforts furent enfin récompensés. J'étudiais les selles de Marley en me répétant ce qui était devenu mon refrain quotidien – *je ne peux pas croire que je suis en train de faire ça* – et je fouillais machinalement, sans grand espoir. Quand soudain j'aperçus une boule compacte qui attira mon attention. Après l'avoir désagrégée avec ma branche, je sentis une résistance. À l'aide du jet d'eau, je fis bientôt apparaître un objet fin et brillant. Eurêka ! De l'or !

Le collier était incroyablement emmêlé, et bien plus petit que je n'aurais pu l'imaginer. C'était comme si une force extraterrestre – peut-être un trou noir – l'avait caché dans une mystérieuse dimension de l'espace avant de le faire réapparaître. Je n'étais pas si éloigné de la vérité. Grâce au puissant jet d'eau, je parvins à démêler la chaîne qui retrouva bientôt sa forme et son lustre originels. Elle était comme neuve. Non, elle était encore plus belle qu'avant. Je me dépêchai de la montrer à Jenny, qui n'en revint pas de l'avoir récupérée, en dépit de son curieux voyage. Nous nous émerveillâmes tous les deux de la brillance du bijou – bien plus étincelant que quand je l'avais acheté. Les sucs gastriques de l'estomac de Marley avaient fait un travail remarquable. C'était l'or le plus pur que j'eusse jamais vu.

— Eh bien, dis-je. Nous devrions ouvrir une boutique de nettoyage de bijoux.

— Nous ferions un malheur avec les rentières de Palm Beach.

— Chère Madame, parodiai-je de ma plus belle voix de commercial, le procédé génial de nettoyage de nos bijoux est un secret bien gardé. Vous ne manquerez pas d'être éblouie par la méthode Marley – brevet déposé. Vos bijoux seront plus étincelants que jamais.

— C'est une idée fantastique, Grogan, dit Jenny avant d'aller désinfecter son cadeau d'anniversaire.

Elle porta cette chaîne en or des années et chaque fois que je la regardais, je me replongeais l'espace d'un instant dans mon éphémère carrière passée de chercheur d'or. Mister Scatman avait exploré des fonds qu'aucun autre homme n'avait visités. Et où personne ne retournerait jamais.

12

Bienvenue chez les indigents

La naissance d'un premier enfant est un événement unique. Aussi, quand l'hôpital Sainte-Marie de West Palm Beach nous proposa de payer un supplément pour bénéficier d'une chambre tout confort, nous sautâmes sur l'occasion. Les chambres ressemblaient à de luxueuses suites d'hôtel, spacieuses, lumineuses et parfaitement équipées, avec de beaux meubles, un joli papier peint, des rideaux, un bain à bulles et, pour le papa, un canapé convertible confortable. Au lieu des repas standards, les hôtes disposaient d'un choix de plats gastronomiques. On pouvait aussi commander une bouteille de champagne, même si cette attention était davantage réservée aux pères, étant donné que les mères nourricières n'avaient pas droit à plus d'une gorgée.

— Eh bien, on se croirait presque en vacances ! m'exclamai-je en m'affalant sur le canapé, lors de notre visite, quelques semaines avant la naissance.

Les suites étaient dévolues aux privilégiés et représentaient une grande source de profits pour l'hôpital. Quand le grand jour arriva, Jenny et moi nous présentâmes à l'hôpital – valise en main – pour nous entendre dire qu'il y avait un petit problème.

— Un problème ? demandai-je.

— Cela doit être un jour propice aux naissances, expliqua la réceptionniste. Toutes les suites sont déjà prises.

Prises ? C'était le jour le plus important de notre vie. Qu'était-il advenu du canapé confortable, du dîner romantique en tête à tête et du champagne ?

— Attendez une seconde, me plaignis-je. Nous avons réservé la suite il y a plusieurs semaines.

— Je suis désolée, déclara la femme avec une évidente absence de sympathie. Nous ne pouvons pas prévoir avec exactitude quand les futures mamans vont accoucher.

Elle n'avait pas tort. Ce n'était pas comme si elle pouvait faire accélérer le processus pour libérer une chambre. Elle nous conduisit à un autre étage, où allait nous être attribuée une chambre standard. Là encore, l'infirmière avait une autre mauvaise nouvelle à nous annoncer.

— Me croirez-vous si je vous dis que toutes les chambres sont prises ? demanda-t-elle.

Non, nous ne pouvions le croire. Si Jenny semblait plutôt bien le prendre, je commençais pour ma part à devenir nerveux.

— Que nous suggérez-vous ? Le parking peut-être ? ironisai-je.

L'infirmière me sourit posément, apparemment habituée aux réactions épidermiques des futurs pères, et tenta de nous rassurer.

— Ne vous inquiétez pas, nous allons vous trouver quelque chose.

Après une série de coups de fil, elle nous guida le long d'un long couloir, nous fit passer par plusieurs doubles portes, pour arriver dans une autre aile de la maternité, en tout point semblable, n'était que les patients n'avaient à l'évidence rien des jeunes cadres dynamiques avec lesquels nous avions assisté aux cours d'accouchement sans douleur. Les infirmières s'adressaient à certains patients en espagnol et dans le couloir, des hommes de couleur coiffés de chapeaux de paille patientaient en se tordant les mains.

Palm Beach était connu pour être le lieu de prédilection de gens outrageusement riches. Ce qui était moins connu, c'était les grandes fermes qui s'étendaient sur les marais asséchés des Everglades à l'ouest de la ville. Des milliers d'immigrants – provenant pour la plupart du Mexique et d'Amérique centrale – débarquaient dans le sud de la Floride chaque printemps pour récolter le poivre, les tomates, les laitues et le céleri qui fournissaient à la côte Est la majeure partie des légumes nécessaires en hiver. Apparemment, nous avions découvert où les immigrants venaient pour avoir leurs bébés. De temps à autre, un cri angoissé de femme retentissait, suivi de gémissements plaintifs – *Mi Madre !* Ce lieu me faisait penser à la maison des horreurs. Jenny était pâle comme un fantôme.

L'infirmière nous introduisit dans un petit local équipé d'un lit, d'une chaise et d'une série d'appareils électroniques, puis elle demanda à Jenny d'enfiler une chemise.

— Bienvenue dans l'aile des indigents ! déclara le Dr Sherman lorsqu'il arriva quelques minutes plus tard. Ne soyez pas effrayés par la précarité des chambres. Elles possèdent l'équipement le plus sophistiqué de l'hôpital et les infirmières sont les plus qualifiées. Comme ces pauvres femmes ont rarement accès aux soins prénataux, elles ont souvent des grossesses à risques.

Nous étions entre de bonnes mains, nous assura-t-il, après qu'il eut rompu la poche des eaux de Jenny. Puis, aussi vite qu'il était apparu, il disparut.

À mesure que le temps passait, Jenny était secouée de contractions de plus en plus fortes, et nous constatâmes que nous étions en effet entre de très bonnes mains. Les infirmières étaient des professionnelles qui dispensaient soins et conseils avec chaleur et assurance, attentives au bien-être et à la santé de Jenny, ainsi qu'au bon fonctionnement du cœur du bébé. Je me tenais impuissant à côté de Jenny et faisais de mon mieux pour la soutenir, mais en vain. Au bout d'un moment, Jenny grogna entre ses dents serrées :

— Si tu me demandes encore une fois si ça va, je te CASSE LA FIGURE !

Je dus paraître abasourdi, car l'une des infirmières se rapprocha de moi, posa sa main sur mon épaule et me dit :

— Bienvenue en salle d'accouchement, papa. Cela fait partie de l'expérience.

Je me glissai hors de la chambre pour retrouver les autres hommes dans le couloir. Chacun de nous était adossé au mur de la chambre de sa femme respective, pendant que celle-ci criait et gémissait par intermittence. Je me sentais plutôt ridicule, avec mon polo, mon pantalon kaki et mes chaussures Top-Sider, mais les saisonniers ne semblaient pas m'en tenir rigueur. Bientôt, nous nous souriions les uns aux autres et faisions des signes de tête entendus. Ils ne parlaient pas anglais et je ne parlais pas espagnol, mais cela n'avait aucune importance. Nous étions tous dans le même bain.

Enfin, presque tous. Ce jour-là, je compris qu'en Amérique l'accouchement sans douleur était un luxe et non une nécessité. Pour ceux qui pouvaient se le permettre et avaient une bonne assurance-maladie – comme nous – l'hôpital proposait une péridurale, qui permettait d'anesthésier la zone lombaire par injection de corticoïde directement dans le système nerveux. Après quatre heures de travail, un anesthésiste intervint. Il introduisit une fine aiguille dans la colonne vertébrale de Jenny et lui posa un cathéter, de façon à diffuser le produit anesthésiant le temps nécessaire. En quelques minutes, Jenny fut soulagée de la douleur et se détendit. Les femmes mexicaines des chambres voisines n'eurent pas cette chance. Elles accouchaient à l'ancienne, et leurs cris continuaient par moments de déchirer l'air.

Les heures passaient. Jenny poussait. Je patientais. Quand la nuit tomba, je sortis dans le hall avec un petit ballon de football dans les bras. Je levai mon nouveau-né au-dessus de ma tête pour le montrer à mes nouveaux amis et je m'écriai :

— *Es el niño !*

Les autres papas firent de larges sourires et levèrent leur pouce en signe d'approbation. Si le nom de notre chien fut le résultat d'une âpre bataille, celui de notre nouveau-né nous parut au contraire une évidence. Il s'appellerait Patrick, du nom du premier Grogan qui, venu du comté de Limerick, en Irlande, avait mis le pied sur le sol américain. Une infirmière vint nous trouver dans notre cellule pour nous annoncer qu'une suite s'était enfin libérée. Cela pouvait paraître inutile de changer de chambre maintenant, pourtant, l'infirmière aida Jenny à s'installer dans une chaise roulante, lui mit notre bébé dans les bras et la fit sortir de l'aile des indigents.

Ce soir-là, notre dîner de gourmet avait un goût plutôt amer.

Les semaines qui suivirent la naissance du bébé, Jenny et moi eûmes de longues discussions sur la meilleure manière de faire accepter à Marley le nouvel arrivant qui l'avait instantanément privé de son statut de favori. Nous voulions faire passer la pilule en douceur. Nous avions entendu des histoires de chiens devenus terriblement jaloux d'enfants, au point qu'ils s'étaient rendus coupables d'actes répréhensibles – uriner partout sur les affaires de l'enfant, bousculer le berceau, voire attaquer le bébé !, ce qui leur donnait généralement droit un aller simple pour l'abattoir. Au moment de transformer le débarras en chambre d'enfant, nous laissâmes Marley inspecter tous les meubles et les fournitures de bébé. Il fureta partout et ne s'arrêta que lorsque sa curiosité fut satisfaite. Durant les trois jours où Jenny était restée à l'hôpital, j'avais fréquemment rendu visite à Marley et je lui avais fait sentir des vêtements imprégnés de l'odeur du bébé. Lors de l'une de mes visites, j'avais même apporté à Marley une petite couche sale, qu'il avait reniflée avec un tel intérêt que j'avais bien cru qu'il allait l'avaler.

Lorsque je ramenai finalement femme et enfant à la maison, Jenny déposa bébé Patrick endormi dans son couffin au milieu de notre lit, puis elle me rejoignit dans le garage pour fêter nos retrouvailles avec Marley. Une fois Marley passé de la folie frénétique à la simple joie de nous retrouver, nous regagnâmes la maison avec lui. Notre plan consistait à vaquer simplement à nos occupations, sans lui montrer le bébé. Nous allions garder un œil sur lui et le laisser découvrir seul la présence d'un nouveau venu dans la maison.

Marley suivit Jenny dans la chambre et plongea son museau dans ses affaires pendant qu'elle défaisait ses bagages. Il n'avait manifestement pas idée qu'un petit être vivant se trouvait au beau milieu du lit. Puis Patrick s'agita et émit un petit cri étouffé. Les oreilles de Marley se dressèrent et il se figea. D'où venait ce bruit ? Le bébé poussa un nouveau gémissement et Marley leva la patte en l'air, comme il avait l'habitude de le faire quand il repérait un oiseau. Mon Dieu ! Il s'était mis en arrêt devant notre bébé, comme un chien de chasse le ferait devant... une proie ! À cet instant, je repensai à l'oreiller de plumes qu'il avait déchiqueté avec une telle férocité. Il n'était quand même pas assez stupide pour confondre un bébé avec un faisan, n'est-ce pas ?

Ce n'était pas un féroce « sus à l'ennemi ! » – il ne montrait les dents ni ne grognait. Ce n'était pas pour autant un chaleureux « Bienvenue à la maison, mon pote ! ». Sa poitrine heurta le matelas avec une telle force que tout le lit s'ébranla. Patrick était bien réveillé, à présent. Marley se jeta de nouveau sur le lit et cette fois, il s'approcha à quelques centimètres seulement du bébé. Jenny se précipita sur le bébé et je me précipitai sur Marley. Je le saisis par le collier et le fis reculer en le tirant de toutes mes forces. Marley était dans tous ses états, curieux de découvrir qui était ce petit être qui avait en quelque sorte fait irruption dans son sanctuaire. Il se leva sur ses pattes arrière et je le tirai plus fort – j'avais l'impression d'être le ranger solitaire avec son cheval Silver.

— Bon, ça s'est bien passé, dis-je.

Jenny prit Patrick dans ses bras. Je maintenais Marley entre mes jambes en agrippant son collier de mes deux mains. Il était évident – même pour Jenny – que Marley ne voulait aucun mal au bébé. Il haletait avec un air ravi, frétillait de la queue et ouvrait des yeux ronds. Comme je le tenais fermement, Jenny s'approcha et lui permit de renifler d'abord les doigts de pied du bébé. Puis ses pieds, ses mollets et ses cuisses. Le pauvre petit avait seulement trois jours et demi et il était déjà soumis à une inspection en règle. Quand Marley en arriva à la couche, il sembla atteindre un autre niveau de conscience, comme s'il entrait dans une sorte de transe. On eût dit qu'il avait atteint le paradis, tant il était proche de l'euphorie.

— Un faux mouvement, Marley, et tu es cuit, le prévint Jenny.

Je savais bien qu'elle le pensait. S'il montrait le moindre signe d'agressivité envers le bébé, son sort serait réglé. Ce ne fut jamais le cas. Nous comprîmes vite que notre problème ne serait pas d'empêcher Marley de blesser notre bébé, mais plutôt de l'empêcher de fourrer son nez dans la poubelle des couches.

Les jours se muèrent en semaines, puis en mois et ce faisant, Marley devint progressivement le meilleur ami de Patrick. Un soir, juste avant d'aller me coucher, je ne trouvai mon chien nulle part. Finalement, je pensai à jeter un coup d'œil dans la chambre du bébé et je finis par le trouver. Couché à côté du berceau, ronflant de concert avec le bébé, dans un bel ensemble fraternel. Au contact de Patrick, Marley, notre intrépide et incontrôlable Marley, n'était plus lui-même. Il semblait avoir conscience de côtoyer un petit être humain sans défense. Chaque fois qu'il était avec lui, il se mouvait précautionneusement et léchait son visage et ses oreilles avec délicatesse.

Quand Patrick commença à ramper, Marley s'allongeait tranquillement à ses côtés et laissait le bébé l'escalader comme une montagne, lui tirer les oreilles, lui cacher les yeux et arracher de petites touffes de poils. Rien ne semblait le perturber. Marley se tenait immobile comme une statue. Il était le gentil géant qui protégeait Patrick et il remplissait son rôle de poupée de chiffon avec une bienveillante résignation.

Tout le monde n'approuvait pas la confiance aveugle que nous placions en Marley. De nombreuses personnes voyaient en lui un animal imprévisible, puissant – il approchait à présent les quarante-cinq kilos – et nous jugeaient inconscients de laisser un tel monstre libre de ses mouvements aux côtés d'un tout jeune enfant. Ma mère faisait partie des récalcitrants et ne nous cachait pas sa désapprobation. Cela la peinait de voir Marley lécher son petit-fils.

— Savez-vous ce que ce chien a léché avant ? demandait-elle inlassablement.

Elle nous rappelait d'un air sévère qu'elle n'aurait jamais laissé un chien et un bébé seuls dans la même pièce. L'instinct du prédateur pouvait refaire surface à tout moment, nous prévenait-elle. À l'écouter, un mur de briques aurait dû être érigé entre notre fils et notre chien.

Un jour, alors qu'elle était venue du Michigan pour nous rendre visite, elle avait poussé un cri depuis le salon.

— John ! Viens vite ! cria-t-elle. Le chien mord le bébé.

J'accourus depuis ma chambre, à moitié habillé, simplement pour trouver Patrick en train de se balancer joyeusement dans sa mini-balançoire, Marley tranquillement assis près de lui. Le chien taquinait bien le bébé, mais il n'y avait là rien qui pût expliquer l'angoisse de ma mère. En fait, Marley s'était positionné sur le parcours de la balançoire, à l'endroit exact où le siège suspendait son mouvement pour repartir dans l'autre sens. Quand les fesses de bébé arrivaient à portée de Marley, celui-ci donnait un petit coup de truffe dans la couche, heureux de participer à ce nouveau jeu.

— Oh, maman, ce n'est rien. Marley a seulement un faible pour les couches.

Jenny et moi nous installâmes dans la routine. La nuit, elle se réveillait toutes les quatre heures pour nourrir le bébé et au petit matin, je prenais le relais pour qu'elle pût se reposer à son tour. À moitié endormi, je venais prendre Patrick dans son berceau, changeais sa couche et préparais son biberon. Puis je m'installais sous le porche, son petit corps calé sur mon estomac et je le regardais boire son biberon. Parfois, je laissais doucement ma tête reposer sur le haut de son crâne, et je somnolais pendant qu'il buvait son lait. D'autres fois, j'écoutais la radio et j'observais le ciel passer du pourpre au rose, puis au bleu. Quand Patrick avait terminé son repas et fait son rot, je le ramenais dans la chambre. Nous nous habillions tous les deux, puis je sifflais Marley pour la promenade matinale. Nous avions investi dans une poussette tout terrain, dont les trois grosses roues pouvaient s'aventurer un peu partout, même sur le sable. Chaque matin, nous nous donnions tous trois en spectacle. Marley fonçait droit devant et prenait la tête du cortège, tandis que j'essayais, en queue de peloton, de nous maintenir en vie. Au milieu, Patrick agitait ses mains en l'air comme un agent de la circulation. Quand nous rentrions à la maison, Jenny était levée et buvait généralement un café. Nous installions Patrick dans sa chaise haute et nous posions sur la tablette des céréales Cheerios, que Marley chipait dès que nous avions le dos tourné ; en posant sa tête sur la tablette, il parvenait à en attraper quelques-unes avec sa langue.

Voler de la nourriture à un bébé, pensai-je. *Jusqu'où ira-t-il ?* Mais Patrick semblait trouver cette habitude très drôle. Bientôt, il comprit comment jeter quelques céréales par-dessus bord pour le plaisir de voir Marley fureter partout et les manger à même le sol. Il découvrit aussi que quand il faisait tomber un Cheerios sur lui, Marley venait chatouiller son estomac à la recherche des céréales perdues, ce qui le faisait éclater de rire.

Nous avions le sentiment que nous nous en sortions bien dans notre rôle de parents. Nous avions pris le rythme, nous profitions des joies simples de l'existence et nous passions outre les frustrations, sachant que les mauvais jours ne seraient bientôt plus que de vagues souvenirs. Nous avions tout ce dont nous pouvions rêver. Un incroyable chien. Une petite maison au bord de l'eau. Et bien sûr, nous étions tous les deux. En novembre, je fus promu au rang de chroniqueur au journal, un poste qui m'autorisait, trois fois par semaine, à traiter les sujets de mon choix. La vie était belle. Quand Patrick eut neuf mois, Jenny me demanda quand nous pourrions envisager d'avoir un autre bébé.

— Oh, je ne sais pas, répondis-je.

Nous avions toujours su que nous aurions plusieurs enfants, mais je n'avais pas vraiment réfléchi à la suite des opérations.

À vrai dire, je n'étais pas pressé de revivre tout ce que nous venions de traverser.

— Nous pourrions peut-être, suggérai-je, laisser à nouveau faire la nature en cessant de prendre des moyens de contraception ?

— Ah. Le fameux concept du *Que será será.*

— Hé ! Ne te moque pas. Il a déjà fait ses preuves.

Il en fut donc ainsi. Nous nous disions que si nous parvenions à concevoir un bébé l'année suivante, le timing serait idéal.

Jenny fit ses calculs.

— Disons six mois pour tomber enceinte et neuf mois de grossesse. Les enfants auront ainsi deux ans d'écart.

Cela me paraissait bien. Deux ans, cela nous laissait le temps de souffler. C'était presque une éternité. Presque irréel. Et à présent que j'avais prouvé que j'étais capable de remplir mon job de fécondateur, je n'avais plus aucune pression. Pas d'inquiétude, pas de stress. Ce qui arriverait arriverait.

Une semaine plus tard, Jenny était de nouveau enceinte.

13

Un cri dans la nuit

Avec le nouvel être qui grandissait dans son ventre, les étranges exigences alimentaires de Jenny avaient refait surface. Un soir, elle réclama de la *root beer*[1] et le lendemain, des grappes de raisin.

— Est-ce qu'il y a des Snickers à la maison ? demanda-t-elle un soir, un peu avant minuit.

J'étais bon pour une autre virée en pleine nuit jusqu'à l'épicerie ouverte vingt-quatre heures sur vingt-quatre. Je sifflai Marley, lui mis sa laisse et sortis de la maison. Sur le parking, une jeune femme blonde, juchée sur des talons incroyablement hauts et les lèvres peintes en bleu, m'aborda.

— Oh ! Qu'il est mignon ! Salut, bébé, comment tu t'appelles ?

Marley était ravi de se faire une nouvelle copine. Je le tenais fermement en laisse au cas où l'envie lui prendrait

1. Boisson pétillante non alcoolisée aux extraits de plantes.

de baver sur la minijupe ou le petit haut blanc de la nouvelle venue.

— Tu veux juste me faire un bisou, mon grand, n'est-ce pas ? demanda-t-elle en lui adressant de drôles de bruits de bouche.

Pendant qu'elle parlait, je me demandais ce que cette jeune femme attirante pouvait bien faire seule à cette heure sur un parking le long de Dixie Highway. Apparemment, elle n'avait pas de voiture. Elle n'avait pas l'air non plus de sortir du magasin ou de vouloir y entrer. Elle se trouvait simplement là, à accueillir les visiteurs du parking et leurs animaux domestiques, telle une ambassadrice. Et pourquoi était-elle aussi affable ? Les jolies filles n'étaient jamais affables, encore moins avec un étranger sur un parking au beau milieu de la nuit.

Une voiture s'arrêta à côté d'elle et la vitre s'ouvrit sur un homme âgé.

— Êtes-vous Heather ? demanda-t-il.

La jeune femme me lança un regard amusé qui semblait dire : *Faut bien payer le loyer !*

— Je dois y aller, dit-elle en grimpant dans la voiture. Au revoir, le chien !

— Ne tombe pas trop amoureux, dis-je à Marley une fois que la voiture eut disparu. Trop chère pour toi.

Quelques semaines plus tard, un dimanche, à dix heures du matin, je retournai au magasin près du parking pour acheter le *Miami Herald.* Nous avons de nouveau été abordés, cette fois par deux jeunes filles – des adolescentes – toutes les deux très nerveuses. Contrairement à la femme de la dernière fois, celles-ci n'étaient pas du tout attirantes et n'avaient fait aucun effort pour tenter de l'être. Elles ressemblaient à deux désespérées à la recherche de leur dose de crack.

que le bébé arrivât à terme. Dans les livres sur le sujet, il y avait une kyrielle de photos décrivant l'évolution du fœtus semaine après semaine. Quelques jours plus tôt, nous avions justement étudié les photos d'un fœtus de vingt et une semaines, nous émerveillant de l'évolution de notre futur bébé. À vingt et une semaines, un fœtus tenait dans la paume de la main. Il pesait moins de quatre cent cinquante grammes. Ses yeux étaient clos, ses doigts fragiles faisaient penser à des brindilles, ses poumons n'étaient pas suffisamment développés pour filtrer l'oxygène de l'air. À vingt et une semaines, un bébé était à peine viable. Les chances de survie en dehors de l'utérus étaient faibles et les chances de vivre sans séquelles sérieuses encore plus minimes. Ce n'est pas pour rien que la nature exigeait une gestation de neuf mois. À vingt et une semaines, les risques étaient bien trop grands.

— Ce n'est probablement rien, dis-je.

Mais je pouvais entendre mon cœur cogner dans ma poitrine, comme sur le monitoring du service d'obstétrique.

Deux minutes plus tard, le Dr Sherman nous rappela et nous dit d'une voix ensommeillée :

— Ce sont sûrement des gaz. Toutefois, je préférerais jeter un coup d'œil.

Il me demanda d'emmener Jenny immédiatement à l'hôpital. Je courus dans toute la maison à la recherche du minimum nécessaire pour la maternité. Je pris une chemise de nuit pour Jenny, des biberons, un sac de couches. Jenny appela sa collègue Sandy, une autre maman qui habitait à quelques pâtés de maison, et lui demanda si elle pouvait lui laisser Patrick. Marley était réveillé lui aussi, bondissant, jappant – *Chouette, une balade nocturne !*

— Désolé, Marley, lui dis-je en l'emmenant dans le garage. Je dois verrouiller le fort.

Je sortis Patrick de son berceau, le sanglai dans son siège auto sans le réveiller et nous partîmes tous les trois dans la nuit.

Aux urgences de la maternité de St. Mary, les sages-femmes prirent rapidement les choses en main. Elles firent passer une chemise à Jenny et la mirent sous monitoring. Ainsi elles pouvaient mesurer les contractions et les battements du cœur du bébé. Jenny avait une contraction toutes les six minutes. Ce n'étaient donc pas des gaz.

— Votre bébé veut sortir, expliqua l'une des sages-femmes. Nous allons faire tout notre possible pour l'en empêcher.

Au téléphone, le Dr Sherman leur demanda de vérifier si elle était dilatée. Une sage-femme lui indiqua après un examen gynécologique qu'elle était dilatée d'un centimètre. Même moi, je savais que ce n'était pas bon signe. À dix centimètres, le col de l'utérus est entièrement dilaté, et c'est le moment où, dans un accouchement normal, la maman commence à pousser. À chaque contraction douloureuse, le corps de Jenny l'entraînait irrémédiablement vers le point de non-retour.

Le Dr Sherman ordonna la pose d'une intraveineuse et l'injection de Brethine, pour interrompre le travail. Les contractions s'arrêtèrent, mais moins de deux heures plus tard, elles reprirent de plus belle, nécessitant une seconde dose de Brethine, puis une troisième.

Les douze jours suivants, Jenny resta hospitalisée et fut auscultée par une flopée de médecins, toujours sous intraveineuse et sous monitoring.

Je pris quelques jours de congé et jouai les papas célibataires avec Patrick, faisant de mon mieux pour tout prendre en charge – la lessive, les repas, les factures, le ménage, le jardin. Oh ! sans oublier cette autre petite créature qui vivait à la maison, le pauvre Marley, qui était passé cette fois du statut de second violon à celui de remplaçant. Même si j'avais tendance à l'ignorer, Marley entretenait notre relation en ne me quittant pas d'une semelle. Il me suivait fidèlement quand je me promenais dans le jardin avec Patrick sur un bras, quand je passais l'aspirateur ou que je préparais les repas. Si je faisais une pause dans la cuisine pour mettre quelques assiettes sales dans le lave-vaisselle, Marley me rejoignait, puis tournait une douzaine de fois en rond avant de s'allonger sur le sol. À peine s'était-il installé que j'allais dans la buanderie pour mettre le linge lavé dans le sèche-linge. Il me suivait aussitôt, recommençait son manège et se décidait à s'allonger juste au moment où je me rendais au salon pour trier des papiers. Il me suivait de nouveau, et, s'il avait de la chance, je m'interrompais une seconde pour lui donner une caresse.

Un soir, après avoir enfin réussi à endormir Patrick, je tombai épuisé dans le canapé. Marley déposa sur mes genoux un jouet usé et rugueux, tout en m'observant de ses gros yeux bruns affectueux.

— Salut, Marley, lui dis-je. Je suis épuisé.

Il attrapa le jouet dans sa gueule et l'envoya dans les airs, espérant que j'allais le rattraper pour qu'il puisse venir me le disputer.

— Désolé, mon vieux, pas ce soir.

Il pencha la tête de côté, l'air désappointé. À sa décharge, son quotidien agréable avait été complètement chamboulé. Sa maîtresse avait mystérieusement disparu, son maître n'était pas drôle du tout, et rien n'était plus comme avant. Il laissa échapper un faible gémissement qui signifiait clairement : *Pourquoi John ne veut plus jouer avec moi ? Pourquoi nos promenades matinales ont-elles été supprimées ? Et qu'en est-il de nos batailles sur le sol ? Et où est passée Jenny, exactement ? Elle n'est tout de même pas allée tout droit chez ce dalmatien qui vit à quelques pâtés de maisons de chez nous, si ?*

La vie n'était pas totalement désagréable pour Marley. Le bon côté des choses pour lui, c'était que j'étais rapidement revenu à mon mode de vie de célibataire (entendez *débraillé*).

Par le pouvoir qui m'était conféré – en tant que seul adulte présent dans la maison –, je suspendis le Traité du Couple Marié pour remettre au goût du jour le Traité du Célibataire. Pendant que Jenny était à l'hôpital, je m'autorisais à porter le même T-shirt deux jours de suite, voire trois – même avec des taches de moutarde visibles – avant de le mettre au lavage. Le lait pouvait être bu directement à la bouteille et l'abattant des toilettes était relevé en permanence, à moins qu'on eût besoin de s'asseoir dessus. Au grand plaisir de Marley, j'instituai une nouvelle règle autorisant l'ouverture de la salle de bains vingt-quatre heures sur vingt-quatre. Après tout, nous étions entre hommes. Cela donnait à Marley un espace confiné où se retirer en toute intimité. Partant de ces principes, lui interdire de boire directement au robinet de la baignoire n'avait plus vraiment de sens. Jenny aurait été écœurée, mais tel que je voyais les choses, c'était mieux que de boire dans la cuvette des toilettes. Une fois la politique de l'abattant des toilettes mise en place, je décidai de trouver une alternative pour détourner Marley de l'attractive cuvette de porcelaine qui semblait l'inviter à venir jouer au sous-marin avec son museau.

Je pris l'habitude de laisser un filet d'eau s'écouler du robinet de la baignoire quand j'étais dans la salle de bains, de façon à ce que Marley pût laper l'eau fraîche selon son bon vouloir. Ce chien n'aurait pas été plus heureux si je lui avais installé une réplique de Splash Mountain. Il se tordait le cou pour laper le filet d'eau, la queue frétillante. Sa soif semblait inextinguible et je commençais à croire qu'il avait été un chameau dans une vie antérieure. Je compris que j'avais créé un monstre. Bientôt, Marley commença à se rendre seul à la salle de bains, et restait là à observer d'un air malheureux le robinet, guettant la chute de la moindre goutte d'eau, reniflant le robinet jusqu'à ce que je ne pusse plus le supporter et que je vinsse lui ouvrir le robinet. Soudain, son bol d'eau était en quelque sorte juste sous son nez.

L'étape suivante de notre plongée dans la barbarie se déroula un jour où j'étais sous la douche. Marley s'imagina qu'il pouvait passer la tête à travers le rideau de douche, de façon à laper non pas un simple filet d'eau mais une cascade entière. J'étais en train de me savonner quand il introduisit sans prévenir sa grosse tête et commença à lécher le gel douche.

— Ne le dis pas à maman, ordonnai-je.

J'essayai de faire croire à Jenny que j'avais la situation sous contrôle.

— Oh ! Tout va bien.

Puis je me tournai vers Patrick :

— N'est-ce pas, partenaire ?

Ce à quoi il me répondit :

— Dada !

Il pointa ensuite son doigt vers le ventilateur du plafond en disant :

— Vennnn !

Jenny n'était pourtant pas dupe. Un jour, j'étais venu avec Patrick pour ma visite quotidienne, et elle me lança :

— Au nom du ciel, qu'as-tu fait à cet enfant ?

— Que veux-tu dire ? Il est super. N'est-ce pas que tu es super ? demandai-je alors à Patrick.

— Dada ! Vennnn !

— Ses vêtements ! Bon sang…

C'est seulement à ce moment-là que je me rendis compte de mon erreur. Les petites cuisses potelées de Patrick étaient passées dans les ouvertures prévues pour les bras, serrant si fort ses petites jambes qu'il pouvait en avoir la circulation coupée. Le col de la grenouillère pendait entre ses jambes, la tête de Patrick était passée à travers l'entrejambe, et ses bras flottaient dans le large espace dévolu aux jambes. Il avait une sacrée allure !

— Quel imbécile, dit-elle. Tu l'as habillé à l'envers.

— C'est ton opinion, répondis-je.

Le jeu était terminé. Jenny commença à passer des coups de fil depuis son lit d'hôpital et quelques jours plus tard, cette chère tante Anita, une infirmière à la retraite d'origine irlandaise et qui habitait à l'autre bout de l'État, apparut comme par magie, valise en main, pour remettre de l'ordre dans la maison.

Le Traité du Célibataire était déjà de l'histoire ancienne.

Les médecins laissèrent finalement Jenny rentrer à la maison, mais avec des ordres stricts. Si elle voulait mettre au monde un bébé en bonne santé, elle devait rester au lit et bouger le moins possible. Ne rien nettoyer, ne pas sortir chercher le courrier, ne pas changer les couches, ne rien porter de plus lourd qu'une brosse à dents – ce qui voulait dire pas de bébé, ce qui était très dur pour elle. Ses instructions étaient : repos complet, aucune perturbation. Les médecins avaient réussi à arrêter le premier travail. Leur deuxième objectif était de prolonger la grossesse de douze semaines au minimum. Le bébé, qui aurait alors trente-cinq semaines, serait encore un peu fragile, mais entièrement développé et suffisamment solide pour affronter le monde extérieur. Cette idée aidait Jenny à tenir bon. Tante Anita – Dieu la bénisse – s'était installée à la maison pour un long moment. Marley était enchanté d'avoir un nouveau compagnon de jeu. Bientôt, il entraîna sa nouvelle recrue à lui ouvrir elle aussi le robinet de la baignoire.

Une infirmière de l'hôpital vint à la maison pour poser un cathéter dans la cuisse de Jenny ; il était relié à une petite batterie qui diffusait un produit en goutte-à-goutte dans son sang, qui anesthésiait le travail. Comme si ce n'était pas suffisant, elle installa un système de monitoring qui ressemblait à un instrument de torture – une grosse boîte noire était fixée sur le ventre de Jenny à l'aide d'un large élastique et reliée à un enchevêtrement de fils qui se branchaient directement sur le téléphone. Ce système enregistrait les battements de cœur du bébé ainsi que toute éventuelle contraction, et envoyait ces données trois fois par jour à une infirmière de l'hôpital qui vérifiait si tout était normal.

Je courus à la librairie pour acheter à Jenny une petite fortune de livres, qu'elle dévora en moins de trois jours. Elle essayait de garder le moral, mais l'immobilité et l'incertitude concernant la santé de son futur bébé la rendaient malheureuse. Pire que tout, elle était la maman d'un petit garçon de quinze mois qu'elle n'avait pas le droit de prendre dans ses bras, de nourrir quand il avait faim, de laver quand il était sale, d'embrasser quand il était triste. Parfois, j'asseyais Patrick sur le lit, près de la tête de Jenny, pour qu'il pût jouer avec les cheveux de sa maman et introduire ses doigts dans sa bouche. Il pointait son doigt vers les pales du ventilateur au pied du lit et disait :

— Mama ! Vennnn !

Cela la faisait rire, mais ce n'était pas la même chose. Peu à peu, elle avait l'impression de devenir folle.

Pour traverser cette épreuve, son fidèle compagnon était, bien sûr, Marley. Il avait pris position au pied du lit, entouré d'une flopée de jouets en tout genre et d'os en plastique – juste au cas où Jenny changerait d'avis et sauterait du lit pour jouer avec lui. C'est ainsi qu'il montait la garde, jour et nuit. Quand je rentrais du travail, je trouvais tante Anita en train de préparer le dîner dans la cuisine, Patrick dans son transat, et Marley dans la chambre, assis près du lit, le menton sur le matelas, le nez fourré dans le cou de Jenny pendant qu'elle était en train de lire, de réfléchir ou encore de contempler le plafond. Je rayais chaque jour passé sur le calendrier pour l'aider à noter ses progrès, mais cela ne faisait que renforcer l'impression que chaque jour, chaque minute, s'écoulaient terriblement lentement. Certains parents étaient ravis de passer leur temps dans l'oisiveté la plus totale. Ce n'était pas du tout le genre de Jenny. C'était une femme d'action, et l'inactivité pesait irrémédiablement sur son moral, qui se dégradait chaque jour un peu plus. Elle était comme un navire pris dans les calmes équatoriaux, attendant désespérément le plus petit soupçon de brise pour lever les voiles et poursuivre le voyage. J'essayais de l'encourager en lui disant, par exemple, « Dans un an, on rira en repensant à tout cela », mais je sentais qu'une partie d'elle m'échappait progressivement. Certains jours, son esprit voguait très loin de moi.

Lorsque Jenny n'eut plus qu'un mois à tenir, tante Anita fit ses valises et prit congé. Elle était restée aussi longtemps que possible – elle avait même plusieurs fois reporté son départ –, mais elle avait un mari qui l'attendait à la maison, et qui risquait de se transformer en bête sauvage à force de se nourrir de plateaux-télé et de s'abrutir devant les programmes sportifs. Nous étions de nouveau seuls.

Je fis de mon mieux pour garder le navire à flot. Debout à l'aube, je lavais et nourrissais Patrick – flocons d'avoine et purée de carottes – et je l'emmenais faire une courte promenade avec Marley. Puis je déposais Patrick chez Sandy pendant que j'allais travailler, avant de repasser le prendre en début de soirée. Je rentrais à la maison à l'heure du déjeuner pour préparer le repas de Jenny, lui apporter le courrier – le plaisir de sa journée –, je jouais avec Marley et j'entretenais la maison qui devenait de plus en plus négligée. La pelouse était envahie de hautes herbes, les vêtements sales s'entassaient dans le panier à linge, la vitre de la porte-fenêtre donnant sur le porche était cassée – après que Marley, lancé à la poursuite d'un écureuil, l'eut traversée comme si c'était du carton. Depuis plusieurs semaines, la porte-fenêtre était un vrai courant d'air, ce qui laissait à Marley la liberté d'aller et venir à sa guise entre la maison et le jardin.

— Je vais la réparer, avais-je promis à l'impuissante Jenny, toujours alitée. C'est sur ma liste.

Mais je pouvais lire dans son regard la consternation. Elle se faisait violence pour ne pas sauter du lit et reprendre la maison en main. Je faisais les courses à l'épicerie le soir, quand Patrick était couché, empruntant parfois les allées à minuit. Nous survivions grâce aux Cheerios, au café et aux pâtes. Le journal que je tenais depuis des années fut brutalement interrompu. Je n'avais tout simplement ni temps ni énergie à lui consacrer. Sur la dernière page, j'avais simplement écrit : « Je suis un peu dépassé par les événements en ce moment. »

Enfin, alors que Jenny entrait dans sa trente-cinquième semaine de grossesse, l'infirmière de l'hôpital nous rendit visite et nous annonça :

— Félicitations, vous avez tenu bon. Vous pouvez recouvrer votre liberté.

Elle débarrassa Jenny de tout son attirail, enleva le cathéter, le monitoring, et nous donna les instructions du médecin.

Jenny pouvait retrouver un mode de vie normal, sans restriction. Sans médicament. Nous pouvions même avoir à nouveau des relations sexuelles. Le bébé était à présent viable. Le travail commencerait quand son corps le déciderait.

— Profitez-en, dit-elle. Vous l'avez mérité.

Jenny souleva Patrick au-dessus de sa tête, courut avec Marley dans le jardin, se lança dans le ménage. Ce soir-là, nous célébrâmes sa liberté recouvrée en allant dîner dans un restaurant indien avant d'aller voir un spectacle comique dans un club du coin. Le lendemain, les réjouissances se poursuivirent avec un déjeuner dans un restaurant grec. Mais avant même d'avoir terminé nos *gyros*, Jenny était en plein travail. Il avait commencé la veille au soir, pendant qu'elle mangeait son curry d'agneau, mais elle l'avait délibérément ignoré. Elle n'avait pas voulu laisser les contractions interrompre sa soirée bien méritée en ville. À présent, chaque contraction semblait deux fois plus forte que la précédente. Nous rentrâmes en quatrième vitesse à la maison, où Sandy était arrivée pour s'occuper de Patrick et garder un œil sur Marley. Jenny attendait dans la voiture, tout en essayant de contrôler sa douleur par des expirations brusques, en vain hélas, pendant que je préparais sa valise pour la maternité. Le temps de nous rendre à l'hôpital et d'installer Jenny dans sa chambre, le col était déjà dilaté de sept centimètres. Moins d'une heure plus tard, je tenais dans mes bras notre nouveau-né. Jenny compta les petits doigts de ses mains et de ses pieds. Ses yeux étaient ouverts et alertes, ses joues toutes roses.

— Vous avez réussi, déclara le Dr Sherman. Il est parfait.

Conor Richard Grogan, deux kilos six cents grammes, est né le 10 octobre 1993. J'étais si heureux que je pensais à peine à la luxueuse suite que nous avions cette fois réservée, et dont nous n'avions pas du tout profité. Si l'accouchement avait été un tout petit peu plus rapide, Jenny aurait même pu accoucher sur le parking de la station-service. Cruelle ironie, je n'avais même pas eu le temps de m'allonger sur le canapé des papas.

Étant donné le mal que nous avions eu pour que cet enfant naquît sain et sauf, nous pensions que sa naissance était une nouvelle extraordinaire – mais pas au point de faire la une du journal local. Pourtant, juste sous nos fenêtres se trouvait un rassemblement de camions de télévision, leur antenne satellite déployée vers le ciel. De notre chambre, je voyais des journalistes avec des micros s'adresser à des cameramen plantés devant eux.

— Hé ! Chérie, les paparazzi sont venus pour toi.

Ce fut une infirmière qui nous donna l'explication.

— Devinez quoi ? Donald Trump est dans le hall.

— Donald Trump ? dit Jenny. Je ne savais pas qu'il attendait un enfant.

L'industriel avait provoqué un grand remue-ménage quand il avait emménagé à Palm Beach quelques années auparavant, dans l'ancienne propriété de Marjorie Merriweather, la célèbre femme d'affaires qui avait fait fortune dans l'industrie céréalière. La propriété s'étendait sur six cents ares, de l'océan Atlantique jusqu'à l'Intracoastal Waterway, d'où son nom *Mar-a-Lago* – « de la mer au lac » –, et englobait un terrain de golf de neuf trous. Depuis notre rue, nous pouvions apercevoir la demeure d'influence mauresque, aux dix-huit chambres qui s'élevait au-dessus des palmiers. Les Trump et les Grogan étaient pour ainsi dire voisins.

J'appris à la télévision que Donald Trump et sa petite amie Marla Marple étaient les fiers parents d'une petite fille, opportunément nommée Tiffany, qui était née peu après Conor.

— Nous devrions les inviter pour que nos enfants jouent ensemble, dit Jenny.

Depuis nos fenêtres, nous pûmes observer les équipes de télévision en train de filmer le dernier-né de la dynastie Trump à sa sortie de l'hôpital. Marla souriait en montrant aux caméras son bébé. Donald commenta d'un ton dégagé : « Je suis heureux. »

Puis ils s'engouffrèrent dans leur limousine avec chauffeur.

Le lendemain matin, quand ce fut notre tour de quitter la maternité, une charmante retraitée qui faisait du bénévolat à l'hôpital emmena Jenny et bébé Conor dans une chaise roulante jusqu'aux portes automatiques. À la lumière du soleil, il n'y avait plus d'équipe de télévision, plus de camions avec antenne satellite, plus de reportages en direct. Juste nous trois et notre bénévole. Personne ne me le demanda, mais je me sentais moi aussi heureux. Donald Trump n'était pas le seul à être fier de sa progéniture.

La bénévole attendit avec Jenny et le bébé pendant que j'allais chercher la voiture. Avant d'installer mon fils dans son siège auto, je le levai au-dessus de ma tête pour que le monde entier pût le voir – si jamais quelqu'un nous regardait – et je dis :

— Conor Grogan, tu es au moins aussi spécial que Tiffany Trump, n'oublie jamais cela.

15

Ultimatum post-partum

Nous aurions dû être les gens les plus heureux du monde et d'une certaine façon, nous l'étions. Nous avions maintenant deux fils, un bout de chou et un nouveau-né, avec seulement dix-sept mois d'écart. Leur présence était un immense bonheur. Cependant, les ténèbres dans lesquelles Jenny avait sombré durant sa période d'alitement forcé ne s'étaient pas totalement dissipées. Certaines semaines, elle allait bien et remplissait pleinement son rôle de mère responsable de deux vies totalement dépendantes d'elle. D'autres fois, sans prévenir, elle paraissait abattue et défaitiste, empêtrée dans une sorte de brouillard qui durait parfois plusieurs jours. Nous étions tous les deux épuisés à cause du manque de sommeil. Patrick continuait de nous réveiller au moins une fois par nuit et Conor plusieurs fois pour être nourri ou bien changé. Nous avions rarement le privilège de dormir plus de deux heures de suite. Certains soirs, nous avions l'air de zombies. Nous nous croisions silencieusement en nous jetant des regards vitreux, Jenny s'occupant d'un bébé et moi de l'autre. Nous étions debout à minuit, puis à deux heures, trois heures trente, et une fois encore à cinq heures. Le soleil se levait et avec lui commençait une nouvelle journée, où l'espoir se mêlait à la lassitude tandis que nous entamions un nouveau cycle. Depuis le hall nous parvenait la voix douce et éveillée de Patrick : « Mama ! Dada ! Vennn ! » – et nous avions beau étudier la situation sous tous les angles, nous savions que le sommeil n'était pas encore prévu pour ce jour-là. Je commençais par faire du café fort, puis je me rendais au bureau avec des chemises non repassées et des taches de lait sur mes cravates. Un jour, au bureau, je captai le regard d'une jeune et attirante assistante braqué sur moi. Flatté, je lui souris. Hé ! Je pouvais bien être deux fois papa, les filles continuaient à me remarquer ! C'est alors qu'elle me dit :

— Savez-vous que vous avez un autocollant Barney dans les cheveux ?

Pour ajouter au chaos de notre vie, notre nouveau-né nous causa beaucoup d'inquiétudes. Conor, dont le poids de naissance était déjà faible, avait des difficultés à se nourrir. Jenny avait pris la résolution ferme de lui donner le sein afin de le rendre plus robuste, cependant il semblait vouloir la faire échouer dans sa quête. Quand elle lui présentait le sein, il se jetait goulûment dessus. Après quelques succions, il rejetait tout en bloc. Elle recommençait alors l'opération, sans succès. Son estomac rejetait la nourriture, et les régurgitations étaient devenues notre lot quotidien. La routine s'installait chaque jour davantage et Jenny en était de plus en plus affectée. Les médecins diagnostiquèrent un reflux et nous envoyèrent consulter un spécialiste, qui anesthésia notre petit garçon et introduisit une mini-caméra dans son œsophage pour examiner son système digestif. Finalement, Conor finit par garder la nourriture et retrouver un poids normal, mais durant quatre mois, nous nous étions rongé les sangs. Jenny accumulait les frustrations, les angoisses et le stress, que le manque de sommeil ne faisait qu'accentuer. Elle nourrissait Conor à longueur de temps et chaque régurgitation augmentait son désarroi.

— Je ne sers à rien, se lamentait-elle. Les mamans doivent donner à leurs enfants tout ce dont ils ont besoin.

Elle semblait à tout moment sur le point d'exploser et la moindre contrariété – une armoire laissée ouverte, des miettes sur la table – pouvait servir de déclencheur.

La bonne nouvelle, c'était que jamais Jenny ne déversait son acrimonie sur l'un ou l'autre des enfants. En réalité, elle s'en occupait avec une attention et une patience presque obsédantes. Elle se jetait à corps perdu dans cette tâche. La mauvaise nouvelle, c'est qu'elle reportait toute sa colère contre moi, et surtout contre Marley. Avec lui, elle avait perdu toute patience. Il était tout le temps dans son champ de vision et devait se tenir à carreau. La moindre transgression – et il y en avait encore un certain nombre ! – poussait Jenny dans ses retranchements. Inconscient, Marley continuait à se comporter avec la même joie désinvolte, la même infatigable énergie destructrice. J'avais acheté un arbuste à fleurs pour célébrer la naissance de Conor. Le jour même, Marley déterra la plante et la mit en pièces. J'avais enfin réussi à changer la vitre de la porte-fenêtre du porche ; mais Marley, habitué à aller et venir à sa guise, avait aussitôt plongé à travers, réduisant à néant tous mes efforts. Une fois, il s'échappa de la maison et quand il revint, quelques heures plus tard, il tenait entre ses dents une petite culotte. Je préférais ne pas savoir où il était allé pêcher cela.

En dépit des tranquillisants que Jenny lui administrait un peu trop souvent, la peur panique de Marley pour les orages ne faisait que croître, devenant chaque jour un peu plus irrationnelle et incontrôlable. À présent, une simple averse le mettait dans tous ses états. Si nous étions à la maison, il rôdait autour de nous et bavait abondamment sur tous nos vêtements. Si nous n'étions pas là, il recherchait la sécurité d'une étrange manière, en grattant le linoléum et en enfonçant les portes. Plus je réparais les dégâts, plus il en causait. Je ne m'en sortais pas. J'aurais dû être furieux après lui, mais Jenny était bien assez en colère pour nous deux. Au contraire, je commençai à réparer ses bêtises en cachette. Si je trouvais une chaussure, un livre ou un oreiller mâchouillés, je planquais l'objet du délit avant que ma femme ne s'en aperçût. Quand il fonçait tête baissée dans notre petite maison, tel un éléphant dans un magasin de porcelaine, je le suivais à la trace, remettant en place les tapis, redressant les chaises et nettoyant les traces de bave qu'il laissait sur les murs. Une fois, je m'empressai de passer l'aspirateur dans le garage pour nettoyer les morceaux de bois de la porte que Marley avait une nouvelle fois égratignée. Puis je bricolai tard dans la nuit pour réparer les dégâts, de sorte que Jenny n'y vit que du feu.

— Pour l'amour de Dieu, Marley, lui dis-je un soir alors qu'il se tenait près de moi, la queue frétillante, pendant que je camouflais sa dernière bêtise, est-ce que tu en as marre de vivre ? Il faut que tu arrêtes tout ça.

Cet état de fait durait depuis un moment quand un soir, je trouvai Jenny devant la porte d'entrée en train de frapper Marley de ses poings. En pleurs, elle s'acharnait à lui donner des coups comme si elle battait la mesure sur une grosse caisse.

— Pourquoi ? Pourquoi as-tu fait cela ? criait-elle. Pourquoi faut-il que tu gâches tout ?

Je vis à ce moment-là ce qu'il avait fait. Le coussin du canapé était éventré, le tissu arraché et le rembourrage éparpillé sur le sol. Marley se tenait la tête basse et les jambes repliées comme s'il affrontait un ouragan. Il n'essayait ni de s'enfuir ni d'éviter les coups. Il restait figé sur place et recevait sa correction sans une plainte, ni un gémissement.

— Hé ! Hé ! Hé ! criai-je en attrapant les poignets de Jenny. Allons ! Arrête ! Arrête !

Elle était secouée de sanglots et avait du mal à reprendre son souffle.

— Arrête ! répétai-je.

Je m'interposai entre Marley et elle et la regardai droit dans les yeux. C'était comme si je me trouvais face à une étrangère.

— Sors-le d'ici, dit-elle d'une voix calme et déterminée. Sors-le d'ici tout de suite !

— O.K., je l'emmène dehors, mais calme-toi.

J'ouvris la porte d'entrée et Marley bondit dehors. Quand je me retournai pour prendre sa laisse sur la table, j'entendis la voix de Jenny.

— Je ne plaisantais pas. Je veux qu'il s'en aille pour de bon.

— Allons, tu ne penses pas ce que tu dis.

— Si, je le pense. J'en ai assez de ce chien. Trouve-lui une nouvelle maison ou bien c'est moi qui m'en charge.

Elle ne pouvait pas penser ce qu'elle disait. Elle adorait ce chien. Elle l'adorait en dépit de la longue liste de ses forfaits. Elle était bouleversée. Et stressée. Elle était à bout. Elle changerait d'avis. Pour le moment, le mieux à faire était de la laisser se calmer. Je sortis de la maison sans un mot. Dans le jardin, Marley courait autour de moi, bondissant en tous sens et faisant claquer sa mâchoire au vent. Apparemment, il essayait d'attraper la laisse que je tenais dans ma main. Il avait retrouvé son habituelle joie de vivre, comme s'il ne s'était rien passé. Je savais qu'elle ne lui avait pas fait mal. Pour être honnête, je le rudoyais bien plus quand nous faisions semblant de nous battre. Il adorait ça et en réclamait toujours plus. Cela semblait inscrit dans ses gènes. Cette masse de muscles et de tendons était insensible à la douleur. Un jour, pendant que je lavais la voiture, il avait plongé sa tête dans le seau rempli d'eau et de savon et était parti en courant à l'aveuglette à travers champs, le seau toujours vissé sur la tête, jusqu'à ce qu'il rentrât de plein fouet dans un mur de brique. Il n'avait même pas semblé le remarquer. Mais frappez-le doucement sur le derrière avec la paume ouverte ou disputez-le d'une voix dure, il agira comme s'il était profondément blessé. Cet animal au physique impressionnant était en réalité un grand sensible. Jenny ne lui avait pas fait mal au sens propre, mais elle l'avait terriblement peiné, du moins sur le moment. Jenny était tout pour lui – l'un de ses deux meilleurs amis, et elle lui avait tourné le dos. Elle était la maîtresse et lui le fidèle compagnon. Si elle trouvait un moyen de le frapper, il trouvait une raison pour la lécher. Il était évident que Marley n'était pas le meilleur des chiens, mais il était le plus loyal. Mon travail consistait à présent à réparer les dégâts, à remettre les choses en ordre.

Dans la rue, j'attachai sa laisse et lui dis « Assis ! » Il obéit. Je positionnai la chaîne bien haut sur son cou, en prévision de la balade. Avant de partir, je lui caressai la tête et lui flattai l'encolure. Il pointa le nez vers moi et me regarda, la langue à moitié pendante. L'incident avec Jenny semblait déjà être de l'histoire ancienne pour lui. Restait à espérer que ce serait rapidement la même chose pour elle.

— Qu'est-ce que je vais bien pouvoir faire de toi, mon chien ? lui demandai-je.

Il bondit de nouveau en avant et me donna un coup de langue sur le visage.

Ce soir-là, Marley et moi parcourûmes des kilomètres, et quand finalement nous rentrâmes à la maison, il était littéralement épuisé. Jenny donnait un petit pot à Patrick tout en tenant Conor dans ses bras. L'air serein, elle semblait être revenue à elle. Je libérai un Marley assoiffé, qui se jeta sur son bol pour laper goulûment le liquide rafraîchissant tout en envoyant de l'eau un peu partout autour du récipient. Je nettoyai le sol et jetai un coup d'œil discret à Jenny, imperturbable. Peut-être avait-elle eu un moment de folie, désormais oublié. Peut-être avait-elle totalement changé d'avis. Peut-être même se sentait-elle coupable de ce qui s'était passé et cherchait-elle les mots pour s'excuser. Quand je m'approchai d'elle, Marley dans mes jambes, elle me dit d'une voix calme et posée, sans même me regarder :

— J'étais très sérieuse. Je ne veux plus voir ce chien ici.

Les jours suivants, elle répéta son ultimatum si souvent que je finis par me dire que ce n'était pas une menace en l'air. Elle était plus déterminée que jamais. Aussi pathétique que cela pût paraître, Marley était devenu mon âme sœur, mon indéfectible compagnon, mon seul ami mâle. Il était l'esprit indiscipliné, indomptable, non conformiste, libre et politiquement incorrect que j'aurais voulu être, si j'avais été suffisamment courageux, et son comportement incontrôlable me procurait d'immenses joies. Peu m'importait que la vie devînt compliquée, Marley me rappelait toujours les plaisirs simples de l'existence. Peu importait ce que l'on exigeait quotidiennement de moi dans ma vie professionnelle, il me rappelait que la désobéissance avait parfois un sens. Dans un monde rempli de patrons, il était son propre maître. L'idée de me séparer de lui me mettait à l'agonie. Mais j'étais maintenant responsable de deux enfants et j'avais une épouse qui avait besoin de moi. L'équilibre de notre ménage ne tenait qu'à un fil. Si la perte de Marley faisait la différence entre le chaos et la stabilité, comment pouvais-je refuser de réaliser le souhait de Jenny ?

Je commençai à lancer des ballons d'essai, demandant discrètement à mes amis et collègues s'ils étaient intéressés par un adorable labrador retriever âgé de deux ans. Grâce au bouche à oreille, je rencontrai un voisin qui adorait les animaux et ne pouvait refuser d'aider un animal dans le besoin. Il refusa pourtant Marley. Sa réputation semblait l'avoir précédé.

Tous les matins, je regardais les petites annonces comme si j'espérais tomber sur l'annonce miraculeuse : « Cherche labrador retriever sauvage, énergique et incontrôlable avec phobies multiples. Un instinct destructeur serait un plus. Nous y mettrons le prix. » À la place, je trouvais de nombreuses annonces concernant de jeunes chiens adultes dont les propriétaires ne voulaient plus. La plupart étaient des chiens de race que leurs maîtres avaient acquis pour plusieurs centaines de dollars quelques mois seulement auparavant. Aujourd'hui, ils en demandaient une broutille, et parfois même les donnaient. Un nombre alarmant de ces chiens rejetés étaient des mâles.

Tous les jours, je parcourais les mêmes annonces – à la fois tristes et comiques. De mon point de vue de connaisseur, je pouvais lire entre les lignes les véritables raisons qui avaient remis tous ces chiens sur le marché. Les annonces étaient pleines d'euphémismes derrière lesquels se cachaient les défauts des labradors que je ne connaissais que trop bien : « ... vivant... adore les gens... a besoin d'un grand jardin... aime se défouler... énergique... puissant... » Tous ces termes signifiaient la même chose : un chien que son maître ne parvenait pas à contrôler... et qu'il avait renoncé à éduquer.

Une partie de moi riait ouvertement. Ces annonces étaient comiques dans leur détresse. Quand je lisais « férocement loyal », il fallait comprendre « capable de mordre ». « Compagnon fidèle » signifiait « ne supporte pas la séparation » et « bon chien de garde » voulait dire « aboie constamment ». Quant à la mention « bonne affaire », elle reflétait le désespoir du propriétaire, prêt à demander : « Combien dois-je vous payer pour que vous me débarrassiez de mon chien ? » Une partie de moi souffrait. Je n'étais pas du genre à abandonner la partie. Et Jenny non plus. Nous n'étions pas le genre de personnes qui se déchargent de leurs problèmes par le biais des petites annonces. Marley était incontestablement épuisant. Il ne ressemblait en rien aux chiens calmes qui avaient accompagné notre enfance. Il avait un bon nombre de mauvaises habitudes et de gros défauts. Il n'avait plus rien non plus du chiot pataud que nous avions ramené à la maison deux ans plus tôt. À sa manière, il essayait de faire de son mieux. En tant que propriétaires, nous nous efforcions de l'intégrer à notre mode de vie, mais nous devions aussi l'accepter tel qu'il était. Non pas seulement l'accepter, mais aussi le féliciter, l'encourager et louer son indomptable esprit canin. Nous avions introduit dans notre foyer un être vivant, pas un simple objet de décoration à placer dans un coin. Pour le meilleur et pour le pire, il était notre chien. Il faisait partie de la famille et, malgré toutes ses tares, il nous avait mille fois rendu notre affection. Une telle dévotion n'avait pas de prix.

Je n'étais pas prêt à l'abandonner.

Tout en continuant à chercher paresseusement une nouvelle maison à Marley, je commençais à travailler sérieusement avec lui. Ma mission impossible personnelle était de dresser ce chien et de prouver à Jenny qu'il méritait de rester avec nous. Sans me soucier des nuits courtes, je me levai à l'aube et, avec Patrick dans sa poussette tout terrain, j'emmenai Marley au bord de l'eau, où il aurait suffisamment d'espace pour travailler. Assis. Couché. Debout. Au pied. Nous nous exerçâmes, encore et encore. Ma mission avait quelque chose de désespéré et Marley semblait en avoir conscience. L'enjeu n'était plus le même : cette fois, c'était réel. Au cas où il ne comprendrait pas l'importance de la situation, je ne cessais de lui répéter :

— On n'est pas là pour plaisanter, Marley. Allez, au boulot !

Et je reprenais la direction de l'entraînement, aidé par Patrick qui battait des mains et encourageait son compagnon au pelage jaune :

— Waddy ! Hee-O !

Le jour où je retournai avec Marley au cours de dressage, il n'avait plus rien du délinquant juvénile que j'avais emmené avec moi la première fois. Oui, il était toujours aussi impressionnant, mais maintenant, il savait qui était le boss et qui était l'élève. Cette fois, il n'y aurait pas de bonds intempestifs sur d'autres chiens (ou alors très peu), pas de courses effrénées et incontrôlées à travers le parking, pas de reniflements embarrassants des parties génitales des autres propriétaires. Après huit séances, il marchait au pas à mes côtés et obéissait sans sourciller à tous mes ordres. Il était même heureux – disons même franchement surexcité – de coopérer. À la fin de la session, le dresseur – une charmante jeune femme qui était l'antithèse de Miss Dominatrix – nous interpella.

— Très bien, fit-elle. À votre tour. Montrez-nous de quoi vous êtes capables tous les deux.

J'ordonnai à Marley de s'asseoir et il se mit aussitôt sur son arrière-train. Je levai la chaîne haut sur sa gorge et, avec une brusque secousse, lui ordonnai de se mettre au pas. Nous parcourûmes le parking dans un sens, puis nous fîmes demi-tour, du même pas tranquille. Marley se tint à mon côté et marcha à mon rythme, sans jamais me dépasser, exactement comme le recommandaient les ouvrages sur le dressage. Je lui demandai de nouveau de s'asseoir, puis je me plantai devant lui et lui dis « Pas bouger ! », tout en lâchant la laisse. Je reculai de quelques pas. Ses grands yeux bruns me fixèrent, dans l'attente du moindre signe qui l'autorisât à bouger, mais il resta figé comme une statue. Je dessinai un cercle de trois cent soixante degrés autour de lui. Tout excité, il se tordit le cou pour me regarder, mais il ne bougea toujours pas d'un pouce. Quand je revins face à lui, juste pour le fun, je claquai des doigts et lui lançai :

— Prêt ?

Il prit appui sur ses pattes arrière, comme s'il s'apprêtait à se lancer à l'assaut de l'île d'Iwo Jima[1].

1. En mars 1945, les forces américaines s'emparent de l'île d'Iwo Jima, bastion défensif de l'armée japonaise, au sud de Tokyo.

Le dresseur éclata de rire. Je tournai le dos à Marley et m'éloignai de vingt pas. Je pouvais sentir son regard insistant dans mon dos, mais Marley tenait bon. Quand je me tournai de nouveau vers lui, il tremblait de tous ses membres. Le volcan allait entrer en éruption, je pris position, les pieds bien ancrés dans le sol, anticipant le choc que j'allais recevoir et appelai.

— Marley...

Je laissai son nom en suspend quelques secondes.

— ... Viens !

Il fonça alors vers moi comme une tornade et je me préparai à l'impact. Au dernier moment, je fis un pas de côté avec l'adresse d'un matador et il me dépassa, avant de faire demi-tour et de bondir sur mon dos.

— Bon chien, Marley, le félicitai-je en m'agenouillant. Bon, très bon chien ! Tu es un bon chien !

Il se mit à danser autour de moi comme si nous venions de conquérir le mont Everest.

À la fin de la soirée, l'instructeur nous appela et nous remit un diplôme. Marley avait passé avec succès le niveau élémentaire et était septième de la classe. Quelle importance qu'il n'y eût que huit chiens dans le groupe et que le huitième fût un pit-bull psychopathe, capable de dévorer un être humain à la première occasion ? Je le reçus avec fierté. Marley, mon incorrigible et indomptable chien, avait réussi un examen. J'étais si heureux que j'aurais pu crier, et en fait je pense l'avoir fait pour empêcher Marley de me sauter dessus et d'avaler son diplôme.

Sur le chemin du retour, j'entonnai *We are the Champions*. Marley, sensible à ma joie et à ma fierté, se mit à me lécher les oreilles, et pour une fois, cela ne me dérangeait pas.

Il nous restait une chose à mettre au point : lui faire perdre l'une de ses plus mauvaises habitudes qui consistait à sauter sur les gens. Peu lui importait qu'il s'agît d'un ami ou d'un étranger, d'un enfant ou d'un adulte, de l'électricien ou du facteur, Marley accueillait tous les visiteurs de la même manière – il courait à travers le salon, dérapant sur les parquets, et bondissait pour planter ses deux grosses pattes sur leurs épaules et leur lécher le visage. Ce qui paraissait mignon quand il était petit était devenu insupportable, et même terrifiant pour les victimes de cette affection inattendue. Il avait bousculé des enfants, ahuri des invités, sali les robes et les costumes de nos visiteurs, et presque fait tomber ma frêle maman. Personne ne pouvait accepter un tel comportement. J'avais tenté en vain de l'empêcher de sauter ainsi sur tout le monde, en utilisant les techniques habituelles d'apprentissage, mais sans succès. Le message n'entrait pas dans sa caboche. Un jour, un vieux propriétaire de chien, de bon conseil, me fit une suggestion.

— Donne-lui un léger coup dans la poitrine la prochaine fois qu'il te saute dessus.

— Je ne veux pas le blesser.

— Tu ne lui feras aucun mal. Quelques petits coups de genou dans le plexus et je te garantis qu'il cessera de bondir ainsi sur les gens.

Je n'avais guère le temps de tergiverser. Marley devait changer s'il voulait rester à la maison. Le lendemain, après ma journée de travail, je rentrai à la maison en criant :

— Je suis là !

Comme d'habitude, Marley s'élança sur le parquet pour me faire la fête. En fin de course, il dérapa comme sur de la glace, puis bondit pour poser ses pattes sur ma poitrine et me lécher le visage. Au moment où ses pattes se plantèrent sur mon torse, je lui donnai un coup sec dans la poitrine, juste en dessous de la cage thoracique. Il suffoqua et retomba aussitôt sur ses pattes avec un regard d'incompréhension, comme s'il trouvait ma réaction injuste. Il m'avait sauté dessus de la même manière toute sa vie durant. Alors pourquoi ce soudain coup bas ?

Le lendemain soir, je lui administrai la même punition. Il me sauta dessus, je lui donnai un coup de genou, il tomba au sol en gémissant. Je me sentais un peu cruel, mais si je pouvais le sauver, il était de mon devoir de continuer.

— Désolé, mon vieux, lui dis-je en me mettant à son niveau pour qu'il pût me lécher le visage en gardant les quatre pattes au sol. C'est pour ton bien.

Le troisième soir, quand j'arrivai à la maison, il se précipita sur moi à toute vitesse, tout en patinant, comme à son habitude. Cette fois, il modifia son arrivée. Au lieu de bondir, il garda les pattes sur le sol et fonça droit dans mes genoux, la tête la première, manquant me renverser. Je pris cela pour une victoire.

— Tu as réussi, Marley ! Tu l'as fait ! Bon chien ! Tu n'as pas sauté !

Et je m'agenouillai pour qu'il ne soit pas tenté de le faire. J'étais impressionné qu'il ait cédé à mon pouvoir de persuasion.

Cependant, le problème n'était pas entièrement résolu. S'il était guéri de sa lubie de me sauter dessus, il fallait aussi lui faire passer l'envie de sauter sur d'autres personnes. Ce chien était suffisamment intelligent pour comprendre que si je le menaçais de mon genou chaque fois qu'il bondissait sur moi, cela ne voulait pas dire qu'il ne pouvait pas bondir sur le reste du monde en toute impunité. Je devais élargir mon offensive et pour ce faire, je recrutai un copain du boulot, un journaliste du nom de Jim Tolpin. Jim était un homme mince à l'air doux, au crâne dégarni et qui portait des lunettes.

Si Marley pensait pouvoir bondir sur quelqu'un, c'était bien sûr Jim.

Un jour au bureau, je lui exposai mon plan. Il devait passer à la maison un soir après le travail, sonner à la porte et entrer. Quand Marley lui sauterait dessus pour l'accueillir, il devrait lui en faire voir.

— Ne sois pas timide, avais-je prévenu. La subtilité ne réussit pas à Marley.

Ce soir-là, Jim passa à la maison. Il entra après avoir sonné à la porte. Marley fonça automatiquement sur lui tête baissée. Quand il bondit sur lui, Jim suivit mes instructions à la lettre. Craignant apparemment de se montrer trop timide, il envoya un fort coup de genou en plein dans le plexus du chien, ce qui lui coupa la respiration. Le coup avait résonné à travers la pièce. Marley émit un long gémissement, s'éloigna la queue entre les jambes et s'aplatit sur le sol.

— Bon sang, Jim. Tu pratiques le kung-fu ?

— Tu m'as dit qu'il devait le sentir passer, répondit-il.

C'était réussi. Marley se remit sur pied, reprit sa respiration et accueillit Jim comme un chien devrait toujours le faire : les quatre pattes au sol. S'il avait pu parler, j'aurais juré qu'il aurait crié à l'injustice. Marley ne bondit plus jamais sur personne, du moins en ma présence, et plus personne ne lui donna plus jamais de coups dans la poitrine ou ailleurs.

Un matin, peu de temps après que Marley eut abandonné sa manie de sauter sur les gens, je me réveillai à côté de ma femme. Elle était revenue. Ma Jenny, la femme que j'aimais et qui avait disparu dans un brouillard épais, avait recouvré ses esprits. Aussi soudainement que le *baby blues* l'avait submergée, il avait disparu. C'était comme si elle avait été exorcisée de ses démons. Ils étaient partis. À tout jamais. Courageuse et forte, elle ne se contentait pas de s'occuper de deux jeunes enfants, elle se dévouait à leur bien-être. Marley était revenu dans ses bonnes grâces et leur amitié reposait sur des bases solides. Un bébé sur chaque bras, Jenny se penchait pour l'embrasser. Elle lui envoyait un bâton et lui gardait le jus de viande de nos hamburgers. Elle dansait avec lui quand une chanson qui lui plaisait passait à la radio. Le soir, quand Marley était calme, Jenny s'allongeait par terre à côté de lui, sa tête contre son cou. Jenny était de retour. Dieu merci, elle était de nouveau avec moi.

16

L'audition

Dans la vie, certains événements sont tellement étranges qu'ils sont forcément vrais. Aussi, quand Jenny m'appela un jour au bureau pour me dire que Marley allait passer une audition, je compris tout de suite que ce n'était pas une plaisanterie.

— Un quoi ?

— Un casting.

— Tu veux dire : pour un film ?

— Oui, pour un film, idiot. Un long-métrage.

— Marley ? Dans un long-métrage ?

Nous continuâmes de discuter ainsi quelques minutes, le temps pour moi de faire coïncider l'image de notre cabochard mangeur de planche à repasser avec celle du digne successeur de Rintintin – un chien-star crevant l'écran – capable de sauver des enfants innocents d'un immeuble en flammes.

— Notre Marley ? demandai-je une nouvelle fois, pour être sûr d'avoir bien compris de quoi il retournait.

C'était bien cela. Une semaine auparavant, le patron de Jenny au *Palm Beach Post* l'avait appelée pour lui dire qu'une de ses amies avait une faveur à nous demander. Son amie, une photographe du nom de Colleen McGarr, avait été engagée par une compagnie cinématographique de New York – la Shooting Gallery – pour collaborer au film qui allait être tourné à Lake Worth, une ville située au sud de chez nous. Le boulot de Colleen était de découvrir « l'essence » du ménage de Floride du Sud et de le photographier sous toutes les coutures – les étagères de livres, les aimants sur le frigo, les toilettes – afin que les réalisateurs pussent créer des décors réalistes.

La totalité de l'équipe était gay, avait précisé le patron de Jenny. Ils se demandaient donc comment les couples mariés avec des enfants vivaient dans le coin.

— C'est une sorte d'étude anthropologique ? avait demandé Jenny.

— Exactement, avait répondu Colleen.

— D'accord, avait dit Jenny, tant que je ne suis pas obligée de faire le ménage avant.

Colleen vint à la maison et commença à prendre des photos – pas seulement de nos affaires, mais aussi de nous. La façon dont nous nous étions habillés, coiffés, la façon dont nous nous affalions dans le canapé. Elle photographia nos brosses à dents dans leur gobelet, les bébés dans leur lit. Elle photographia aussi la quintessence du chien mâle hétérosexuel eunuque. Du moins ce que son objectif avait pu en capter.

— Il est un peu flou, avait-elle remarqué.

Marley était tout excité de participer à cette nouvelle aventure. Depuis que les bébés avaient envahi son espace vital, il recherchait l'affection là où il pouvait la trouver. Colleen pouvait faire de lui ce qu'elle voulait – tant qu'il était l'objet de son attention, il était le plus heureux du monde. Colleen, qui aimait beaucoup les gros animaux et qui n'avait pas peur d'être couverte de bave, lui prodiguait de nombreuses marques d'affection et aimait se mettre à genoux pour le caresser.

Quand Colleen eut terminé son travail, je ne pus m'empêcher de réfléchir aux perspectives d'avenir. Non seulement nous avions fourni des données anthropologiques cruciales aux réalisateurs, mais en plus, nous leur avions communiqué notre essence propre, celle du couple type vivant en Floride du Sud. J'avais entendu dire que de nombreux seconds rôles et figurants allaient être recrutés dans la région. Et si le réalisateur découvrait une star potentielle au beau milieu des aimants de frigo et des posters ? Des choses bizarres arrivaient parfois sans qu'on s'y attendît.

Je m'imaginais très bien le réalisateur – qui dans mon esprit fantaisiste ressemblait beaucoup à Steven Spielberg – installé devant une table recouverte de centaines de photos. Il fouillait les tirages avec impatience en grognant.

— Poubelle ! Poubelle ! Ça ne va pas !

Puis il se figeait soudain devant un cliché qui représentait la quintessence du mâle hétérosexuel père de famille. Le directeur s'emparait de la photo avec frénésie tout en criant à ses assistants :

— Trouvez-moi cet homme ! Je le veux dans mon film !

Quand ils vinrent me chercher, je refusai tout d'abord humblement leur proposition pour finalement accepter de jouer le rôle principal. Après tout, le spectacle devait continuer.

Colleen nous avait remerciés de lui avoir ouvert notre maison et était partie. Elle ne nous avait donné aucune raison de croire qu'elle ou des personnes associées à la production nous rappelleraient. Notre participation était terminée. Quelques jours plus tard cependant, quand Jenny m'appela du bureau pour me dire : « Je viens juste d'avoir Colleen McGarr au téléphone – et tu ne vas PAS croire ce qu'elle m'a dit », je savais sans aucun doute possible que je venais d'être repéré. Mon cœur s'emballa.

— Vas-y, dis-le-moi.

— Elle a dit que le réalisateur voulait faire faire un essai à Marley.

— Marley ? répétai-je, persuadé que j'avais mal entendu.

Elle ne sembla pas remarquer la déception qui perçait dans ma voix.

— Apparemment, il est à la recherche d'un gros chien farfelu pour le rôle du chien domestique de la famille, et Marley lui a tapé dans l'œil.

— Farfelu ?

— C'est ce qu'il veut, d'après Colleen. Un gros chien farfelu.

— Est-ce que Colleen t'a dit s'il lui avait parlé de moi ?

— Non. Pourquoi ? Il aurait dû ?

Colleen vint chercher Marley le lendemain. Désireux de soigner son entrée, Marley traversa le living-room comme une fusée, ne s'arrêtant que quelques secondes, le temps d'attraper l'oreiller le plus proche et de le secouer vigoureusement. Après tout, un réalisateur débordé pouvait avoir besoin de faire une petite sieste à tout moment, et si jamais cela lui arrivait, Marley voulait se montrer serviable. Puis, quand Marley arriva sur le parquet, il entama une longue glissade, heurta la table basse, renversa une chaise et finit par s'étaler sur le dos, les pattes en l'air, sa grosse tête dans les jambes de Colleen. Au moins, il ne lui avait pas bondi dessus, remarquai-je.

— Vous êtes sûre que vous ne voulez pas qu'on lui donne un sédatif ? lui demanda Jenny.

Colleen nous expliqua que le réalisateur voulait le voir au naturel. Aussi débridé et incontrôlable que d'habitude. Elle prit ensuite la laisse de notre chien, incroyablement heureux, et disparut avec lui dans son pick-up rouge.

Deux heures plus tard, ils étaient de retour et Colleen laissa tomber le verdict : Marley avait réussi le test !

— Oh, bon sang ! s'écria Jenny.

— C'est pas croyable, dis-je.

Notre joie ne fut pas altérée quand Colleen précisa que Marley était le seul postulant. Ni quand elle nous annonça que c'était le seul rôle non rémunéré de la production.

Je lui demandai comment s'était passée l'audition.

— Marley bavait tellement dans la voiture que j'avais l'impression d'être dans un jacuzzi.

Lorsqu'ils étaient arrivés au Gulfstream Hotel, le quartier général de la production, Marley avait tout de suite impressionné l'équipe en bondissant hors du pick-up et en traversant le parking à toute vitesse comme s'il craignait une attaque aérienne imminente.

— Il était totalement fou furieux, raconta-t-elle. Complètement aliéné.

— Ouais, il est un peu excité, reconnus-je.

À un moment, Marley avait attrapé le carnet de chèques de l'un des membres de l'équipe et s'était enfui en dessinant des huit. Il était apparemment déterminé à obtenir un paiement par chèque.

— Nous l'appelons notre labrador envahissant, poursuivit Jenny d'un air faussement contrit, avec le sourire que seule une fière maman arborait.

Finalement, Marley s'était calmé, juste le temps de convaincre la production qu'il était fait pour le rôle, qui consistait basiquement à jouer son propre personnage. Le film s'intitulait *The Last Home Run*, une histoire fantastique où un retraité de soixante-dix-sept ans se transformait l'espace de cinq jours en un jeune garçon de douze ans, pour réaliser son rêve de jouer dans le championnat de base-ball junior, la Little League Ball. Marley devait jouer le rôle du chien hyperactif de la famille du coach de la Little League Ball, joué par Gary Carter, un célèbre receveur à la retraite.

— Ils veulent vraiment avoir Marley dans leur film ? demandai-je, toujours incrédule.

— Tout le monde l'adore, confirma Colleen, il est parfait.

Durant les jours suivants, nous notâmes chez Marley un subtil changement de comportement. Une étrange sérénité émanait de lui, comme si réussir cette audition lui avait redonné confiance en lui.

— Peut-être avait-il juste besoin que quelqu'un croie en lui, déclarai-je à Jenny.

S'il y avait bien une personne qui croyait en Marley, c'était son extraordinaire maman. Alors que le premier jour du tournage approchait, elle le shampooina, le décrassa, lui tondit la queue et lui lissa les oreilles.

Le matin du premier jour de tournage, je trouvai Marley et Jenny dans la salle de bains, tous deux en position de lutte, comme s'ils allaient s'affronter dans un combat à mort. Elle tentait de le maintenir en place entre ses genoux tout en le tenant fermement par le collier, pendant qu'il se débattait comme un diable. On aurait dit une séance de rodéo.

— Bon sang, qu'essaies-tu de faire au juste ? la questionnai-je.

— De quoi ça a l'air, d'après toi ? J'essaie juste de lui laver les dents !

Elle avait effectivement une brosse à dents dans la main et faisait de son mieux pour frotter la belle rangée de crocs ivoire de son chien, tandis que celui-ci, écumant de bave, rêvait de dévorer la brosse à dents.

— Est-ce que tu utilises du dentifrice ? demandai-je, avant de lui poser la question qui me taraudait. Et comment comptes-tu lui rincer la bouche ?

— Avec du bicarbonate de soude.

Une heure plus tard, nous étions en route pour le Gulfstream Hotel, les garçons sanglés dans leur siège auto, et Marley installé au milieu, la queue frétillante et l'haleine incroyablement fraîche. Nous avions pour directive d'arriver à neuf heures du matin, mais à quelques rues de l'hôtel, la circulation devint très dense. Un peu plus loin, la route était barrée et un agent de la circulation empêchait les voitures d'emprunter la route qui menait à l'hôtel. Tous les journaux avaient annoncé le début du tournage du film – ce qui constituait l'événement cinématographique le plus important à Lake Worth depuis le tournage de *Body Heat* quinze ans plus tôt – et une foule de curieux voulait jeter un coup d'œil au plateau. La police devait garder les spectateurs à bonne distance. Nous parvînmes à nous glisser jusqu'au barrage et quand enfin nous réussîmes à atteindre l'agent de police, j'ouvris la fenêtre et lui dis :

— Nous devons passer.

— Personne ne passe. Circulez !

— Nous faisons partie de la production.

L'agent nous regarda d'un air sceptique. Un couple avec deux bébés et un chien dans un minivan.

— Je vous ai dit de circuler ! cria-t-il.

— Notre chien est dans le film, insistai-je.

Soudain, il me regarda avec le plus profond respect.

— Vous avez le chien ?

Le chien était sur sa liste.

— J'ai le chien, acquiesçai-je. Marley le Chien.

— Dans son propre rôle, ajouta Jenny.

L'agent se retourna et émit un sifflement strident.

— Il a le chien ! cria-t-il à un autre agent un peu plus loin. Marley le Chien.

Le second policier se tourna à son tour pour haranguer un autre collègue.

— Il a le chien. Marley le Chien est là !

— Laissez-les passer ! hurla un troisième agent.

— Laissez-les passer, répéta le second policier.

Notre agent ouvrit alors la barrière et nous laissa passer.

— Par ici, fit-il poliment.

Je me sentais comme un prince. Quand nous passâmes devant lui, il nous répéta, comme s'il avait peine à le croire :

— Il a le chien.

Sur le parking de l'hôtel, l'équipe était prête à tourner. Des câbles entrecroisés jonchaient le sol un peu partout. Des caméras étaient installées sur des trépieds avec des microphones géants. Des projecteurs étaient suspendus à des échafaudages. Les costumes étaient rangés sur des portants. Deux grandes tables recouvertes de nourriture et de boissons étaient installées à l'ombre, à disposition des techniciens et des acteurs. Des gens à l'air important avec des lunettes de soleil étaient postés tout près. Bob Gosse, le réalisateur, nous accueillit et nous expliqua rapidement la scène à venir. C'était relativement simple. Un minivan s'arrêtait dans le virage. La fausse propriétaire de Marley, jouée par l'actrice Liza Harris, était au volant.

Sa fille, jouée par une charmante adolescente du nom de Danielle, recrutée dans l'école de théâtre locale, et son fils, un autre comédien du coin âgé de neuf ans à peine, étaient à l'arrière de la voiture avec le chien de la famille, joué par Marley. La fille devait ouvrir la porte coulissante et descendre du van. Son frère la suivait avec Marley tenu en laisse. Puis ils quittaient le champ de la caméra. Fin de la scène.

— C'est plutôt facile, dis-je au réalisateur. Marley devrait s'en sortir sans problème.

J'emmenai Marley sur le côté et le fis patienter en attendant son tour de monter dans le van.

— Bon, écoutez-moi bien, tout le monde, déclara le réalisateur. Le chien est un peu dingue, d'accord ? Mais à moins qu'il ne fiche en l'air toute la scène, cela devrait bien se passer.

Il nous exposa sa vision des choses. Marley était un élément réaliste – le chien domestique type – et l'idée était de filmer le comportement d'un chien domestique type dans une famille type qui était de sortie. Pas de directive ni de jeu de scène. Du pur cinéma réalité.

— Laissez-le faire ce qu'il veut, dit le coach. On verra bien ce que ça donne.

Quand tout le monde fut en place, je fis grimper Marley dans le van et confiai la laisse de nylon au petit garçon qui paraissait terrifié.

— Il est très gentil, lui assurai-je. Il veut juste te lécher, tu vois ?

Je présentai mon poignet à Marley pour lui faire une démonstration.

Première prise. Le van s'arrête dans le virage. Au moment où la fille fait coulisser la portière du van, une grosse boule de fourrure jaune jaillit comme un boulet de canon du van et une laisse de couleur rouge traverse l'objectif de la caméra.

— Coupez !

Je poursuivis Marley à travers le parking et le ramenai dans le van.

— O.K., les gars. Nous allons la refaire.

Puis il s'adressa gentiment au garçon :

— Le chien est un peu sauvage. Cette fois, essaie de bien tenir la laisse, d'accord ?

Deuxième prise. Le van s'arrête dans le virage. La porte coulissante s'ouvre. La fille est sur le point de sortir lorsque Marley bondit dans le champ de la caméra comme une furie traînant derrière lui un garçon effrayé.

— Coupez !

Troisième prise. Le van s'arrête. La porte coulissante s'ouvre. La fille sort du van. Le garçon descend en tenant la laisse du chien. Quand il fait un pas au-dehors, la laisse se tend, mais aucun chien n'apparaît au bout. Le garçon commence à agripper la laisse, il se penche et tire dessus de toutes ses forces. Pas de chien. De longues secondes s'égrènent, sans résultat. Le garçon fait la grimace, puis se tourne vers la caméra.

— Coupez !

Je jetai un coup d'œil dans le van et je vis Marley en train de se lécher là où aucun chien mâle ne devrait jamais se lécher. Il leva les yeux vers moi comme pour me dire : *Tu ne vois pas que je suis occupé ?*

Je grimpai avec Marley et le garçon à l'arrière du van et je fermai la portière. Avant de crier « Action ! », Gosse prit quelques minutes pour faire le point avec ses assistants. Enfin, la scène commença.

Quatrième prise. Le van s'arrête dans le virage. La porte coulissante s'ouvre. La fille saute du van. Le garçon saute à son tour, l'air soudain terrorisé. Il regarde aussitôt droit vers la caméra et lève les mains. Il tient à la main une partie de la laisse, à moitié mâchouillée et pleine de bave.

— Coupez ! Coupez ! Coupez !

Le garçon raconta que pendant qu'il attendait dans le van, Marley s'était mis à ronger sa laisse et n'avait pas voulu s'arrêter. L'équipe et les acteurs regardaient la laisse d'un air incrédule, une expression d'incompréhension mêlée de dégoût sur leur visage, comme s'ils venaient d'être témoins de l'existence d'une extraordinaire et mystérieuse force de la nature. De mon côté, je n'étais absolument pas surpris. Marley avait rongé et avalé bien plus de laisses et de cordes que je n'aurais pu en dénombrer. Il avait même réussi à ronger la gaine d'un câble d'acier sur lequel était inscrit « à l'usage de l'industrie aéronautique ». Peu après la naissance de Conor, Jenny était rentrée à la maison avec un nouveau produit – un harnais de voyage qui lui permettait d'attacher Marley à l'arrière de la voiture pour l'empêcher de bouger dans tous les sens. Lors de sa première utilisation, il ne fallut pas plus de quatre-vingt-dix secondes à Marley pour qu'il se dégageât du harnais et commençât à mâchouiller les appuie-tête de notre minivan flambant neuf.

— Très bien, tout le monde, on fait un break ! lança Gosse.

Puis, se tournant vers moi, il me demanda – d'une voix étonnamment calme :

— Combien de temps vous faut-il pour trouver une nouvelle laisse ?

Il n'avait pas besoin de me dire combien lui coûtait chaque minute de perdue – il suffisait d'observer l'ensemble de l'équipe et des acteurs assis à ne rien faire.

— Il y a un magasin à environ huit cents mètres d'ici, répondis-je. Je peux être de retour dans quinze minutes.

— Et cette fois-ci, trouvez-moi quelque chose qu'il ne pourra pas anéantir.

Je revins avec une grosse chaîne d'acier dont se servaient sans doute les dresseurs de lions. Le tournage reprit, une prise ratée après l'autre. Chaque scène était pire que la précédente.

À un moment, Danielle, l'actrice adolescente, poussa un cri de désespoir en plein milieu de la prise et cria avec une expression empreinte d'horreur :

— Oh ! Mon Dieu ! La chose est sortie !

— Coupez !

Pendant une autre scène, Marley haletait si fort aux pieds de Danielle, qui parlait à son amoureux au téléphone, que le preneur de son ôta son casque et prit un air dégoûté pour se plaindre à haute voix :

— Je n'entends pas un traître mot de ce qu'elle raconte. La respiration du chien couvre sa voix, on se croirait dans un film porno.

— Coupez !

Voilà comment se déroula le premier jour de tournage. Marley était un désastre intégral et il n'y avait aucune rédemption possible. Une partie de moi le défendait – *Bon sang, qu'est-ce que vous espériez à ce prix-là ? Benji ?* – et une partie de moi était mortifiée.

Je ne pus m'empêcher d'observer les autres membres de l'équipe. Leurs visages exprimaient leur consternation : *D'où vient cet animal et comment faire pour s'en débarrasser ?*

À la fin de la journée, un assistant vint nous trouver, son classeur sous le bras, pour nous préciser que le planning du lendemain n'était pas encore défini.

— Ne vous inquiétez pas pour demain, nous dit-il. Si nous avons besoin de Marley, nous vous appellerons.

Et pour bien enfoncer le couteau dans la plaie, il répéta :

— Donc, à moins que vous n'ayez de nos nouvelles, inutile de vous déplacer. D'accord ?

Ouais, reçu cinq sur cinq.

Gosse avait envoyé un de ses assistants pour faire le sale boulot.

L'éphémère carrière de Marley au cinéma était terminée. Cela dit, je ne pouvais guère blâmer les gens de la production. À l'exception de la scène des *Dix Commandements*, où Charlton Heston faisait s'ouvrir la mer Rouge devant lui, Marley représentait le plus grand cauchemar logistique de l'histoire du cinéma. Il avait coûté des milliers de dollars de jours de retard et de pellicule gâchée. Il avait détruit un nombre incalculable de costumes, dévasté la table du snack et failli casser une caméra à trente mille dollars. La production limitait les pertes en nous mettant dehors. C'était la bonne vieille rengaine : « Ne nous appelez pas, on vous rappellera. »

— Marley, lui dis-je en rentrant à la maison, tu avais une incroyable opportunité et tu as tout gâché.

Le lendemain matin, j'étais toujours agité de rêves de gloire quand le téléphone sonna. C'était l'assistant de Gosse qui nous demandait de ramener Marley aussi vite que possible.

— Vous voulez dire que vous voulez qu'il revienne ?

— Oui, et le plus vite sera le mieux, répondit l'assistant. Bob le veut dans la prochaine scène.

Trente minutes plus tard, nous étions sur le lieu du tournage. Mais j'avais toujours beaucoup de mal à croire que le réalisateur nous eût conviés de nouveau. Gosse était en ébullition. Il avait regardé les rushes de la veille et n'aurait pu être plus enthousiaste.

— Le chien était hystérique, lança-t-il. C'est complètement dingue. Un vrai fou !

Je bombais le torse, soudain gonflé d'orgueil.

— Nous avons toujours su qu'il était très naturel, dit Jenny.

Le tournage se poursuivit plusieurs jours dans les environs de Lake Worth, et Marley continuait à faire sensation. Nous patientions avec les autres parents et amis, discutant, faisant connaissance, puis devenant brusquement muets comme des tombes quand le régisseur criait – « Silence, on tourne ! » –, et ce jusqu'à ce que le mot-clé – Coupez ! – fût prononcé, nous autorisant à reprendre nos conversations. Jenny réussit même à obtenir de Gary Carter et Dave Winfield – l'acteur qui jouait un camé dans le célèbre film *Fame* – une balle de base-ball dédicacée pour chacun des garçons. Marley prenait goût à son statut de vedette. Dans l'équipe du tournage, toutes les femmes étaient folles de lui. La température augmenta considérablement et un assistant eut pour tâche exclusive de suivre Marley partout avec un bol et une bouteille d'eau minérale, et de lui donner à boire dès qu'il en exprimait le désir. Tout le monde le nourrissait de sandwiches provenant du buffet. Un jour, je le laissai quelques heures, le temps de me rendre au bureau pour régler quelques détails et, quand je revins, je trouvai Marley affalé sur le dos, les quatre pattes en l'air, recevant béatement les caresses de la très séduisante maquilleuse.

— Il est si mignon, roucoula-t-elle.

La célébrité commençait moi aussi à me monter à la tête. À présent, je me présentais comme le « propriétaire de Marley le Chien » et je lançais des assertions telles que :

— Pour le prochain film, nous espérons que Marley aura du texte...

Un jour, j'étais allé à l'hôtel pour passer un coup de fil. Marley, qui n'était pas tenu en laisse, vadrouillait dans le hall et reniflait les meubles. Le concierge, apparemment inconscient d'être en présence d'une star, l'intercepta et tenta de le faire sortir par une porte de service.

— Va-t'en ! lui cria-t-il. Ouste !

— Excusez-moi, lui dis-je en couvrant le combiné de ma main et en prenant ma voix la plus hautaine, savez-vous à *qui* vous vous adressez ?

Nous sommes restés quatre jours supplémentaires sur le tournage puis on nous annonça que les scènes avec Marley étaient terminées et qu'on n'avait plus besoin de ses services. Jenny et moi avions l'impression de faire partie de la grande famille de la Shooting Gallery – les seuls membres non rémunérés, mais des membres à part entière tout de même.

— Nous vous aimons tous, les gars, lança Jenny en faisant monter Marley dans notre minivan. Nous avons hâte de vous revoir.

Nous avons dû prendre notre mal en patience. Un producteur nous avait conseillé d'attendre huit mois avant de les appeler pour qu'il nous envoie une copie du film. Lorsque je téléphonai huit mois plus tard, une secrétaire me mit en attente puis, après quelques minutes, me dit :

— Pourquoi ne rappelez-vous pas dans quelques mois ?

J'attendis et rappelai, à plusieurs reprises. Mais je faisais systématiquement chou blanc. Je commençais à me sentir envahissant et je pouvais imaginer la standardiste, la main sur le combiné, murmurer à Gosse :

— C'est encore le type au chien. Qu'est-ce que vous voulez que je lui dise cette fois-ci ?

Je finis par renoncer à téléphoner, résigné à l'idée que *The Last Home Run* ne verrait jamais le jour, que le projet avait été abandonné lors d'une réunion, après que la production eut réalisé qu'il serait impossible de couper ce chien infernal au montage.

Ce fut seulement deux ans plus tard que j'eus la chance de voir les débuts de Marley au cinéma. J'étais dans un magasin de vidéo et, sur un coup de tête, je demandai par hasard à l'employé s'il avait entendu parler d'un film qui s'intitulait *The Last Home Run*. Il n'en avait pas seulement entendu parler, il l'avait en stock !

Ce n'est que plus tard que j'appris toute la triste histoire. Incapable de trouver un distributeur national, la Shooting Gallery n'avait eu d'autre choix que de reléguer les débuts de la grande carrière de Marley au rang des films de seconde zone. *The Last Home Run* avait été édité directement en vidéo. Cela m'était égal. Je pris une copie et fonçai à la maison en demandant à Jenny de préparer le magnétoscope. En tout, Marley n'apparaissait que deux minutes, mais je peux dire que c'était les minutes les plus vibrantes du film ! Nous avons ri, nous avons pleuré, nous avons applaudi.

— Waddy, c'est toi ! cria Conor.

— Nous sommes célèbres ! s'exclama Patrick.

Marley, qui n'était pas du genre à prendre la grosse tête, resta parfaitement calme. Il était avachi sous la table basse. Au moment du générique de fin, il dormait profondément. Nous avons retenu notre souffle en voyant défiler les noms des acteurs et de l'équipe du tournage. Après une minute, nous avons commencé à nous dire que notre chien ne méritait même pas d'être mentionné. Et puis il apparut. Écrit en grosses lettres en travers de l'écran : *Avec la participation de Marley le Chien... dans son propre rôle.*

17

Au pays de Bocahontas

Un mois après la fin du tournage de *The Last Home Run*, nous fîmes nos adieux à West Palm Beach et à tous les souvenirs qui y étaient attachés. Deux nouveaux meurtres avaient été commis à un pâté de maisons de chez nous, mais au bout du compte, c'est le manque de place, et non la criminalité, qui nous obligea à quitter notre petit bungalow de Churchill Road. Avec deux enfants et tout le chambardement qu'ils apportaient, nous étions littéralement submergés. Notre maison ressemblait à une succursale de Toys « R » Us. Marley pesait quarante et un kilos et il ne pouvait plus se déplacer sans déranger quelque chose. Avec deux chambres, nous avions bêtement cru que les garçons partageraient la seconde. En constatant qu'ils commençaient à se réveiller mutuellement, et à réduire considérablement notre temps de sommeil, nous déplaçâmes Conor dans un petit espace situé entre la cuisine et le garage. Officiellement, il s'agissait du « bureau », où je jouais de la guitare et où je faisais les comptes. Il n'avait rien d'un nid douillet. Nous avions installé notre bébé dans un débarras plein de courants d'air. Cela semblait horrible. Cette pièce était à peine plus haute que le garage, ce qui l'apparentait presque à une grange. Quelle sorte de parents élevaient leur enfant dans une grange ? Un tel endroit ne nous semblait pas approprié pour un bébé : il était ouvert à tous vents, ainsi qu'à toutes les saletés qui pouvaient s'y introduire – poussières, allergènes, insectes, chauves-souris, criminels, pervers. Un débarras était une pièce où l'on était censé entreposer les bouteilles vides et les chaussures de sport trempées. C'était là en effet que se trouvaient la nourriture et le bol d'eau de Marley, même après l'installation de Conor. Non pas parce que cet endroit ne pouvait convenir qu'à un animal mais parce que c'était là que Marley avait l'habitude de trouver son eau et sa nourriture.

Notre débarras-nursery ouvert aux courants d'air avait quelque chose de dickensien, mais ce n'était pas si dramatique. Il possédait même un certain charme. À l'origine, cette pièce avait été bâtie comme un espace couvert mais ouvert, entre la maison et le garage, et les anciens propriétaires avaient choisi de le fermer. Avant de le transformer en nursery, j'avais remplacé les anciennes jalousies qui n'étaient plus étanches par de nouvelles fenêtres parfaitement ajustées. J'avais accroché de nouveaux stores et repeint les murs. Jenny avait disposé des tapis moelleux sur le sol et suspendu des cadres aux murs et des mobiles au plafond. Malgré tout, de quoi cela avait-il l'air ? Notre bébé dormait dans les courants d'air pendant que Marley allait et venait librement dans sa chambre.

De plus, Jenny travaillait à présent à mi-temps pour la rubrique « Caractères » du *Post*, et la plupart du temps à la maison, de sorte qu'elle pouvait concilier son rôle de mère de famille et sa carrière. Cela semblait donc logique de nous installer dans un quartier proche de mon bureau. Nous étions tous les deux d'accord pour déménager.

La vie est pleine d'ironie. Par exemple, après des mois de recherches, nous trouvâmes une maison dans le quartier qui avait le nom le plus ridicule de l'État de Floride. Boca Raton signifie en espagnol « bouche du rat ». Sacrée bouche.

Boca Raton était un riche bastion de républicains, peuplé en majorité par des résidents venant du New Jersey et de New York. De l'argent frais circulait dans cette ville et apparemment, les nantis ne savaient comment le dépenser sans faire de folies. Boca Raton était le royaume des berlines de luxe, des voitures de sport rouges, des demeures de stuc rose encastrées sur des timbres-poste et des complexes fortifiés avec des gardiens postés aux portes. Les hommes arboraient des pantalons de sport et des mocassins italiens et étaient tout le temps pendus à leur téléphone dernier cri. Les femmes étaient aussi bronzées que le cuir de leur sac Gucci favori, leur peau tannée par le soleil contrastant avec les étranges nuances argent et platine de leurs cheveux.

La ville était envahie par les chirurgiens plastiques qui possédaient les plus grosses propriétés et arboraient des sourires satisfaits. Pour les femmes qui souhaitaient résider à Boca, l'implant mammaire était une condition *sine qua non*. Les jeunes femmes avaient de magnifiques décolletés. Les femmes d'âge mûr avaient de magnifiques décolletés *et* des visages liftés. Fesses rebondies, nez droits, ventres plats, tatouages et maquillage élaboré étaient les attributs de la population féminine de la ville, qui prenait l'étrange apparence d'une armée de poupées pneumatiques anatomiquement parfaites. Comme je l'ai dit une fois dans une chanson que j'avais écrite pour un journal satirique : « Liposuccion et silicone, les meilleurs amis des filles de Boca Raton. »

Dans ma chronique, je m'amusais du mode de vie des habitants de Boca Raton, à commencer par le nom même de la localité. Les habitants de Boca Raton ne nommaient jamais leur ville par son vrai nom. Ils y faisaient référence en utilisant le terme familier de « Boca ». De plus, ils ne le prononçaient pas comme le spécifiait le dictionnaire mais lui donnait une inflexion typique du New Jersey.

Quand le dessin animé de Disney *Pocahontas* sortit sur les écrans de cinéma, j'imaginai une parodie sur le thème des princesses indiennes, que j'intitulai *Bocahontas*. Ma protagoniste drapée d'or était une princesse indigène de banlieue qui conduisait une BMW rose, son opulente poitrine refaite projetée contre le volant – ce qui lui permettait de conduire sans les mains. Elle jacassait dans son téléphone portable et recoiffait ses cheveux laqués dans son rétroviseur panoramique tandis qu'elle se rendait à son salon de beauté pour sa séance d'U.V. hebdomadaire. Bocahontas vivait dans un wigwam[1] design de couleur pastel, se rendait tous les matins à son cours de gym tribale – à condition de pouvoir se garer à moins de trois mètres de la porte – et passait ses après-midi à chasser des fourrures de bêtes sauvages, sa carte American Express en main, dans le temple de la consommation connu sous le nom de Town Center Mall.

« Je voudrais que ma Visa soit enterrée à Mizner Park », déclarait solennellement Bocahontas dans l'une de ces chroniques, en référence à son centre commercial

---

1. Le wigwam est une hutte ou tente des Indiens d'Amérique du Nord.

préféré. Dans une autre chronique, elle ajustait son Wonderbra en daim tout en faisant campagne pour que les opérations de chirurgie esthétique fussent déductibles des impôts.

Ma vision des choses était cruelle, peu charitable, seulement un peu exagérée. Les plus grandes fans de ces chroniques étaient les habitantes de Boca elles-mêmes – chacune essayant de savoir laquelle parmi elles avait inspiré mon héroïne fictive. (Je ne l'ai jamais dit.) J'étais régulièrement invité à prendre la parole devant des groupes sociaux ou communautaires, et invariablement, quelqu'un se levait et me demandait :

— Pourquoi détestez-vous autant les habitantes de *Boca* (avec l'accent du New Jersey) ?

— Ce n'est pas que je n'aime pas Boca, répondais-je alors, c'est juste que j'adore cette immense mascarade. Et nulle part ailleurs on ne trouve autant de jolies bouches roses.

Ainsi, quand Jenny et moi trouvâmes finalement la maison de nos rêves, il fallut qu'elle se situât dans le centre névralgique de Boca Raton, à mi-chemin entre les propriétés du bord de mer à l'est de Raton et les quartiers huppés de l'ouest. Nos nouveaux voisins appartenaient aux rares classes moyennes de la ville et ils aimaient plaisanter en déclarant d'un air faussement snob qu'ils se trouvaient du mauvais côté des voies de chemin de fer. En effet, il y avait à Boca deux voies de chemin de fer, l'une délimitait les quartiers chic à l'est et l'autre les quartiers chic à l'ouest. Nous nous situions entre les deux. Le soir, dans notre lit, nous pouvions écouter les trains de marchandise poursuivre leur route vers Miami.

— Tu es folle ? avais-je dit à Jenny. Nous ne pouvons pas nous installer à Boca ! Ils vont se payer ma tête sur un lit de mesclun organique.

— Oh ! Allons ! répondit-elle. Tu exagères toujours.

Mon journal, le *Sun-Sentinel*, était le principal quotidien de Boca Raton, loin devant le *Miami Herald* et le *Palm Beach Post*, ou même le *Boca Raton News* local. Mon travail était bien connu des habitants de la ville, et comme ma photo apparaissait au bas de ma colonne, on me reconnaissait souvent. Je n'avais donc pas l'impression d'en faire trop.

— Ils vont me dépecer vivant et pendre ma carcasse devant une boutique Tiffany, me lamentai-je.

Mais nous avions cherché une nouvelle maison durant des mois et celle que nous avions trouvée à Boca répondait à tous nos critères. Elle avait la bonne taille, un prix raisonnable et était idéalement placée, à égale distance entre les deux bureaux où je travaillais alternativement. Les écoles publiques étaient loin d'être les plus mauvaises de Floride, et parmi les nombreuses commodités, Boca Raton disposait de nombreux espaces verts ainsi que des plus belles plages de toute la côte entre Miami et Palm Beach. Ce fut donc avec une certaine excitation que je réalisai la transaction. Je me sentais dans la peau d'un agent secret qui infiltrait le camp ennemi. Le barbare était sur le point de franchir la frontière – un détracteur de Boca pénétrait au cœur des garden-parties de Boca. Qui pouvait blâmer ses habitants de ne pas vouloir de moi parmi eux ?

Le jour où nous emménageâmes à Boca, j'observai les alentours d'un air suspicieux, persuadé que tous les regards étaient braqués sur moi. Mes oreilles bourdonnaient à l'idée que tous les passants parlaient de moi. Après avoir écrit une chronique pour me souhaiter à moi-même la bienvenue dans le quartier, je reçus un certain nombre de lettres dont certaines disaient : « Tu assassines notre ville et maintenant tu veux vivre ici ? Quel hypocrite ! C'est une honte ! »

Je devais admettre qu'ils marquaient un point. Un ardent défenseur de Boca avait attendu la confrontation avec impatience.

— Hé ! me lança-t-il. Alors comme ça, tu trouves finalement que cette ville vulgaire n'est pas si mal que ça, hein ? Les parcs, les écoles et les plages ne sont pas si moches que ça quand il s'agit d'acheter une maison, n'est-ce pas ?

Tout ce que je pouvais faire, c'était courber le dos.

Je découvris bientôt que la plupart de mes voisins qui se situaient du mauvais côté des voies de chemin de fer accueillaient avec bienveillance mes diatribes contre ce que l'un d'entre eux appelait « la mauvaise graine de Boca ». Rapidement, je me sentis ici comme chez moi.

Notre maison, un ranch vintage des années 70, était, avec ses quatre chambres, deux fois plus grande que notre ancien bungalow, mais ne possédait pas une once de charme. L'endroit avait cependant du potentiel et progressivement, nous y imprimâmes notre marque. Nous ôtâmes la moquette et posâmes un parquet de chêne dans le salon et des carreaux italiens partout ailleurs. Nous remplaçâmes les affreuses portes coulissantes par de jolies portes-fenêtres à la française. Et peu à peu, je transformai le terrain vague devant la maison en un jardin tropical, peuplé de gingembres, d'héliconias et de passiflores sur lesquelles les papillons aimaient à se poser. Les deux plus intéressantes parties de la propriété n'avaient rien à voir avec la maison elle-même. Le salon donnait sur un parc verdoyant équipé de jeux pour enfants, à l'ombre de grands pins. Les enfants adoraient s'y amuser. Et derrière la maison, une piscine était accessible par les nouvelles portes-fenêtres. Nous n'avions jamais voulu de piscine – cela présentait trop de risques pour nos deux jeunes garçons. Quand Jenny a parlé de la remplir, je me suis fait des cheveux blancs. Aussi, le jour de notre arrivée, nous commençâmes par entourer la piscine d'une clôture d'un mètre vingt de haut digne d'une prison de haute sécurité. Les garçons – Patrick venait d'avoir trois ans et Conor dix-huit mois – apprirent à nager comme une paire de dauphins. Le parc devint une extension de notre terrain. La piscine prolongea la saison douce que nous aimions tant. Posséder une piscine faisait toute la différence – nous l'avons compris plus tard – entre endurer les étés caniculaires et les apprécier.

Personne n'avait plus d'engouement pour la piscine que notre chien d'eau, ce fier descendant des retrievers qui bravaient la houle sur les côtes de Terre-Neuve. Si la porte de derrière était ouverte, Marley fonçait droit dans l'eau. Il démarrait en trombe depuis le salon, franchissait les portes-fenêtres en un éclair et, d'un bond, atterrissait dans la piscine avec un *splash* retentissant. Nager avec Marley pouvait être une aventure excitante, un peu comme nager à côté d'un paquebot dans l'océan. Quand vous étiez dans l'eau, il fonçait sur vous à toute vitesse, les pattes en avant. Vous vous attendiez à ce qu'il se déportât sur le côté à la dernière seconde, mais il bondissait droit devant lui, sans chercher à vous éviter. Au contraire, il vous tombait dessus et se servait de vous comme d'une bouée, quitte à vous mettre la tête sous l'eau.

— Est-ce que j'ai l'air d'une bouée ? lui demandais-je en le prenant dans mes bras pour qu'il pût reprendre sa respiration, ses pattes pédalant frénétiquement dans l'eau tandis qu'il me léchait le visage.

Il manquait tout de même une chose à notre maison : un bunker anti-Marley. Dans notre ancien bungalow, le garage de béton était pratiquement indestructible et possédait deux fenêtres, ce qui rendait l'endroit agréable, même au plus fort de l'été. Notre nouveau garage était deux fois plus grand, mais ni Marley ni aucune créature vivante n'aurait pu y survivre, à moins d'être capable de supporter des températures de plus de soixante-cinq degrés. Sans fenêtre, ce garage était un vrai four. De plus, les murs étaient en plâtre et non en béton – or Marley avait déjà prouvé qu'il était capable de pulvériser ce genre de matériau. Ses crises de panique étaient de plus en plus virulentes, malgré les tranquillisants.

La première fois que nous le laissâmes seul dans notre nouvelle maison, nous l'enfermâmes dans la buanderie, juste à côté de la cuisine, avec une couverture et un bol d'eau. Quand nous revînmes quelques heures plus tard, il avait enfoncé la porte. Les dégâts étaient minimes, mais nous nous étions endettés pour les trente prochaines années et cela ne nous rassurait guère.

— Peut-être a-t-il juste besoin de s'habituer à son environnement, dis-je.

— Il n'y a pas l'ombre d'un nuage dans le ciel, observa Jenny d'un air sceptique. Qu'arrivera-t-il lorsque nous essuierons notre première tempête ?

Nous le découvrîmes la fois suivante. Comme les nuages s'accumulaient au-dessus de nos têtes, nous nous précipitâmes à la maison, mais il était déjà trop tard. Jenny, qui me précédait de quelques pas, ouvrit la porte de la buanderie. Là, elle s'arrêta net et laissa tomber :

— Oh, mon Dieu !

Au ton de sa voix, on eût dit qu'elle venait de trouver un corps pendu au lustre.

Elle répéta :

— Oh... mon... Dieu !

Je jetai un coup d'œil par-dessus son épaule et fus effaré par le spectacle qui s'offrait à moi. C'était bien pire que ce que je craignais. Marley se tenait là, la langue pendante, les pattes et le museau ensanglantés. Il y avait des poils un peu partout, comme si la tempête lui avait fait perdre d'un coup tout son pelage. Jamais Marley n'avait causé autant de dégâts – et cela voulait tout dire. Une cloison avait été entièrement défoncée. Des morceaux de plâtre et de bois, ainsi que des clous tordus étaient éparpillés sur le sol. Des fils électriques avaient été arrachés. Du sang maculait le sol et les murs. Cela ressemblait en tout point à une scène de meurtre par balle.

— Oh, mon Dieu ! lança Jenny une troisième fois.

— Oh, mon Dieu ! répétai-je.

C'était tout ce que nous étions capables d'articuler.

Après quelques secondes de silence pendant lesquelles nous observâmes le carnage d'un air atterré, je finis par dire :

— Bon, on va prendre les choses en main. On va tout réparer.

Jenny me lança un regard équivoque; elle m'avait déjà vu à l'œuvre.

— Je vais faire appel à un professionnel et il va tout remettre en parfait état. Je n'essaierai même pas de le faire moi-même.

Je donnai à Marley un tranquillisant, tout en me demandant avec inquiétude si cet épisode n'allait pas faire replonger Jenny dans l'état de déprime qui l'avait submergé après la naissance de Conor. Ce *baby blues* semblait heureusement une période révolue. Jenny paraissait même étonnamment philosophe.

— Quelques centaines de dollars et ce sera comme neuf, gazouilla-t-elle.

— C'est bien mon avis, dis-je. Je vais faire quelques conférences supplémentaires pour faire rentrer un peu d'argent. Cela paiera les réparations.

En quelques minutes, Marley devint apathique. Ses paupières étaient lourdes et ses yeux injectés de sang, comme cela lui arrivait chaque fois qu'il était drogué. On eût dit qu'il assistait à un concert de Grateful Dead. Je détestais le voir dans cet état. J'avais toujours détesté cela, et je m'étais toujours efforcé de ne pas le droguer. Cependant, seuls les médicaments l'aidaient à surmonter cette peur terrible qui n'existait que dans son esprit. S'il avait été un humain, je l'aurais qualifié de psychotique. Il délirait, était paranoïaque, et semblait convaincu qu'une force maléfique lui voulait du mal. Il s'effondra sur le tapis devant l'évier de la cuisine et laissa échapper un profond soupir. Je m'agenouillai à ses côtés et caressai son pelage maculé de sang.

— Hé ! Mon chien. Qu'allons-nous faire de toi ?

Sans bouger la tête, il leva sur moi ses yeux injectés de sang et me fixa d'un regard triste et morne comme je ne lui en avais jamais vu.

C'était comme s'il essayait de me dire quelque chose, quelque chose d'important qu'il devait absolument me faire comprendre.

— Je sais, chuchotai-je, je sais. C'est plus fort que toi.

Le lendemain, Jenny et moi avons emmené les enfants dans un magasin animalier et nous avons acheté une cage. Il existait différentes tailles de cage, et quand je décrivis Marley au vendeur, il nous conduisit vers la cage la plus imposante. Elle était si grande qu'un lion aurait pu s'y tenir debout et en faire le tour. En plus de son armature d'acier, elle possédait deux gros verrous pour assurer la fermeture de la porte et un pan de métal en guise de sol. Voilà la solution – notre propre Alcatraz portable. Conor et Patrick crapahutèrent tous les deux à l'intérieur et je les enfermai un instant à double tour.

— Qu'est-ce que vous en pensez, les gars ? Ça peut arrêter Superchien ?

Conor tituba et, les doigts accrochés aux barreaux comme un détenu, me dit :

— Moi en prison.

— Waddy sera notre prisonnier, clama Patrick, apparemment enchanté à cette idée.

De retour à la maison, nous installâmes notre nouvelle acquisition à côté de la machine à laver. L'Alcatraz portable occupait presque la moitié de la buanderie.

— Viens ici, Marley ! l'appelai-je une fois que la cage fut en place.

Je lançai un Milk-Bones à l'intérieur et Marley y pénétra allégrement. Je fermai et verrouillai la porte derrière lui et il s'installa tranquillement pour manger sa gâterie, inconscient de l'expérience novatrice qu'il était sur le point de vivre – expérience connue dans les cercles d'initiés sous le nom d'« engagement involontaire ».

— Ceci sera ta nouvelle maison quand nous serons absents, lui murmurai-je gentiment.

L'air indifférent, Marley se tenait immobile, la queue frétillant de contentement.

— C'est bon signe, dis-je à Jenny. Très bon signe.

Ce soir-là, nous décidâmes de tester notre container de haute sécurité pour chien. Cette fois-ci, je n'eus même pas besoin d'une barre chocolatée pour y faire entrer Marley. Je me contentai d'ouvrir la cage, puis je sifflai et il y pénétra de son plein gré, la queue battant les barreaux de métal.

— Sois un bon chien, Marley.

Et tandis que nous faisions monter les garçons dans le minivan pour aller au restaurant, Jenny me dit :

— Tu sais quoi ?

— Quoi ?

— C'est la première fois que je laisse Marley seul à la maison sans avoir des nœuds dans l'estomac. Je n'avais jamais remarqué à quel point cela me mettait les nerfs en pelote.

— Je vois très bien ce que tu veux dire. Pour moi, c'était comme un jeu de devinettes : que va détruire notre chien cette fois-ci ? Ou alors : combien cette petite sortie au cinéma va-t-elle nous coûter au final ?

C'était la roulette russe.

— Je crois que l'achat de cette cage représente le meilleur investissement que nous ayons jamais fait.

Nous passâmes une agréable soirée au restaurant, suivie d'une promenade sur la plage où nous admirâmes le coucher de soleil. Les garçons jouaient dans les vagues, pourchassaient les mouettes et jetaient des poignées de sable dans l'eau. Jenny était incroyablement détendue. L'idée de savoir Marley en sécurité dans sa prison, incapable de se blesser ou de détruire quoi que ce soit, était un baume au cœur.

— Quelle merveilleuse soirée ! dit Jenny sur le perron de la maison.

J'allais acquiescer quand j'aperçus dans ma vision périphérique quelque chose juste au-dessus de moi qui ne me parut pas normal. Je tournai la tête et observai la fenêtre qui se trouvait à côté de la porte d'entrée. Les stores étaient tirés, comme à chaque fois que nous quittions la maison, mais ils étaient légèrement relevés et une forme se collait à la vitre.

Une forme noire. Et mouillée. Qui se pressait sur la vitre.

— Comment... ? Se peut-il que ce soit... Marley ?

Quand j'ouvris la porte d'entrée, notre comité d'accueil à quatre pattes – composé de notre cher Marley – était au rendez-vous, courant de Jenny à moi joyeusement, tout heureux de notre retour. Nous passâmes la maison au crible, fouillant les pièces l'une après l'autre, à la recherche d'un éventuel forfait de l'imprévisible Marley. La maison était normale, intacte. Nous nous rendîmes ensemble dans la buanderie. La porte de la prison était grande ouverte, comme la tombe de Jésus au matin de Pâques. C'était comme si un complice s'était infiltré en secret dans la cage et avait libéré notre détenu. Je me penchai pour étudier le mécanisme de fermeture de plus près. Les deux verrous étaient tirés, en position d'ouverture, et – indice significatif – couverts de bave.

— On dirait que ça a été fait de l'intérieur, dit Jenny.

Puis elle lança un juron que par bonheur les enfants ne purent entendre.

Nous avions toujours pensé que Marley avait le cerveau d'une algue, mais il avait eu l'intelligence de se servir de sa langue pour déverrouiller les deux mécanismes de fermeture. Il avait trouvé le chemin de la liberté et les semaines suivantes, il nous démontra qu'il pouvait parfaitement réutiliser le même stratagème quand il le voulait. Notre prison de haute sécurité était devenue rapidement une seconde maison pour Marley. Parfois, nous rentrions chez nous pour trouver Marley paisiblement couché dans sa cage ; d'autres fois, il nous attendait à l'entrée de la maison, le museau collé à la fenêtre. L'engagement involontaire était un concept qui n'avait pas convaincu Marley.

Nous tentâmes de renforcer les deux serrures par un gros câble électrique. Cela fonctionna un temps, puis un jour, alors que les nuages s'amoncelaient à l'horizon, nous trouvâmes en rentrant à la maison le bas de la porte de la cage soulevé, à la manière d'une canette de soda géante, et un Marley en pleine crise de panique, les pattes de nouveau en sang, les côtes enfoncées dans les barreaux, le corps à moitié sorti par l'étroite ouverture. Je remis en place la porte d'acier du mieux que je pus et je sécurisai non seulement les serrures, mais aussi les quatre angles de la porte. Bientôt, nous renforçâmes également les quatre coins de la cage elle-même, car Marley jouait de ses muscles pour la déformer. En trois mois, la belle cage d'acier rutilante que nous pensions indestructible avait l'air d'avoir reçu un obus de plein fouet. Les barreaux étaient tordus, l'armature déformée, la porte et les serrures ne tenaient plus. Je m'évertuai à renforcer l'ensemble autant que possible, et la cage résistait péniblement aux assauts répétés de Marley. Si nous avions un jour ressenti un quelconque sentiment de sécurité, il avait totalement disparu. Chaque fois que nous nous absentions, même pour une demi-heure, nous nous demandions si notre prisonnier allait faire exploser sa cage et se lancer dans l'éventrement d'un oreiller, la destruction d'un mur, l'enfoncement d'une porte. Voilà pour le repos de notre esprit.

18

Dîner en plein air

Marley ne répondait pas plus que moi aux critères de Boca Raton. Boca comptait – et compte sûrement toujours – un nombre incalculable de petits chiens pomponnés. Ce type même de chien nécessaire à la panoplie de Bocahontas. Ces petites choses précieuses, souvent ornées de jolis nœuds et parfumées d'eau de Cologne, et parfois même aux griffes vernies, se rencontraient dans les lieux les plus insolites – à la boulangerie, le nez pointant hors d'un sac à main design; à la plage, sur la serviette de leur maîtresse; dans une boutique d'antiquités, au bout de leur laisse cloutée de faux diamants. La plupart du temps, on les apercevait à bord d'une Lexus, d'une Mercedes-Benz ou d'une Jaguar, arborant un air aristocratique sur les genoux de leur maîtresse. Ils étaient à Marley ce que Grace Kelly était à Gomer Pyle. Petits, sophistiqués et raffinés. Marley était gros, maladroit et aimait fourrer son nez partout. Il aurait donné n'importe quoi pour entrer dans leur cercle restreint. Eux auraient tout donné pour qu'il n'y entrât jamais.

Depuis qu'il avait passé avec succès son premier diplôme de bonne conduite, Marley était relativement obéissant au cours de nos promenades. Mais s'il apercevait quelque chose qui lui faisait vraiment envie, il n'hésitait pas à foncer droit dessus – et au diable la strangulation ! Quand nous faisions une balade au centre-ville, les petites boules de poil sophistiquées l'attiraient comme un aimant. Chaque fois qu'il en repérait une, il partait comme une fusée, droit sur sa cible, traînant Jenny ou moi au bout de sa laisse comme un pantin, indifférent à la pression de la chaîne sur son cou qui lui arrachait des couinements étranglés. Inévitablement, Marley était débouté, non seulement par le mini-chien, mais aussi par la propriétaire du mini-chien, qui reprenait aussitôt Fifi ou Suzi ou Cheri dans ses bras comme si elle voulait la soustraire aux mâchoires d'un alligator. Marley semblait se moquer de ces rebuffades. Dès qu'un nouveau mini-chien entrait dans son champ de vision, il recommençait son manège avec le même indéfectible enthousiasme. Moi qui n'avais jamais été un très grand adepte des refus, j'admirais sa persévérance.

Dîner dehors faisait partie intégrante de la vie à Boca et dans de nombreux restaurants chics, il était possible de s'installer à l'ombre des palmiers dont les troncs et les racines étaient décorés de petites bougies. Il y avait des lieux à voir et des lieux pour être vu. Des lieux où on pouvait siroter un café *latte* ou bien jacasser dans son téléphone portable pendant que son compagnon observait le ciel d'un air absent. Le mini-chien était un élément indispensable au dîner en plein air. Les couples emmenaient leur cabot avec eux et attachaient sa laisse au pied de la table en fer forgé où celui-ci se couchait placidement. Parfois, le mini-chien était carrément assis à table, à côté de ses maîtres, la tête haute, dans une posture de royale dignité, comme s'il était vexé par l'indifférence des serveurs.

Un dimanche après-midi, Jenny et moi décidâmes d'emmener toute la famille dîner dans l'un de ces endroits à la mode.

— À Boca, fais comme Bocahontas, dis-je.

Nous embarquâmes le chien et les garçons dans le minivan et nous nous rendîmes à Mizner Park, une grande place à l'italienne avec de larges rues piétonnes où se pressaient un grand nombre de restaurants. Après avoir garé le van, nous parcourûmes les allées, pour voir et être vus – et quel spectacle devions-nous donner ! Jenny avait sanglé les garçons dans une double poussette qui aurait pu être confondue avec un véhicule de maintenance, avec à l'arrière tout l'attirail nécessaire aux enfants, du jus de pomme aux lingettes. Je marchais à côté d'elle, Marley – tous ses sens en alerte – trottant péniblement à mes côtés. Il était bien plus excité que d'habitude, par la présence de ses petits compagnons de pure race, et je devais tenir fermement sa laisse pour l'empêcher de fureter partout. Sa langue pendait et il haletait comme une locomotive.

Nous optâmes pour un restaurant qui proposait un menu raisonnable et nous patientâmes aux alentours, le temps qu'une place en terrasse se libérât. Notre table était idéalement située – à l'ombre des feuillages, avec vue sur la fontaine de la place. Elle semblait suffisamment lourde – du moins le pensions-nous – pour contenir les ardeurs d'un labrador surexcité de quarante-cinq kilos. Nous avions tort. Ce qui devait arriver arriva. Si vite que nous n'eûmes pas le temps de réagir, ni de comprendre ce qu'il s'était passé. Nous savions seulement qu'un instant plus tôt, nous étions tranquillement attablés dans un charmant restaurant à nous délecter d'une agréable soirée en famille. À présent, notre table se frayait un passage à travers la mer des autres tables, bousculant d'innocents convives et émettant un grincement horriblement strident au contact des dalles de pierre. Au tout début – nous n'avions pas encore compris quelle nouvelle épreuve le destin nous réservait – il nous parut plausible que notre table fût ensorcelée et qu'elle eût décidé de fuir notre famille – après tout, nous étions des envahisseurs de Boca et nous n'avions rien à faire là. Je compris bientôt que ce n'était pas la table qui était ensorcelée, mais bien notre chien. Marley fonçait droit devant lui, traînant la table de toutes ses forces, au bout de sa laisse tendue comme une corde de piano. Je découvris alors où Marley se rendait, la table sur ses talons. Quinze mètres plus loin, un adorable petit caniche était étendu aux pieds de sa maîtresse, le nez au vent.

Pendant un moment, Jenny et moi restâmes sans bouger, nos verres à la main, les garçons installés dans leur poussette, dans cette fin d'après-midi, qui semblait parfaite en tous points, si ce n'était que notre table était actuellement en train de fendre la foule ahurie. C'est alors que nous nous mîmes à courir et à crier après notre chien, nous excusant auprès des piétons pour le dérangement. Je fus le premier à rejoindre Marley, juste au moment où il atteignait sa cible. Je sautai sur sa laisse et la tirai en arrière de toutes mes forces. Bientôt, Jenny me rejoignit et m'aida à contenir un Marley surexcité. J'avais l'impression que nous étions des héros de western qui faisaient tout pour ralentir la course d'un train lancé à grande vitesse avant qu'il ne déraillât et plongeât du haut d'une falaise. Au beau milieu de ce capharnaüm, Jenny se tourna et cria par-dessus son épaule :

— On revient tout de suite, les garçons !

On revient tout de suite ? Elle avait prononcé ces mots d'un ton posé, tranquille, ordinaire, comme si nous faisions couramment ce genre de choses : décider au pied levé de – pourquoi pas ? – courir après Marley et une table à travers la ville et de faire un peu de shopping, avant de revenir prendre l'apéritif.

Quand nous eûmes enfin rattrapé et arrêté Marley, à quelques centimètres seulement du caniche et de sa maîtresse mortifiée, je décidai d'aller voir si tout allait bien du côté des garçons. C'est à ce moment-là que je jetai un coup d'œil aux autres adeptes de l'atmosphère « Boca en plein air ». J'avais l'impression d'assister à l'un de ces séminaires commerciaux de E. F. Hutton, où la foule entière communie dans un silence mortifère, dans l'espoir d'entendre le plus petit soupir de l'éminent conférencier. Les hommes s'étaient interrompus au milieu de leur conversation, le téléphone portable à la main. Les femmes me fixaient la bouche ouverte. Les Bocalites étaient sans voix. Finalement, c'est Conor qui rompit le silence.

— Waddy parti balade ! cria-t-il joyeusement.

Un serveur se précipita vers moi et m'aida à remettre la table en place pendant que Jenny ramenait Marley qui n'avait pas quitté des yeux l'objet de son désir.

— Laissez-moi vous installer à une autre table, proposa le serveur.

— Ce ne sera pas nécessaire, dit Jenny nonchalamment. Nous allons régler nos consommations et nous en aller.

Peu de temps après cette étonnante expédition dans le centre névralgique de Boca, je trouvai dans une librairie un livre intitulé *No Bad Dogs*, dont l'auteur était l'éminente dresseuse de chiens anglaise, Barbara Woodhouse. Comme le disait le titre, *No Bad Dogs* énonçait la théorie que le premier instructeur de Marley, Miss Dominatrix, défendait avec ardeur – à savoir que le seul obstacle entre un chien incorrigible et un chien admirable était la totale velléité de son maître. Les chiens n'étaient pas le problème, expliquait Woodhouse. C'étaient les gens. Une fois ce principe énoncé, le livre décrivait, chapitre après chapitre, les comportements canins les plus égotistes imaginables. Certains hurlaient, creusaient des trous, se battaient, d'autres se blessaient constamment, et d'autres encore passaient leur temps à mordre. Quelques chiens détestaient les hommes et d'autres détestaient les femmes. Des chiens volaient leur maître, d'autres, par jalousie, attaquaient des enfants sans défense. Il y avait même des chiens qui mangeaient leurs propres excréments. Bon sang, pensai-je. Au moins, Marley ne mange pas ses crottes !

Tandis que je progressais dans ma lecture, je me sentis de plus en plus à l'aise avec notre retriever défaillant. Nous en étions peu à peu venus à la conclusion que notre labrador était le pire chien de la planète. À présent, j'étais enclin à croire qu'il y avait une foule d'horribles défauts que Marley n'avait pas. Il n'avait pas un mauvais fond. Il n'avait pas l'habitude d'aboyer. Ne mordait pas. Ne sautait pas sur les autres chiens, sauf par amour. Il considérait tout le monde comme son meilleur ami. Et, cerise sur le gâteau, il ne mangeait pas ses excréments ni ne se roulait dedans. De plus, je me disais qu'il n'existait pas de mauvais chiens, seulement des maîtres ineptes et idiots comme Jenny et moi. C'était notre faute si Marley était devenu ce qu'il était aujourd'hui.

J'entamai le chapitre vingt-quatre : « Vivre avec un chien psychologiquement instable ». Tout en lisant, je devenais nerveux. Woodhouse comprenait Marley si intimement que j'étais convaincu qu'elle avait séjourné avec lui dans sa cage à barreaux. Elle décrivait les manies, les bizarreries de comportement, l'instinct de destruction dû à la solitude, les portes défoncées et les tapis mâchouillés. Elle racontait que les propriétaires de tels chiens avaient tenté de « ménager un lieu dans leur maison ou leur jardin pour contenir les agissements de leur chien ». Pour elle, l'administration de tranquillisants était une mesure ultime et désespérée (pratiquement inefficace) pour tenter de ramener ces chiens mentalement déficients dans le cercle des animaux sains d'esprit.

« Certains sont nés instables, d'autres le sont devenus de par leurs conditions de vie, mais le résultat est le même; les chiens, au lieu d'être une joie pour leur maître, sont une source d'inquiétude, occasionnent des dépenses et apportent un profond désespoir au sein de la famille », écrivait Woodhouse.

Je regardai Marley qui était couché à mes pieds et lui dis :

— Ça te rappelle quelque chose ?

Dans un autre chapitre, intitulé « Chiens anormaux », Woodhouse écrivait, avec une évidente résignation : « Je ne vous répéterai jamais assez que si vous gardez un chien qui n'est pas normal, vous devez vous attendre à mener une existence pleine de restrictions. » *Vous voulez dire par exemple avoir une peur bleue de sortir pour aller chercher un litre de lait ?* « Même si vous aimez un chien anormal, continuait-elle, d'autres personnes peuvent être incommodées par sa présence. » *D'autres personnes comme par exemple, c'est une hypothèse, les convives d'un restaurant de la zone piétonne de Boca Raton, en Floride ?*

Woodhouse avait parfaitement décrit notre chien et notre vie pathétique et dépendante. Nous avions tous les symptômes : les maîtres impuissants et faibles, le chien incontrôlable, l'instabilité psychologique, la propension à tout détruire, les voisins et visiteurs incommodés. Nous étions un cas d'école.

— Félicitations, Marley, lui dis-je. Tu es un chien anormal.

Il ouvrit les yeux en entendant son nom et roula sur le dos, pattes en l'air.

Je m'attendais à ce que Woodhouse proposât une solution aux propriétaires de ces acquisitions défectueuses, quelques conseils qui, s'ils étaient bien suivis, pouvaient transformer les chiens les plus atteints en chiens d'apparat dignes de défiler pour l'American Kennel Club. Elle termina son livre sur une note bien plus pessimiste. « Seuls les propriétaires de chiens mentalement déficients peuvent vraiment savoir où se situe la ligne entre un chien sain et un chien déséquilibré. Personne ne peut entrer dans l'esprit des propriétaires de ces derniers. Moi, en tant qu'amoureuse des chiens, je pense qu'il est plus raisonnable de les endormir à jamais. »

Les endormir à jamais ? *Gloup*. Au cas où elle ne se fût pas bien fait comprendre, elle ajouta : « À l'évidence, quand tous les dressages et les médications se sont révélés inefficaces et qu'il n'y plus d'espoir que le chien mène une existence normale, il vaut mieux pour le maître et le chien que celui-ci disparaisse. »

Même Barbara Woodhouse, amoureuse des animaux, dresseuse émérite de centaines de cas désespérés, concédait qu'il y avait des cas intraitables. Si cela ne tenait qu'à elle, ces chiens seraient humainement accueillis dans l'immense « asile céleste des chiens ».

— Ne t'inquiète pas, mon gros, soufflai-je en me penchant pour gratter le ventre de Marley. Ici, quand on s'endort, c'est pour se réveiller.

Il soupira d'un air mélodramatique et replongea dans ses rêves de chasse aux caniches.

Ce fut à peu près à la même époque que nous découvrîmes que les labradors n'avaient pas été créés égaux. La race se divisait en deux sous-catégories bien distinctes : les Anglais et les Américains. Les chiens de la lignée anglaise étaient plus massifs, avec de grosses têtes, et étaient de tempérament plus doux que leurs cousins américains. C'était la lignée privilégiée pour les concours canins. Les chiens appartenant à la lignée américaine étaient sensiblement plus gros et plus forts, avec des traits cependant fins. Ils étaient connus pour leur inépuisable énergie et étaient très prisés pour la chasse et le sport. Ces qualités mêmes, qui faisaient des labradors américains les rois de la nature, les rendaient inaptes à la vie domestique. Leur exubérance, avertissaient les livres, ne devait pas être sous-estimée.

Une brochure au sujet d'une race de Pennsylvanie, *Endless Mountain Labradors*, expliquait ainsi : « Beaucoup de gens nous demandent; quelle est la différence entre la lignée anglaise et la lignée américaine ? Il y a une telle différence que l'American Kennel Club envisage de créer deux races distinctes. Il existe des disparités physiques et comportementales. Si vous recherchez un chien de compétition, choisissez-le dans la lignée américaine. Ce sont des animaux athlétiques, grands, élancés, fins, mais ils ont des personnalités TRÈS affirmées, qui n'en font pas de bons "chiens domestiques". »

Il ne me fallut pas longtemps pour comprendre à quelle lignée appartenait Marley. À présent, tout faisait sens. Nous avions aveuglément choisi un labrador taillé pour courir dans de vastes contrées sauvages à longueur de journée. Et pour couronner le tout, le chien que nous avions choisi s'avérait être mentalement déséquilibré, totalement incontrôlable, et imperméable à toute méthode de dressage et cure médicamenteuse ou psychiatrique. Le type même de chien anormal qu'un dresseur expérimenté comme Barbara Woodhouse conseillait de renvoyer au royaume des défunts. *Bien*, me dis-je. *Maintenant, je sais à quoi m'en tenir.*

Peu de temps après que le livre de Barbara Woodhouse nous eut ouvert les yeux sur l'esprit dérangé de Marley, un voisin nous demanda si nous voulions bien garder son chat une semaine, pendant qu'il partait en vacances avec son épouse. Bien sûr, nous étions d'accord, et nous ramenâmes le chat à la maison. Comparés aux chiens, les chats étaient du gâteau. Les chats étaient en pilote automatique et celui-là était timide et insaisissable, en particulier en présence de Marley. On pouvait compter sur lui pour se cacher toute la journée sous le canapé et ne sortir de son repaire que le soir, une fois que nous étions couchés. Il en profitait pour manger son repas – placé en hauteur, hors d'atteinte de Marley – et faire ses besoins dans sa caisse – installée dans un coin discret du patio qui entourait la piscine. C'était très simple, en réalité. Marley ne se rendait même pas compte de la présence du chat.

Au bout de quelques jours de gardiennage, je fus réveillé un matin à l'aube par un battement sourd tout près de moi. C'était Marley, qui trépignait à côté du lit, sa queue battant furieusement le matelas. Tap ! Tap ! Tap ! Alors que je me penchais pour le caresser, il s'esquiva.

Il se tortillait et se dandinait sous nos yeux. Le Marley Mambo.

— Très bien, qu'est-ce que tu as ? lui demandai-je, les yeux encore mi-clos.

Comme pour me répondre, Marley déposa fièrement son trophée sur les draps propres, à quelques centimètres de mon visage. Dans l'état de torpeur où je me trouvais, il me fallut quelques minutes pour comprendre de quoi il s'agissait. La chose était petite, noire, de consistance indéfinie et entourée d'une gangue de sable grossier. C'est alors que l'odeur agressa mes narines. Une odeur âcre et putride. Je me reculai et repoussai Jenny, qui se réveilla instantanément. Je pointai le doigt vers le cadeau de Marley qui étincelait sur les draps.

— Ce n'est pas…, commença Jenny d'un air de dégoût.

— Si, c'est bien cela. Il a trouvé la caisse du chat.

Marley n'aurait pas été plus fier s'il nous avait apporté le diamant Hope[1]. Comme Barbara Woodhouse l'avait prédit avec tant de sagesse, notre chien mentalement déficient venait d'entrer dans sa phase fécale.

1. Le diamant Hope est un célèbre diamant bleu d'environ 45 carats, auquel le banquier américain Henri Philip Hope a donné son nom en 1830, quand il en a fait l'acquisition.

19

Coup de foudre

Après l'arrivée de Conor, toutes nos connaissances – à l'exception de mes très catholiques parents qui priaient pour avoir une douzaine de petits-enfants Grogan – étaient persuadées que nous n'aurions pas d'autre enfant. Dans le monde professionnel où nous évoluions tous les deux, avoir un enfant était normal, en avoir deux, légèrement extravagant, et trois, totalement hors de propos. Étant donné la grossesse difficile que Jenny avait endurée pour Conor, personne ne comprendrait comment nous pourrions envisager de replonger dans ce processus infernal une nouvelle fois. Mais l'eau avait coulé sous les ponts depuis l'époque des plantes mortes, au début de notre mariage. À présent, nous étions des parents. Nos deux garçons nous apportaient plus de joie que nous n'aurions pu l'imaginer. Ils définissaient notre vie et si une partie de nous regrettait les vacances tranquilles, les grasses matinées à lire des romans et les dîners romantiques qui se prolongeaient tard la nuit, nous avions trouvé notre bonheur dans ce mode de vie – dans les taches de jus de fruit, les empreintes de nez sur les vitres et la douce musique des petits petons qui courent dans le couloir. Même dans les moments les plus durs, nous trouvions toujours une raison de sourire, car nous savions ce que tous les parents découvraient un jour ou l'autre, que les merveilleuses premières années de jeunes parents – avec leur lot de couches sales, de premières dents et de pleurs incompréhensibles – n'étaient rien d'autre qu'une magnifique parenthèse dans l'immensité d'une vie par ailleurs ordinaire.

Nous avions tiqué quand ma mère très conformiste nous avait glissé :

— Profitez-en autant que vous le pouvez parce qu'ils seront grands avant même que vous puissiez vous en rendre compte.

Aujourd'hui, après seulement quelques années, nous la comprenons parfaitement. C'était un cliché qui pour nous s'était brusquement ancré dans la réalité. Les garçons grandissaient bien trop vite et chaque semaine s'achevait un petit chapitre de leur existence, que nous n'aurions jamais la chance de rouvrir. Une semaine, Patrick suçait son pouce; la semaine suivante, il s'était sevré lui-même pour toujours. Une semaine, Conor était un bébé dans son berceau; la semaine suivante, il était un petit garçon qui se servait de son lit d'enfant comme d'un trampoline. Patrick était incapable de prononcer la lettre « l », et quand les femmes roucoulaient après lui – ce qui arrivait souvent –, il mettait ses petits poings sur ses hanches, sortait sa langue et disait :

— Yes dames rigoyent à cause de moi.

Je me disais tout le temps que je devrais l'enregistrer. Mais un jour, le « l » fut prononcé parfaitement et une nouvelle page tournée. Durant des mois, nous ne pouvions empêcher Conor de porter son pyjama de Superman. Il courait à travers la maison, cape au vent, en criant : « Moi Sup Man ! ». Ce fut bientôt terminé. Un autre moment digne d'une vidéo envolé.

Les enfants étaient des indicateurs temporels impossibles à ignorer. Ils marquaient l'écoulement inexorable de l'existence et leur présence donnait un sens à ce qui aurait été autrement une infinité de minutes, d'heures, de jours et d'années. Nos bébés grandissaient beaucoup trop vite à notre goût, ce qui expliquait sûrement pourquoi, un an après avoir emménagé à Boca, nous décidâmes d'en concevoir un troisième.

— Hé ! Nous avons quatre chambres. Alors pourquoi pas ? avais-je dit à Jenny.

Aucun de nous deux ne voulait l'admettre, mais nous aurions aimé avoir une fille – désespérément –, même si nous ne cessâmes de dire durant la grossesse qu'avoir un troisième garçon serait tout simplement génial.

Quand l'échographie confirma finalement notre secret espoir, Jenny enveloppa mes épaules de son bras et murmura :

— Je suis si heureuse de pouvoir te donner une petite fille.

J'étais très heureux, moi aussi.

Tous nos amis ne partageaient pas notre enthousiasme. La plupart accueillirent la nouvelle de la grossesse de Jenny avec la même question abrupte.

— C'était voulu ?

Pour eux, une troisième grossesse était forcément le fruit d'un accident. Comme ce n'était pas le cas – nous avions été obligés d'insister sur ce point –, ils ne pouvaient s'empêcher de remettre en cause notre décision. Un voisin se permit même de nous faire des remontrances. D'un ton moralisateur, il reprocha à Jenny de m'avoir autorisé à la mettre de nouveau enceinte.

— Mais à quoi pensiez-vous donc ? nous asséna-t-il.

Nous nous en moquions. Le 9 janvier 1997, Jenny me donna un cadeau de Noël tardif : une petite fille de trois kilos deux cents grammes aux joues roses, que nous avons prénommée Colleen. Dès lors, notre famille était au complet. Si l'attente de Conor avait été une longue litanie de stress et d'inquiétudes, celle de Colleen fut une vraie promenade de santé et l'accouchement au Boca Raton Community Hospital nous fit enfin goûter aux joies du confort et de la sérénité. À l'entrée de la maternité se trouvait une machine à cappuccino gratuite – très *Boca*. Quand le bébé se montra enfin, j'étais drogué à la caféine, à tel point que mes mains tremblaient au moment de couper le cordon ombilical.

Quand Colleen fut seulement âgée d'une semaine, Jenny la fit sortir pour la première fois. C'était une belle journée fraîche et les garçons et moi étions occupés à planter des fleurs dans le jardin devant la maison. Marley était attaché à un arbre un peu plus loin, heureux d'être étendu à l'ombre tout en regardant ce qui se passait autour de lui. Jenny s'assit dans l'herbe à côté de lui et déposa le couffin de la petite Colleen endormie entre eux. Après quelques minutes, les garçons firent signe à leur maman pour qu'elle s'approchât et observât leur travail manuel, et ils nous entraînèrent, Jenny et moi, voir leurs plantations pendant que Colleen reposait à l'ombre près de Marley. Puis nous nous éclipsâmes derrière un large buisson pour pouvoir épier le bébé sans être vus depuis la rue. Au moment de retourner auprès des enfants, je m'arrêtai et engageai Jenny à regarder à travers les branchages. Dans la rue, un couple de promeneurs s'était arrêté et observait la scène d'un air incrédule. Je ne compris pas tout de suite la raison de leur hébétude. De là où ils se trouvaient, tout ce qu'ils pouvaient voir, c'était un fragile nouveau-né seul à côté d'un gros chien jaune, qui semblait jouer les baby-sitters.

Nous restâmes un moment sans rien dire à les observer, étouffant nos rires. Marley se tenait tel le Sphinx, pattes croisées devant lui, tête haute, langue pendante, plongeant de temps à autre le museau dans le couffin pour renifler le bébé. Le malheureux couple devait penser qu'il était tombé sur un cas flagrant de négligence envers un enfant. Il ne faisait pour eux aucun doute que les parents étanchaient leur soif quelque part dans un bar et avaient abandonné leur bébé aux bons soins d'un labrador retriever, qui pouvait très bien vouloir l'allaiter à tout instant. Comme s'il était dans la connivence, Marley changea soudain de position et mit son museau sur l'estomac de Colleen, sa grosse tête masquant le corps entier du bébé. Il poussa un long soupir comme pour dire : *Quand ces deux-là vont-ils revenir ?* Il semblait protéger la petite fille – et peut-être le faisait-il –, mais j'étais presque sûr qu'il se délectait simplement des effluves de ses couches.

Jenny et moi étions toujours immobiles derrière les branchages et nous échangions des regards complices. L'idée de Marley en baby-sitter était trop belle pour la laisser passer. J'étais tenté d'attendre de voir ce qui allait se passer quand il m'apparut soudain que la prochaine étape du scénario pouvait impliquer un appel aux services de secours. Certes, nous avions évité de peu la prison pour avoir élevé Conor dans les courants d'air, mais comment nous en sortirions-nous cette fois-ci ? (« Eh bien, je sais que cela n'a pas l'air clair, monsieur l'agent, mais notre chien est incroyablement responsable... ») Nous sortîmes donc de notre cachette et nous approchâmes du couple – pour lire sur leurs visages une expression de soulagement manifeste. Dieu merci, ce bébé n'avait finalement pas été confié au chien.

— Vous devez avoir vraiment confiance en votre chien, affirma la femme d'un air suspicieux, qui trahissait sa pensée.

À ses yeux, les chiens étaient forcément violents, imprévisibles et n'avaient pas leur place auprès d'un nouveau-né sans défense.

— Il n'en a encore dévoré aucun, répondis-je.

Deux mois après l'arrivée de Colleen à la maison, je célébrai mon quarantième anniversaire d'une manière peu banale, seul avec moi-même. Le passage à quatre dizaines était supposé être un tournant majeur dans la vie d'un homme, un moment de l'existence où l'on disait adieu aux dernières bribes de sa jeunesse et où on embrassait le confort dévolu à l'âge mûr. Si un quelconque anniversaire méritait une fête mémorable, c'était bien celui-là. Pas pour moi. Nous étions à présent les parents responsables de trois enfants. Jenny avait un nouveau bébé contre son cœur. Il y avait des choses plus importantes à gérer. Quand je rentrai ce soir-là à la maison, après le travail, Jenny était fatiguée et éteinte. Après un rapide dîner composé de restes, je baignai les garçons et les mis au lit pendant que Jenny allaitait Colleen. À vingt heures trente, les trois enfants étaient endormis, tout comme mon épouse. Je dénichai une bière dans le frigo que je dégustai dans le patio, tout en contemplant le miroitement de l'eau calme de la piscine. Comme toujours, Marley était fidèlement étendu à mes pieds et pendant que je grattais ses oreilles, il me vint à l'esprit qu'il devait en être au même tournant de sa vie que moi. Dans une existence de chien, Marley approchait lui aussi de la quarantaine. Il était entré dans l'âge mûr, mais il agissait toujours comme un chiot. En dehors de quelques infections des oreilles qui réclamaient l'intervention régulière du Dr Jay, il était en parfaite santé. Il ne présentait aucun signe de maturation ou d'affaiblissement. Je n'avais jamais considéré Marley le moins du monde comme un modèle, mais alors que je sirotais ma bière à ses côtés, je me disais qu'il détenait peut-être la clé du bonheur. Ne jamais se laisser aller, ne jamais regarder en arrière, vivre chaque jour avec l'émerveillement d'un adolescent, chaque minute avec la même énergie, la même curiosité, la même joie de vivre qu'avant. Si vous pensiez que vous étiez toujours un jeune chiot, alors peut-être le restiez-vous, peu importait le temps qui passait. Ce n'était pas une mauvaise philosophie de vie, si on faisait abstraction des épisodes de destruction de canapé et de la buanderie.

— Eh bien ! mon grand, dis-je, pressant ma canette de bière contre sa joue, comme pour porter un toast, il n'y a que toi et moi, ce soir. Nous avons la quarantaine. Nous voici à l'âge mûr. Nous voici dans la cour des grands. Jusqu'à la fin.

Marley se pelotonna alors à mes pieds et s'endormit.

Quelques jours plus tard, je continuais de me morfondre en repensant à mon anniversaire passé en solitaire quand Jim Tolpin, le collègue qui m'avait aidé à débarrasser Marley de sa mauvaise habitude de sauter sur les gens, me fit la surprise de m'appeler et de me proposer d'aller boire une bière le lendemain, un samedi soir. Jim avait abandonné le milieu journalistique pour passer un diplôme de droit à peu près à l'époque où nous avions emménagé à Boca Raton et nous ne nous étions pas parlé depuis des mois.

— Bien sûr, répondis-je, sans cesser de m'interroger sur la raison de son appel.

Jim passa me prendre à dix-huit heures et m'emmena dans un pub anglais, où nous bûmes quelques bières Bass en nous racontant nos vies. Nous passions du bon temps quand le serveur cria à la ronde :

— Est-ce qu'il y a un John Grogan ici ? Téléphone pour John Grogan !

C'était Jenny et elle me parut bouleversée et très stressée.

— Le bébé pleure, les enfants sont infernaux et je viens juste de perdre une lentille de contact ! cria-t-elle dans le combiné. Est-ce que tu peux revenir tout de suite à la maison ?

— Essaie de te calmer, dis-je. Assieds-toi tranquillement. J'arrive tout de suite.

Je raccrochai et le serveur me lança un regard équivoque – *Pauvre type qui doit rentrer chez lui* – puis il me fit un simple signe de tête en disant :

— À la prochaine, les gars.

— Viens, dit Jim. Je te ramène chez toi.

Quand nous arrivâmes dans ma rue, des voitures occupaient les trottoirs sur les deux côtés de la route.

— Quelqu'un a organisé une soirée, remarquai-je.

— On dirait, répondit Jim.

— Bon sang ! lançai-je en arrivant chez moi. Regarde-moi ça ! Il y en a un qui s'est carrément garé dans mon allée ! C'est agaçant !

Après avoir garé la voiture derrière celle de l'intrus, j'invitai Jim à entrer. J'étais toujours en train de râler après l'imbécile qui s'était approprié mon allée quand la porte d'entrée s'ouvrit devant moi. C'était Jenny avec Colleen dans les bras. Elle ne semblait pas du tout bouleversée. En réalité, un large sourire éclairait son visage. Derrière elle se tenait un joueur de cornemuse en kilt. Bon Dieu ! Où avais-je mis les pieds ? Je jetai un coup d'œil par les portes-fenêtres et je vis qu'on avait enlevé la barrière protectrice autour de la piscine où flottaient des bougies. Le patio était rempli de monde – des douzaines d'amis, voisins et collègues. Au moment où je fis le rapprochement entre tous ces gens et les voitures garées dans les rues adjacentes, les invités lancèrent en chœur :

— Bon anniversaire, vieux !

Ma femme ne m'avait pas oublié, finalement.

Quand je parvins enfin à me remettre de ma surprise, je pris Jenny dans mes bras, l'embrassai sur la joue et lui murmurai à l'oreille :

— Tu me le paieras.

L'un des invités, à la recherche d'une poubelle pour les bouteilles vides, ouvrit la porte de la buanderie, libérant un Marley déchaîné – *une fête !* Il fonça à travers la foule, vola un toast mozarella-basilic sur une table, renifla une paire de minijupes et s'élança droit sur la piscine ouverte. Je l'interceptai au moment où il allait nous gratifier de sa bombe à eau personnelle et le ramenai dans sa retraite solitaire.

— Ne t'inquiète pas, lui dis-je. Je te garderai les restes.

Ce fut peu de temps après la surprise-partie – une fête dont le succès avait été marqué par l'arrivée à minuit de la police qui nous demanda de calmer le jeu – que la peur panique des orages de Marley prit enfin tout son sens. Un samedi après-midi, j'étais dans le jardin, sous un ciel ombrageux, occupé à creuser un rectangle dans l'herbe, dans le but de planter de nouveaux légumes. Le jardinage était devenu pour moi un sérieux hobby et plus je travaillais dans le jardin, plus je voulais le faire fructifier. Petit à petit, je plantai chaque parcelle de terrain. Tandis que je binais, Marley tournait nerveusement autour de moi, son baromètre interne alerté de l'imminence de la tempête. Je la sentis, moi aussi, mais je voulais terminer ce que j'avais commencé et je m'étais promis de m'arrêter quand je sentirais les premières gouttes d'eau. Tandis que je creusais le sol, je gardais un œil sur le ciel, observant la formation d'une énorme masse nuageuse noire à l'est, au-dessus de l'océan. Marley gémissait doucement, me signifiant clairement que je ferais mieux de poser ma pelle et de me mettre à l'abri.

— Détends-toi, lui dis-je. C'est encore loin.

Les mots étaient à peine sortis de ma bouche que je ressentis une étrange sensation, une sorte de picotement dans ma nuque. Le ciel avait pris une inquiétante couleur gris olivâtre et l'air devint brusquement mortellement froid, comme si quelque force divine avait agrippé les vents et les avait refroidis dans son étreinte. *Bizarre*, me dis-je en faisant une pause et en m'appuyant sur ma pelle pour observer le ciel. C'est alors que je l'entendis : le déchirement de l'air, le craquement d'une décharge électrique, semblable à ce que l'on pouvait entendre si on se tenait sous une ligne à haute tension. Une sorte de *pfffft* emplit l'air autour de moi, suivi d'un bref instant de profond silence. À ce moment précis, je sus que nous allions avoir des ennuis, Marley et moi. Je n'eus pas le temps de réagir. Durant une fraction de seconde, le ciel se mua en une lumière blanche aveuglante, puis une explosion – une déflagration comme je n'en avais jamais entendu, dans aucune tempête ni sur aucun site de démolition – retentit dans mes oreilles. Une décharge me frappa en pleine poitrine comme un invisible *linebacker*[1]. Quand j'ouvris les yeux – qui sait combien de secondes plus tard –, j'étais étendu sur le sol face contre terre sous une pluie battante, avec du sable dans la bouche, ma pelle projetée trois mètres plus loin. Marley était couché lui aussi ou plutôt prostré sur le sol et quand il me vit lever la tête, il se mit à se déhancher comme un beau diable pour avancer vers moi ventre à terre, comme un soldat qui essaierait de ramper pour passer sous des fils barbelés. Lorsqu'il me rejoignit, il grimpa aussitôt sur mon dos et enfouit son museau dans mon cou en me léchant allégrement. Je regardai autour de moi un instant, tentant de reprendre mes esprits, et je vis que l'éclair avait détruit le panneau électrique qui se trouvait dans un angle du jardin avant de suivre les câbles qui couraient jusqu'à la maison, à peine à six mètres de là où je me trouvais. Le compteur électrique sur le mur était entièrement noirci.

— Viens ! hurlai-je.

Aussitôt, Marley et moi nous mîmes sur pied et piquâmes un sprint jusqu'à la porte de derrière, tandis que de nouveaux éclairs déchiraient le ciel autour de nous. Une fois à l'intérieur, je tombai à genoux, entièrement trempé, et tentai de reprendre mon souffle. Marley m'escalada, me lécha le visage, me mordilla les oreilles, bavant tout son soûl et répandant des poils un peu partout. Il était transi de peur et tremblait de tous ses membres sans

1. Poste défensif au football américain.

pouvoir se contrôler. Je le pris dans mes bras et essayai de le calmer.

— Mon Dieu ! Ce n'est pas passé loin ! m'exclamai-je en me rendant compte que je frissonnais moi aussi.

Il leva sur moi ses grands yeux emphatiques qui – j'aurais pu le jurer – pouvaient presque parler. *Ça fait des années que j'essaie de vous prévenir que ces trucs peuvent vous tuer. Mais qui m'a écouté ? Maintenant, vous allez me prendre au sérieux, hein ?*

Le chien avait marqué un point. Peut-être que sa peur des orages n'était pas si irrationnelle, après tout. Peut-être que ses crises de panique lors des premiers grondements de tonnerre étaient un moyen de nous dire que les violentes tempêtes de Floride – les plus mortelles des États-Unis – ne devaient pas être prises à la légère. Peut-être que tous ces murs détruits, ces portes défoncées, ces tapis déchiquetés étaient sa manière à lui de rechercher un lieu sûr, à l'abri des éclairs, où nous pourrions tous trouver refuge. Et comment l'avions-nous récompensé ? À coup de semonces et de tranquillisants.

Notre maison était plongée dans l'obscurité – l'air conditionné, les ventilateurs de plafond, les écrans de télévision et de nombreux appareils étaient éteints. Tous les plombs avaient sauté. Nous étions sur le point de faire le bonheur d'un électricien. J'étais en vie, tout comme mon fidèle compagnon. Jenny et les enfants, en sécurité dans le salon, ne s'étaient même pas rendu compte que la maison avait été frappée par la foudre. Nous étions tous ensemble et heureux de l'être. Le reste importait peu. Je pris Marley et ses quarante-quatre kilos sur mes genoux et je lui fis une promesse : plus jamais je ne ferais fi de la peur qu'il avait de cette terrible force de la nature.

20

Dog Beach

En tant que chroniqueur, j'étais perpétuellement à la recherche d'histoires brèves et percutantes susceptibles de nourrir ma rubrique. J'écrivais trois récits par semaine, ce qui signifiait que la partie la plus difficile de mon travail consistait à entretenir un flux constant de nouveaux sujets. Chaque matin, je commençais ma journée en épluchant les quatre quotidiens de Floride du Sud, entourant et découpant tout article digne d'intérêt. Ensuite, c'était à moi de trouver une approche plus personnelle du sujet. Mes toutes premières chroniques avaient été inspirées par les gros titres des journaux. Une voiture lancée à toute vitesse occupée par huit adolescents avait plongé dans le canal non loin des Everglades. Seules la conductrice âgée de seize ans, sa sœur jumelle et une troisième fille avaient réussi à s'échapper de la voiture immergée. C'était une histoire incroyable que j'allais exploiter, mais sous quel angle devais-je l'aborder ? Je me rendis sur le lieu déserté de l'accident, à la recherche de l'inspiration, et avant même d'avoir stoppé la voiture, je découvris le site. Les camarades de classe des cinq adolescents décédés avaient transformé le bitume en un patchwork d'éloges écrits à l'aide de bombes de couleur. La chaussée était entièrement décorée sur près d'un kilomètre, et une émotion crue, presque palpable, émanait du lieu. Bloc-notes en main, je commençai à jeter des mots au hasard. « Jeunesse perdue » était écrit à un endroit, accompagné d'une flèche qui indiquait la sortie de route, puis le canal en contrebas. Et là, au beau milieu de ces expressions cathartiques, je trouvai mon accroche : une confession publique de la jeune conductrice, Jamie Bardol. Elle avait écrit en grosses lettres, dans un gribouillage d'enfant : « J'aurais voulu que ce soit moi. Je suis désolée. » Je tenais mon sujet.

Toutes mes chroniques n'étaient pas aussi sombres. Lorsqu'un retraité avait reçu un avis d'éviction de sa maison de retraite parce que son toutou grassouillet excédait la limite de poids autorisée, je m'étais arrangé pour rencontrer la personne concernée. Le jour où un citoyen d'âge mûr avait encastré sa voiture dans un magasin en essayant de se garer, heureusement sans faire de blessés, j'étais sur place, prêt à recueillir les témoignages. Mon job me conduisait un jour dans un camp d'immigrés, le jour suivant dans la demeure d'un millionnaire, le troisième jour au coin d'une rue en plein centre-ville. J'adorais le changement. J'adorais rencontrer des gens. Et plus que tout, je jouissais d'une liberté presque totale. Je pouvais me rendre où je le voulais quand je le voulais, à la recherche de sujets susceptibles de piquer ma curiosité.

Ce que mon patron ne savait pas, c'est que derrière ma vocation journalistique se cachait une motivation secrète : user de ma position de chroniqueur pour avoir sans vergogne l'impression d'être tous les jours en vacances. Mon mantra était : « Quand le chroniqueur s'amuse, le lecteur s'amuse aussi. »

Pourquoi assister à une audience ennuyeuse à mourir sur la fiscalité quand vous pouviez être assis, disons, dans un bar de Key West, une boisson alcoolisée à la main ? Si quelqu'un devait percer le mystère des salières perdues de Margaritaville, autant que ce fût moi !

Je cherchais la moindre excuse pour passer une journée à traîner, de préférence en short et T-shirt, alternant les divertissements variés et enquêtes récréatives dont – je m'en persuadais moi-même – le public devait être informé. Chaque profession avait son lot d'accessoires. La mienne incluait un bloc-notes, une batterie de stylos et une serviette de plage. Je commençais à emporter avec moi un écran solaire et un maillot de bain comme si cela faisait partie de la routine.

Un jour, je traversais les Everglades, un autre j'arpentais les rives du lac Okeechobée. Je passais une journée à faire du vélo sur la route qui longeait l'océan Atlantique ; une autre à faire de la plongée avec tuba près des dangereux récifs de Key Largo.

J'étais dans cet état d'esprit journalistique quand j'eus l'idée d'emmener Marley une journée à la plage. Le long de la côte de la Floride, où les plages étaient largement exploitées, la plupart des municipalités interdisaient l'accès du littoral aux animaux, et ce pour une bonne raison. La dernière chose que voulaient voir les plagistes était un chien dégoulinant d'eau, faisant ses besoins un peu partout et s'ébrouant à côté d'eux pendant qu'ils soignaient leur bronzage. Les pancartes PAS D'ANIMAUX ponctuaient les côtes.

Il y avait cependant un endroit – une toute petite parcelle de plage – où il n'existait aucune pancarte, aucune restriction, aucune interdiction pour les amoureux de l'eau à quatre pattes. La plage, nichée dans une anfractuosité de Palm Beach County, environ à mi-chemin entre West Palm Beach et Boca Raton, s'étirait sur quelques centaines de mètres et se cachait derrière une dune herbeuse tout au bout d'une impasse. Il n'y avait ni parking ni toilettes ni surveillance – une simple langue de sable blanc qui se jetait dans l'océan. Avec le temps, elle avait acquis la réputation, par le bouche à oreille, d'être pour les propriétaires d'animaux l'un des derniers havres de paix de la Floride du Sud. C'était le seul endroit où les chiens pouvaient gambader joyeusement et nager sans risquer une amende. Le lieu n'avait pas de nom officiel. Officieusement, tout le monde le connaissait sous le vocable de Dog Beach.

Dog Beach possédait ses propres lois orales. Mises en place d'un commun accord entre les propriétaires de chiens qui la fréquentaient, ces règles avaient évolué avec le temps et étaient aujourd'hui renforcées par une surveillance attentive et une sorte de code moral tacite. Pour éviter l'intervention des autorités, les propriétaires faisaient la loi, punissant les contrevenants de regards explicites et, si besoin, de quelques phrases bien senties. Les règles étaient simples et peu nombreuses : les chiens agressifs devaient être tenus en laisse ; les autres pouvaient s'ébattre librement. Les propriétaires devaient apporter des sacs en plastique pour ramasser les crottes de leur animal. Toute poubelle, y compris celle contenant les besoins du chien, devait être transportée ailleurs. Chaque animal devait disposer de sa propre ration d'eau fraîche. Par-dessus tout, l'océan ne devait être pollué d'aucune manière. Traditionnellement, avant d'aller à la plage, les propriétaires promenaient leurs chiens le long des dunes, loin du bord de mer, afin qu'ils pussent se soulager. Ensuite, ils pouvaient librement accéder à l'océan.

J'avais entendu parler de Dog Beach, mais je n'y étais jamais allé. À présent, j'avais une bonne excuse. Ce vestige oublié d'une vieille Floride qui disparaissait à vue d'œil, ce lieu préexistant à la construction des complexes hôteliers et des grands parkings du bord de mer qui avaient fait la richesse de l'État, avait une actualité. Un commissaire au développement du comté avait pointé cette irrégulière bande de terre et demandé pourquoi les lois appliquées à toutes les plages de l'État n'y avaient pas cours. Ses intentions étaient claires : évacuer les indésirables, ouvrir des accès publics et développer un tourisme de masse. Je me jetai immédiatement sur cette affaire pour une raison simple : elle me donnait une excellente excuse pour passer la journée à la plage en compagnie de Marley. Par une matinée de juin, je troquai ma cravate et ma sacoche pour un maillot de bain et une paire de tongs, et Marley et moi traversâmes l'Intracoastal Waterway. Je fourrai dans la voiture autant de serviettes de bain que possible. Comme toujours, Marley avait la langue pendante et bavait un peu partout. J'avais l'impression d'être parti en balade avec le geyser Old Faithful. Mon seul regret était de ne pas avoir d'essuie-glace à l'intérieur.

Suivant les règles de Dog Beach, je me garai à quelques rues de la plage, où je n'avais pas besoin de ticket, et j'entamai une longue marche à travers le voisinage endormi dans des bungalows datant des années 60, Marley menant la danse. Environ à mi-chemin, une voix bourrue m'interpella :

— Hé ! Le type au chien !

Je frissonnai, convaincu que j'allais être houspillé par un voisin furieux qui voulait écarter tous les chiens parasites de la plage. La voix appartenait en fait à un autre promeneur qui s'approcha de moi, un grand chien en laisse, pour me faire signer une pétition demandant au commissaire au développement de ne pas toucher à Dog Beach. Nous aurions pu discuter un bon moment, si Marley et l'autre chien n'avaient pas commencé à se tourner autour. Dans moins d'une minute, ils allaient (a) s'affronter dans un combat mortel ou (b) se décider à fonder une famille. Je tirai brutalement sur la laisse de Marley et nous poursuivîmes notre chemin. Un peu avant d'arriver à la plage, Marley se soulagea dans les mauvaises herbes. Parfait. Au moins, ce petit acte social était fait. Je mis les excréments dans un sac plastique et lui annonçai : « En route pour la plage ! »

Lorsque nous eûmes dépassé la dune, je fus surpris de voir plusieurs personnes patauger au bord de l'eau avec leur chien tenu fermement en laisse. Alors c'était de cela qu'il s'agissait ? Dire que je pensais voir les chiens s'ébattre librement, dans une belle harmonie !

— Le shérif était là il y a un instant, m'expliqua un propriétaire d'humeur maussade. Il a dit qu'à partir d'aujourd'hui, le port de la laisse était obligatoire et que nous aurions une amende si nous laissions nos chiens en liberté.

Apparemment, j'étais arrivé trop tard pour profiter pleinement des joies simples de Dog Beach. La police – sous la pression des brigades anti-chiens avec lesquelles elle collaborait – avait resserré les mailles du filet. Je promenai sagement Marley le long de la côte en compagnie des autres propriétaires de chiens, mais j'avais la désagréable impression d'être dans la cour d'une prison plutôt que sur le dernier bastion sablonneux de liberté de Floride du Sud.

Je retournai près de ma serviette avec Marley et lui présentai un bol rempli de l'eau du bidon que j'avais apporté quand un homme au torse nu et tatoué, habillé d'un jean et de chaussures de travail, surgit des dunes, un pit-bull terrier musculeux au regard perçant attaché à une grosse chaîne à ses côtés. Les pit-bulls étaient connus pour leur agressivité et ils étaient à cette époque tristement célèbres[1] en Floride. C'était la race préférée des chefs de gangs, des malfrats et des durs, et ces chiens étaient souvent entraînés pour être vicieux. Les journaux étaient remplis de récits d'attaques inattendues, parfois fatales, à la fois à l'encontre d'hommes et d'animaux. Le type dut apercevoir mon mouvement de recul, car il me cria :

— Ne vous inquiétez pas. Killer[1] est gentil. Il ne s'en prend jamais aux autres chiens.

Je commençai seulement à me sentir soulagé quand il ajouta avec une fierté manifeste :

— Par contre vous devriez le voir éventrer un cochon sauvage ! Je vous assure, il est capable de le mettre à terre et de l'étriper en à peine quinze secondes.

Marley et Killer – le pit-bull éventreur de cochon – tiraient sur leur laisse et bondissaient de joie, avides de se renifler l'un l'autre. Marley ne s'était jamais battu de sa vie. Il était tellement plus grand que la plupart des autres chiens qu'il n'avait jamais été intimidé non plus. Même quand un chien le provoquait, il ne comprenait pas l'allusion. Il se mettait plus volontiers en position de jeu, postérieur levé, queue frétillante, un sourire idiot sur le visage. Cependant il n'avait encore jamais été confronté à un tueur patenté, adepte des batailles de rues. Je m'imaginai

1. *Killer* signifie « tueur » en anglais.

Killer sauter à la gorge de Marley sans prévenir et ne plus le lâcher. Le propriétaire du pit-bull avait l'air détaché.

— À moins que tu ne sois un cochon sauvage, il se contentera de te lécher à mort, dit-il à Marley.

Je lui expliquai que les flics venaient de passer pour menacer de mettre à l'amende tous ceux qui ne respecteraient pas la règle du chien tenu en laisse.

— C'est des conneries ! cria-t-il en crachant dans le sable. Je viens ici avec mon chien depuis des années. On n'a pas besoin de laisse à Dog Beach. Conneries !

Sur ces mots, il détacha la lourde chaîne de son chien et Killer se mit à galoper dans le sable jusqu'à l'océan. Marley se leva sur ses pattes arrière en faisant des bonds. Il regarda Killer, puis leva les yeux sur moi. Il regarda de nouveau Killer, puis revint à moi. Trépignant nerveusement, les pattes enfoncées dans le sable, il laissa échapper un faible et long gémissement. S'il avait pu parler, je savais ce qu'il aurait dit. Je parcourus la plage du regard. Pas de flic en vue. Puis je regardai Marley. *S'il te plaît ! S'il te plaît ! S'il te plaît ! Je serai sage ! Promis !*

— Allez, lâchez-le, dit le maître de Killer. Un chien n'est pas fait pour rester au bout d'une corde.

— Oh ! Et puis zut ! dis-je en libérant Marley.

Aussitôt il piqua un sprint vers l'eau, faisant gicler du sable un peu partout sur son passage. Il plongea dans l'eau au moment où un rouleau se formait, et disparut sous l'eau. Une seconde plus tard, sa tête émergea et en se remettant sur ses pattes, il croisa le corps massif de Killer, le pit-bull éventreur de cochon, ce qui le fit trébucher de nouveau. Ils roulèrent ensemble dans une vague et je retins mon souffle, me demandant si Marley avait franchi la limite qui ferait naître en Killer une colère meurtrière à l'égard des labradors. Mais quand ils apparurent de nouveau, leurs queues frétillaient de bonheur et leurs yeux riaient. Killer grimpa sur le dos de Marley qui roula à son tour sur le pit-bull. Ils faisaient claquer par jeu leurs mâchoires au vent, feignant de vouloir s'attraper à la gorge. Ils se pourchassèrent au bord de l'eau dans un sens, puis dans l'autre, éclaboussant tout sur leur passage. Ils caracolèrent, dansèrent, se battirent joyeusement, plongèrent dans les vagues. Je ne pense pas avoir jamais été auparavant – ni depuis lors – témoin de telles démonstrations de joie. Les autres propriétaires prirent exemple sur nous et bientôt tous les chiens – une douzaine au total – furent libres de courir sur le sable. Les chiens s'amusaient follement. Les maîtres avaient respecté les règles. Dog Beach avait retrouvé son âme. C'était l'essence même de la Floride, emblématique et libre, la Floride d'une époque révolue, inviolée par la marche du progrès.

Restait un tout petit problème. Alors que la matinée avançait, Marley ne cessait de laper l'eau salée. Je le suivais avec son bol d'eau fraîche, mais il était trop distrait pour s'abreuver. À plusieurs reprises, je lui mis le bol sous le nez et l'obligeai à y fourrer le museau, mais il dédaigna l'eau douce comme si c'était du vinaigre, désireux de retourner au plus vite auprès de son nouveau meilleur ami, Killer, et des autres chiens.

Dans les flaques d'eau de mer, il s'arrêtait parfois de jouer pour avaler une grande lampée d'eau salée.

— Arrête ! Idiot ! lui criai-je. Tu vas te rendre…

Avant que je pusse achever ma phrase, le mal était fait. Une étrange lueur traversa son regard vaseux et un horrible grondement s'échappa de sa gorge. Son estomac se souleva et il ouvrit et referma les mâchoires plusieurs fois, comme s'il essayait de faire sortir quelque chose de sa gorge. Il avait des haut-le-cœur et son abdomen se contractait. Je me dépêchai de terminer ma phrase :

— ...malade.

Au moment où le mot franchit mes lèvres, Marley réalisa la prophétie, enfreignant la loi sacrée de Dog Beach.

GAAAAAAAAAACK! Je courus pour le faire sortir de l'eau, mais il était trop tard. Il vomissait tout son soul.

GAAAAAAAAAACK!

Je pouvais voir tout le contenu de son repas de la veille, qui ressemblait bizarrement à son aspect de départ. Au milieu de la mélasse surnageaient des grains de maïs non digérés qu'il avait chipés dans les assiettes des garçons, une capsule de bouteille de lait et plusieurs têtes de soldats en plastique. L'évacuation totale ne prit pas plus de trois secondes, et à l'instant même où son estomac fut vidé, Marley retrouva aussitôt sa bonne mine. De nouveau plein d'allégresse, ne souffrant d'aucun effet secondaire, il me regardait et semblait vouloir dire : *À présent que je me suis débarrassé de ça, qui veut jouer dans l'eau ?* Je regardai nerveusement autour de moi, mais apparemment, personne n'avait rien remarqué. Les autres propriétaires étaient occupés avec leur chien un peu plus loin sur la plage ; une mère aidait son fils à faire des châteaux de sable ; quelques plagistes éparpillés prenaient un bain de soleil, allongés sur leur serviette, les yeux fermés. *Bon sang !* pensai-je tout en pataugeant dans la zone des vomissements, agitant l'eau du pied aussi nonchalamment que possible pour disperser les traces de son forfait. Comme cela aurait été embarrassant ! Cela dit, en dépit du fait que nous avions violé la règle numéro un de Dog Beach, nous n'avions fait aucun mal. Après tout, il ne s'agissait que de nourriture ingérée ; les poissons allaient se régaler, n'est-ce pas ? Je récupérai même la capsule de la bouteille de lait et les têtes des soldats et les enfouis dans ma poche afin de ne pas polluer la mer davantage.

— Écoute-moi bien, dis-je sévèrement en attrapant Marley par le museau et en le forçant à me regarder dans les yeux. Arrête de boire de l'eau salée. Quel genre de chien est assez bête pour boire de l'eau de mer ?

Je me demandai si je n'allais pas l'emmener de force hors de la plage et écourter cette aventure, mais il avait l'air d'aller très bien à présent. Son estomac était forcément vide. Le mal était fait et nous nous en étions sortis sans attirer l'attention. Je le libérai et il fonça droit vers l'eau pour rejoindre Killer.

Ce que je n'avais pas pris en compte, c'était que si son estomac était vide, sa vessie, en revanche, ne l'était pas. Les rayons du soleil qui se reflétaient à la surface de l'eau m'aveuglaient et je dus plisser les yeux pour apercevoir Marley parmi les autres chiens. Alors que je l'observais, il quitta brusquement ses compagnons de jeu et commença à décrire des cercles au bord de l'eau. Je connaissais cette manœuvre par cœur. Il agissait ainsi tous les matins dans le jardin, juste avant de faire ses besoins. C'était pour lui une sorte de rituel, comme s'il choisissait soigneusement le lieu de l'offrande qu'il s'apprêtait à faire à l'univers. Parfois, ce manège durait quelques minutes, le temps pour lui de déterminer le cercle de terrain idéal. Et maintenant, il décrivait des cercles au bord de l'eau de Dog Beach, un lieu qu'aucun chien n'avait encore jamais osé souiller. Il se mit en position, et cette fois, devant tout un public. Le maître de Killer et plusieurs autres propriétaires de chiens n'étaient qu'à quelques mètres de lui. La mère et sa fille avaient délaissé leur château de sable pour contempler l'océan. Un couple s'approchait, main dans la main, du bord de l'eau.

— Non, murmurai-je. S'il te plaît, ne fais pas ça.

— Hé ! cria quelqu'un. Tiens ton chien !

— Arrête-le, hurla une autre personne.

Tandis que des voix alarmées s'élevaient, les plagistes s'approchèrent pour voir la cause de tout ce raffut.

Je piquai un sprint, courant pour tenter de le stopper avant qu'il ne fût trop tard. Si seulement je pouvais l'atteindre et l'extirper de là avant qu'il ne fasse sa petite affaire, je serais peut-être en mesure d'éviter une humiliation terrible. Du moins je pourrais gagner suffisamment de temps pour conduire Marley en lieu sûr dans les dunes. Tandis que je courais dans sa direction, je vécus ce qu'on pourrait décrire comme une expérience extracorporelle. J'avais l'impression d'observer la scène d'en haut et de me voir courir au ralenti. Chaque pas semblait durer une éternité. Mes pieds s'enfonçaient mollement dans le sable. Mes bras flottaient dans l'air. Une horrible grimace déformait les traits de mon visage. Toujours en courant, je visualisais les lents mouvements des gens autour de moi : une jeune femme prenait un bain de soleil, une main sur le haut de son bikini pour le maintenir en place, l'autre main plaquée sur sa bouche ; la mère tirait sa fille hors de l'eau pour l'éloigner de Marley ; les visages des propriétaires de chiens étaient déformés par une grimace de dégoût ; le maître de Killer, les veines du cou saillantes, hurlait. Marley avait terminé de décrire son cercle et était en position, les yeux levés vers le ciel comme s'il allait faire une prière. Et j'entendis ma propre voix s'élever dans un cri guttural, distordu, déchirant :

— Noooooooooooooooon !

J'y étais presque, seuls quelques mètres me séparaient de lui.

— Marley, non ! hurlai-je. Non, Marley, non ! Non ! Non ! Non ! Non !

En vain. Juste au moment où je le rejoignais, il explosa dans une diarrhée liquide. Tout le monde se sauvait, à la recherche d'un lieu sûr en hauteur. La plupart des propriétaires tenaient fermement leur chien. Les plagistes se réfugiaient sur leurs serviettes. Puis ce fut terminé. Marley quitta l'eau et retourna sur la plage, l'air serein, puis il vint me trouver en haletant joyeusement. Je sortis un sac en plastique de ma poche et le secouai vainement en l'air. Je sus immédiatement qu'il n'y avait rien à faire. Les vagues s'écrasaient sur la plage, éparpillant les déjections de Marley avant de les ramener sur le sable.

— Mec ! dit le maître de Killer sur un ton qui laissait imaginer ce que les cochons sauvages devaient ressentir au moment où Killer leur portait le coup fatal. C'est vraiment pas cool.

Non, ce n'était vraiment pas cool. Marley et moi avions violé la règle d'or de Dog Beach. Nous avions souillé l'eau, pas une fois, mais deux, et gâché la matinée de tout le monde. Il était grand temps d'opérer une retraite rapide.

— Désolé, murmurai-je au propriétaire de Killer tout en attachant la laisse de Marley. Il a avalé trop d'eau salée.

De retour à la voiture, je jetai une serviette sur Marley et le frictionnai vigoureusement. Plus je le frottais, plus il s'ébrouait, de sorte que je fus bientôt couvert de sable et de poils. Je voulais être en colère contre lui. Je voulais l'étrangler. C'était trop tard. De plus, qui n'aurait pas été malade en ingérant une telle quantité d'eau de mer ? Comme la plupart de ses méfaits, celui-ci n'était ni intentionnel ni prémédité. Il ne m'avait pas désobéi ou cherché délibérément à m'humilier. Il avait simplement fait ce qu'il avait à faire, au mauvais endroit, au mauvais moment, devant les mauvaises personnes. Je savais qu'il était victime de ses propres défaillances mentales. Il était le seul animal de toute la plage assez idiot pour se soûler d'eau salée. Ce chien était défectueux. Comment pouvais-je le lui reprocher ?

— Ce n'est pas la peine de prendre cet air ravi, le sermonnai-je en le faisant grimper sur la banquette arrière.

Mais il était bel et bien ravi. Il n'aurait pas été plus heureux si je l'avais emmené sur une île des Caraïbes.

Ce qu'il ne savait pas, c'est que c'était la dernière fois qu'il mettait le plus petit ergot dans l'océan. Ces jours – ou plutôt ces heures – passées à la plage appartenaient au passé.

— Eh bien, chien de mer, dis-je en le ramenant à la maison. Tu as fait du sacré boulot cette fois. Si les chiens sont interdits à Dog Beach, nous saurons pourquoi.

Cela prit plusieurs années, mais cela finit effectivement par arriver.

21

Voyage vers le nord

Colleen venait d'avoir deux ans, quand je provoquai involontairement une série d'événements qui nous amenèrent bientôt à quitter la Floride. Cela commença par un simple clic de souris. J'avais bouclé ma chronique plus tôt que prévu et il me restait une demi-heure à tuer avant mon rendez-vous avec mon éditeur. Sur un coup de tête, je décidai de jeter un coup d'œil au site du magazine auquel je m'étais abonné peu de temps après notre arrivée à West Palm Beach. Ce magazine, *Organic Gardening*, avait été lancé en 1942 par l'excentrique J.I.Rodale et était devenu la bible du mouvement de retour à la terre qui florissait dans les années 60 et 70.

Rodale était un businessman new-yorkais spécialisé dans les branchements électriques. Il avait eu des problèmes de santé et au lieu de se tourner vers la médecine moderne, il avait quitté la ville pour s'installer dans une petite ferme non loin de la bourgade d'Emmaus, en Pennsylvanie, et avait mis la main à la pâte. Il éprouvait une profonde méfiance à l'égard de la technologie et avait la conviction que les méthodes modernes de culture et de jardinage qui étaient pratiquées dans la région – et qui consistaient à employer des pesticides et des fertilisants – étaient loin de sauver l'agriculture américaine comme elles le prétendaient. D'après la théorie de Rodale, les produits chimiques empoisonnaient progressivement la Terre et tous ses habitants. Il s'était lancé dans l'expérimentation de techniques agricoles qui préservaient la nature. Dans sa ferme, il avait élaboré d'énormes piles de compost à base de plantes en décomposition qui, une fois transformées en un riche humus noir, lui servaient de fertilisant et d'engrais naturels. Il avait recouvert la terre de son jardin d'une épaisse litière de paille, afin d'éliminer les mauvaises herbes et les moisissures. Il avait planté des trèfles et de la luzerne dans le sol avant de le labourer, pour mélanger les nutriments à la terre. Au lieu d'éliminer les insectes, il avait libéré des milliers de coccinelles et d'autres insectes bénéfiques qui dévoraient les insectes nocifs. Il était un peu dingue, mais ses théories avaient fait leurs preuves. Son jardin était florissant, tout comme sa santé, et il avait claironné son succès dans les pages de son magazine.

Au moment où j'avais commencé à lire *Organic Gardening*, J. I. Rodale était décédé depuis longtemps, tout comme son fils, Robert, qui avait transformé l'affaire de son père, Rodale Press, en une compagnie de plusieurs millions de dollars. Le magazine n'était pas très bien écrit. En le lisant, on avait l'impression qu'il était ficelé par une bande d'amateurs dévoués à la philosophie de J. I. – des jardiniers sérieux, mais sans expérience professionnelle du journalisme. Plus tard, j'appris que c'était exactement le cas. Cela dit, la philosophie du « bio » faisait de plus en plus sens à mes yeux, surtout après la fausse couche de Jenny, que nous soupçonnions d'avoir un rapport avec les pesticides utilisés à l'époque. Quand Colleen est née, notre jardin était une petite oasis organique au beau milieu d'un désert de pesticides et de produits chimiques censés exterminer les mauvaises herbes. Des passants s'arrêtaient souvent devant notre magnifique jardin, que j'entretenais avec une passion grandissante et ils posaient presque toujours la même question.

— Qu'est-ce que vous utilisez pour rendre ces plantes aussi belles ?

Quand je répondais que je n'utilisais rien, ils m'observaient, mal à l'aise, comme si j'avais accompli un acte subversif en m'écartant de la droite ligne du petit univers conformiste de Boca Raton.

Cet après-midi-là, dans mon bureau, je parcourus le site *organicgardening.com* et tombai finalement sur le lien « Opportunités de carrière ». Pourquoi avais-je cliqué dessus ? Mystère. J'adorais mon job de chroniqueur ; j'aimais l'interaction quotidienne que j'entretenais avec les lecteurs ; la liberté de choisir mes propres sujets, tour à tour sérieux ou légers, selon mon désir ; j'aimais la salle de rédaction et les personnalités complexes, lunatiques, névrosées, idéalistes qui s'y réunissaient. J'adorais être au cœur de la petite histoire journalière. Je n'avais aucune envie de quitter la presse quotidienne pour une publication soporifique au milieu de nulle part. Malgré tout, je parcourus les propositions de poste de la société Rodale, plus par curiosité que pour toute autre raison. Pourtant, à la moitié de la liste environ, je m'arrêtai net. *Organic Gardening*, le magazine phare de la compagnie, recherchait un nouveau rédacteur en chef. Mon cœur faillit cesser de battre. Je m'étais souvent représenté la valeur ajoutée qu'un vrai journaliste pourrait apporter au magazine et aujourd'hui, cette opportunité se présentait. C'était fou ; c'était ridicule. Une carrière vouée à la publication d'histoires de chou-fleur et de compost ? Pourquoi me lancerais-je dans une telle aventure ?

Cette nuit-là, je parlai à Jenny de ce poste, m'attendant résolument à ce qu'elle me répondît que j'avais perdu l'esprit d'y avoir seulement pensé. Au lieu de quoi elle me surprit en m'encourageant à poser ma candidature. L'idée de quitter la chaleur, l'humidité, ainsi que la criminalité et l'engorgement de la Floride pour une vie plus simple à la campagne la séduisait. Elle rêvait de vivre au gré des saisons. Les collines, les feuilles mortes et les jonquilles lui manquaient. Elle voulait se rappeler le goût du cidre de pomme et la fraîcheur des glaçons. Elle voulait que nos enfants et – aussi ridicule que cela pût paraître – notre chien fissent l'expérience d'une tempête de neige.

— Marley n'a même jamais chassé une boule de neige, dit-elle, caressant sa fourrure de son pied nu. Tu devrais le faire, ne serait-ce que par curiosité. Tu verras bien ce que ça donne. S'ils te proposent le poste, il sera toujours temps de refuser.

Je devais reconnaître que je partageais son rêve de retourner vers le nord.

Même si j'avais adoré ces douze années passées en Floride, j'étais originaire du nord et ne pourrais jamais cesser de regretter trois choses : les collines, les saisons et la campagne à perte de vue. Si j'avais appris à aimer la Floride – avec ses hivers doux, sa nourriture épicée et la mixité explosive de sa population –, je n'avais jamais cessé de rêver à mon propre petit paradis. Non pas un bout de terrain grand comme un timbre-poste dans le cœur branché de Boca Raton, mais une véritable terre où je pourrais cultiver mon jardin, couper mon propre bois et me promener dans la forêt, mon chien à mes côtés.

Je posai ma candidature, persuadé que ce n'était qu'un miroir aux alouettes. Deux semaines plus tard, le téléphone sonna. C'était la petite-fille de J.I. Rodale, Maria Rodale en personne. J'avais adressé ma lettre au service des ressources humaines, aussi étais-je étonné d'être contacté par la propriétaire de la compagnie. Je lui demandai même de répéter son nom de famille. Maria attachait un intérêt tout particulier au magazine que son grand-père avait fondé et elle avait l'intention de lui redonner ses lettres de noblesse. Pour ce faire, elle était convaincue qu'il fallait à sa tête un journaliste professionnel et non un nouveau spécialiste de l'agriculture organique, aussi sérieux fût-il. Elle voulait également élargir les sujets traités à l'environnement, aux organismes génétiquement modifiés, à l'industrie agricole et au mouvement organique naissant.

Je ne savais pas très bien où je mettais les pieds. Mais dès que j'empruntai la route à deux voies qui s'enfonçait dans la campagne, à la sortie de l'aéroport, je fus irrémédiablement conquis. À chaque tournant se profilait un nouveau paysage de carte postale : une ferme de pierre ici, un pont couvert là. Des ruisseaux aux eaux glacées s'écoulaient des collines et les sillons des champs s'étiraient à perte de vue. C'était le printemps – l'époque où les arbres de Lehigh Valley s'ornaient de leurs plus beaux atours. Près d'un panneau isolé dans la campagne, je descendis de ma voiture de location et restai planté au beau milieu de la route. D'aussi loin que je pouvais voir, dans quelque direction que ce fût, il n'y avait rien d'autre à l'horizon que de vastes étendues vertes. Pas une voiture, pas un individu, pas un building. Au premier téléphone public que je trouvai, j'appelai Jenny.

— Tu ne peux pas t'imaginer cet endroit, lui dis-je.

Deux mois plus tard, les déménageurs avaient fait entrer la totalité du contenu de notre maison dans un gigantesque camion. Un transporteur vint charger notre voiture et notre minivan. Nous confiâmes les clés de la maison aux nouveaux propriétaires et passâmes notre dernière nuit en Floride sur le plancher de la maison voisine, Marley étendu entre nous deux.

— Du camping dans la maison ! cria Patrick.

Le lendemain matin, je me levai tôt et emmenai Marley faire ce qui devait être sa dernière promenade sur le sol de Floride. Il renifla et inspecta chaque recoin du quartier, s'arrêtant à chaque arbuste et chaque boîte aux lettres que nous croisions, apparemment heureux de l'abrupt changement que je m'apprêtais à lui faire vivre. J'avais acheté une solide cage de plastique pour le transport en avion et, suivant les conseils du Dr Jay, j'avais obligé Marley à ouvrir les mâchoires pour lui administrer une double dose de tranquillisants. Le temps que notre voisin nous conduisît à l'aéroport international de Palm Beach, Marley avait les yeux hagards et était incroyablement docile. Nous aurions pu l'attacher à un missile sans qu'il s'en rendît compte.

Dans le terminal, le clan Grogan avait une drôle d'allure : deux petits garçons excités courant partout, un bébé affamé dans sa poussette, deux parents hyperstressés et un chien amorphe. Après nous venait le reste de la ménagerie : deux grenouilles, trois poissons rouges, un bernard-l'ermite, un escargot appelé Sluggy, et une boîte de criquets vivants pour nourrir les grenouilles. Pendant que nous patientions à l'enregistrement, j'assemblai la cage de plastique. C'était la plus grande que j'avais pu trouver en magasin, mais quand nous atteignîmes le comptoir, une femme en uniforme observa Marley, puis la cage, puis de nouveau Marley, et dit :

— Nous ne pouvons autoriser ce chien à bord dans un tel container. Il est trop grand pour y entrer.

— Je n'en ai pas trouvé de plus grand, plaidais-je.

— Le FAA exige que le chien puisse tenir debout et tourner librement dans sa cage, expliqua-t-elle, avant d'ajouter d'un air sceptique, allez-y, faites-lui faire un essai.

J'ouvris la porte et j'appelai Marley, mais il ne semblait pas disposé à entrer de son plein gré dans sa prison mobile. Je le poussai, l'appelai et le cajolai, en vain. Il ne bougea pas d'un pouce. Où étaient les biscuits pour chien quand on en avait besoin ? Je fouillai mes poches à la recherche d'un appât, pour finalement trouver des pastilles de menthe. Cela ferait l'affaire. J'en pris une et la mis sous le nez de Marley.

— Tu veux un bonbon à la menthe, Marley ? Viens chercher le bonbon !

Puis je jetai la pastille dans la cage. Aussitôt, il mordit à l'hameçon et pénétra allégrement à l'intérieur.

L'agent avait raison : il était trop gros. Il devait s'aplatir pour ne pas se cogner la tête au plafond. Même avec le nez collé au fond de sa prison, son postérieur dépassait. Je lui fis baisser la queue puis je poussai son arrière-train pour pouvoir refermer la porte.

— Qu'est-ce que je vous disais, dis-je à l'agent, espérant qu'elle ne trouverait pas trop à redire.

— Il doit être capable de faire le tour de sa cage, répondit-elle.

— Fais un tour, mon grand, ordonnai-je en émettant un léger sifflement. Allez ! Tourne !

Par-dessus son épaule, Marley me jeta un regard vide, sa tête touchant le plafond, comme s'il attendait des instructions pour réaliser un tel exploit.

S'il ne parvenait pas à faire le tour de sa prison, la compagnie aérienne ne nous laisserait pas prendre ce vol. Je consultai ma montre. Nous avions douze minutes pour passer les contrôles de sécurité, traverser les coursives et embarquer dans l'avion.

— Allez, Marley ! dis-je d'un ton où perçait le désespoir. Fais le tour de la cage !

Je fis claquer mes doigts, secouai la porte de métal, pris une voix mélodieuse.

— S'il te plaît. Tourne.

J'étais sur le point de m'agenouiller pour le supplier quand un bruit sourd retentit, immédiatement suivi de la voix de Patrick.

— Ooops, fit-il.

— Les grenouilles sont parties ! cria Jenny en se lançant à leur poursuite.

— Froggy ! Croaky ! Revenez ! crièrent les garçons à l'unisson.

Ma femme courait dans le terminal à la suite des grenouilles qui bondissaient juste devant elle. Des passants s'étaient arrêtés pour observer la scène. De loin, on n'apercevait pas les grenouilles, juste une femme hystérique qui, chargée d'un paquet de couches, courait dans tous les sens comme si elle avait commencé la journée en buvant un peu trop d'alcool frelaté. D'après l'expression sur le visage des spectateurs, il était clair qu'ils s'attendaient à la voir hurler d'un instant à l'autre.

— Excusez-moi un instant, dis-je aussi calmement que possible à l'agent de service.

Puis je joignis mes forces à celles de Jenny.

Après avoir fait de notre mieux pour distraire la foule des voyageurs matinaux, nous parvînmes à capturer Froggy et Croaky juste au moment où elles allaient regagner leur liberté en franchissant les portes automatiques du terminal. Quand nous revînmes au comptoir d'enregistrement, j'entendis une sorte de grincement provenant de la cage de Marley. La cage entière, qui semblait agitée de tremblements, se mit à bouger toute seule. Quand je regardai à l'intérieur, je compris que Marley avait réussi à tourner sur lui-même.

— Vous voyez, dis-je au superviseur des bagages. Il peut tourner dans la cage. Pas de problème.

— O.K., répondit-elle en fronçant les sourcils, mais vous exagérez.

Deux employés hissèrent Marley et la cage sur un travelling et l'emmenèrent avec eux. Puis nous nous mîmes à courir pour arriver à l'espace d'embarquement juste au moment où les stewards allaient fermer les portes. Il m'apparut que si nous manquions notre vol, Marley aurait voyagé seul jusqu'en Pennsylvanie, une scène désastreuse à laquelle je préférais ne pas assister.

— Hé ! Attendez ! Nous sommes là ! criai-je en poussant la poussette de Colleen devant moi, Jenny et les garçons me suivant à quelques mètres de distance.

Quand nous bouclâmes nos ceintures de sécurité, je m'autorisai enfin à me détendre. Nous avions réussi à caser Marley. Nous avions récupéré les grenouilles. Et nous n'avions pas raté notre vol. À travers le hublot, je vis une voiture arriver avec la cage de Marley à son bord.

— Regardez, dis-je aux enfants. C'est Marley.

Ils me rejoignirent au hublot et l'appelèrent :

— Hé ! Waddy !

Tandis que les moteurs ronronnaient et que les stewards nous expliquaient les consignes de sécurité, je pris un magazine. C'est alors que je remarquai que Jenny tremblait dans le siège juste devant le mien. Puis je l'entendis, moi aussi. Sous nos pieds, depuis les profondeurs de la carlingue, nous parvenait un son – étouffé mais bien distinct. C'était un son déchirant et morbide, une sorte d'appel primal, d'abord faible, mais qui augmentait progressivement.

— Oh, mon Dieu ! Il est là-dessous en train de mugir.

Pour la petite histoire, les labradors retrievers ne mugissent pas. Les beagles mugissent. Les loups mugissent. Les labradors ne mugissent pas. Du moins pas bien. Marley avait déjà essayé de mugir deux fois auparavant, – à chaque fois pour répondre à la sirène de la police qui patrouillait – en rejetant la tête en arrière et en formant un O avec ses mâchoires.

Cette fois, il n'y avait aucun doute. Il était bien en train de mugir. Les passagers commencèrent à lever les yeux de leur journal ou leur roman. Un steward qui apportait des oreillers marqua un temps d'arrêt. Une femme assise de l'autre côté de la travée regarda son mari et lui demanda :

— Tu as entendu ? Je pense que c'est un chien.

Jenny regardait droit devant elle. J'étais plongé dans mon magazine. Si quelqu'un nous posait la question, nous nierions en bloc.

— Waddy triste, dit Patrick.

Non, mon fils, voulus-je le corriger. *C'est un chien bizarre que nous n'avons jamais vu de notre vie et dont nous ne savons rien et qui est triste.* Je me contentai de relever mon magazine plus haut sur mon visage, suivant le conseil de l'immortel Richard Milhous Nixon : déni plausible. Les moteurs de l'appareil bourdonnèrent et l'avion commença à rouler sur le tarmac.

Je l'imaginai en bas, seul dans le noir, égaré, confus, drogué, à peine capable de se tenir debout. J'imaginai le rugissement du moteur à côté de lui, que l'esprit embrouillé de Marley devait confondre avec l'assaut imminent d'une série de coups de foudre. Le pauvre. Je ne voulais pas reconnaître que c'était mon chien, mais j'allais m'inquiéter pour lui toute la durée du vol.

L'avion avait presque décollé quand j'entendis un autre petit bruit de verre cassé et cette fois, ce fut Conor qui dit :

— Oups.

Je regardai vers le sol et, une fois de plus, plongeai le nez dans mon magazine. *Déni plausible.* Après quelques secondes, je jetai un coup d'œil furtif autour de moi. J'étais presque sûr que personne ne m'observait. Je me penchai en avant et murmurai à Jenny :

— Ne regarde pas, mais les criquets se sont sauvés.

22

Au pays des crayons

Notre nouvelle maison se situait sur un terrain de quatre-vingts ares perché sur le coteau d'une colline escarpée. Ou peut-être était-ce sur une petite montagne. Les habitants du coin ne semblaient pas d'accord sur ce point. Notre propriété comprenait un pré où nous pouvions cueillir des baies sauvages, un bois où je pouvais couper des bûches selon mon bon plaisir et une petite source où les enfants et Marley virent bientôt qu'ils pouvaient patauger et se salir. Il y avait un foyer extérieur pour le feu et un jardin qui offrait d'infinies possibilités, sans oublier l'église de brique blanche qui surplombait la colline d'à côté, et que nous apercevions de la fenêtre de notre cuisine quand les arbres étaient dénudés.

Nous fîmes la connaissance d'un voisin originaire du terroir, un ours à la barbe rousse qui vivait dans une ferme en pierre datant des années 70 et qui, le dimanche, aimait à s'asseoir sous son porche, derrière la maison, ou bien faire quelques cartons à la carabine dans la forêt, juste pour le plaisir, ce qui provoquait la plus grande épouvante chez Marley. Le jour de notre arrivée, il vint nous trouver et nous offrit une bouteille de vin de cerise « maison » et un panier des plus grosses mûres qu'on pût imaginer. Il se présenta sous le nom de Digger[1]. Comme le laissait supposer ce surnom, Digger avait passé sa vie comme terrassier. Si nous avions des trous à creuser ou de la terre à déplacer, nous dit-il, nous n'avions qu'à l'appeler et il se pointerait avec l'une de ses grosses machines.

— Et si vous tapez un cerf avec la voiture, venez me trouver, ajouta-t-il en nous faisant un clin d'œil. Nous le découperons et partagerons la viande en moins de temps qu'il n'en faut pour le dire.

Pas de doute, nous n'étions plus à Boca.

Il manquait cependant une chose à notre nouvelle existence bucolique. À peine avions-nous garé notre van dans l'allée de notre maison que Conor leva sur moi un regard triste, de grosses larmes roulant sur ses joues.

— Je croyais qu'il y avait des crayons en *Pencil*vania[2], se lamenta-t-il.

Pour nos garçons, âgés maintenant de cinq et sept ans, il s'agissait pratiquement d'une trahison. Étant donné le nom de l'État que nous avions adopté, tous deux avaient espéré voir de jolis crayons jaunes et brillants accrochés comme des baies aux arbustes et aux buissons, prêts à être cueillis. Ils étaient effondrés d'apprendre que ce n'était pas du tout le cas.

Notre propriété était un paradis pour les moufettes, opossums, marmottes et pour le lierre urticant qui poussait à la lisière du bois et grimpait le long des arbres, me

1. *To dig* signifie « creuser ».
2. *Pencil* signifie « crayon ».

donnant des boutons rien qu'à l'observer. Un matin, je regardais par la fenêtre de la cuisine tout en me débattant avec la cafetière, quand je vis un magnifique cerf juste sous mes yeux. Un autre jour, une famille de canards sauvages traversa notre jardin. Un dimanche, pendant que Marley et moi nous promenions dans les bois sur la colline, nous sommes tombés sur un trappeur en train de poser des pièges pour visons. Un chasseur de visons ! Presque dans ma propriété ! Les Bocahontas auraient donné n'importe quoi pour vivre un tel dépaysement.

La vie dans cette région était paisible, agréable – mais aussi un peu trop solitaire. Les habitants de Pennsylvanie étaient polis, mais méfiants envers les étrangers. Et nous étions des étrangers à leurs yeux. Après les foules de Floride, j'aurais dû être ivre de solitude. Au lieu de cela, du moins durant les premiers mois, je ne pouvais m'empêcher de ruminer avec morosité ma décision d'emménager dans un lieu aussi isolé.

Marley, lui, n'avait aucun regret. En dehors des tirs épars de Digger, la vie à la campagne lui allait à merveille. Pour un chien qui possédait une telle énergie, tout était source de joie. Il courait à travers la pelouse, se jetait dans les mûriers, se roulait dans la pataugeoire. Sa mission sacrée était d'attraper l'un des innombrables lapins qui considéraient mon jardin comme leur buffet personnel. Quand Marley apercevait un lapin en train de manger une laitue, il se lançait dans une course-poursuite effrénée et dévalait la colline, les oreilles plaquées par le vent, aboyant comme un forcené. Il était aussi discret qu'une fanfare et ne pouvait se rapprocher à moins de trois ou quatre mètres sans que sa proie ne s'échappât et ne retrouvât la sécurité de la forêt. Fidèle à lui-même, Marley restait indéfectiblement optimiste, persuadé que le succès était à portée de main. Pas découragé le moins du monde, il faisait demi-tour en agitant la queue et cinq minutes plus tard, il se remettait en chasse. Heureusement, il n'était pas plus habile quand il s'agissait d'attraper une moufette.

Avec l'automne, Marley trouva un nouveau jeu espiègle : l'attaque de la pile de feuilles mortes. En Floride, les arbres ne perdaient jamais leurs feuilles en automne et Marley était à présent convaincu que les feuilles qui tombaient du ciel étaient un cadeau de la providence. Pendant que je rassemblais les feuilles orange et jaunes dans de beaux gros tas, il restait sagement à m'observer, prenant son temps, attendant le bon moment pour lancer l'assaut. Une fois seulement que j'avais construit une immense tour de feuilles, il s'approchait lentement. À chaque pas, il s'arrêtait, patte levée, et humait l'air comme un lion guettant une innocente gazelle dans les plaines du Serengeti, en Tanzanie. Ensuite, juste au moment où je m'appuyais sur mon râteau pour admirer mon œuvre, il traversait la pelouse en quelques bonds, franchissait les derniers mètres presque sans toucher terre avant de s'élancer dans un dernier bond majestueux pour atterrir au beau milieu de la pile, où il roulait, trépignait, flairait, grondait, grattait… et enfin – pour une raison que je n'arrivais toujours pas à m'expliquer – il se mettait à pourchasser férocement sa queue, pour ne s'arrêter que lorsque les feuilles de mon tas soigneux étaient de nouveau éparpillées à travers toute la pelouse. Puis il s'asseyait au milieu de son œuvre, des morceaux de feuilles déchiquetées plein les poils, et me lançait un regard satisfait, comme si sa contribution faisait partie intégrante du processus de ramassage des feuilles.

Notre premier Noël en Pennsylvanie était censé être un Noël blanc. Jenny et moi avions eu fort à faire pour convaincre Conor et Patrick de quitter leurs amis et leur maison de Floride. Nous leur avions promis qu'ils trouveraient bien mieux, et l'un des points cruciaux de notre argumentaire était la présence indéfectible de la neige. Pas n'importe quelle neige, mais une neige épaisse, abondante, solide – une neige de carte postale, de celles qui tombaient du ciel en paquets silencieux, s'amoncelaient progressivement sur la pelouse et avaient la consistance parfaite pour faire des bonshommes de neige. Avoir de la neige pour Noël représentait l'aboutissement sacré de toute expérience hivernale dans les contrées du nord. Nous rêvions d'offrir à nos enfants le matin de Noël une véritable image de carte postale.

Durant la semaine précédant le grand jour, les trois enfants se postèrent devant la fenêtre pendant des heures, les yeux rivés sur le ciel terreux comme s'ils pouvaient obliger les nuages à se crever par la seule force de leur volonté.

— Allez, viens, neige ! chantonnaient-ils.

Ils ne l'avaient jamais vue. Nous-mêmes ne l'avions pas vue depuis plus de dix ans. Nous voulions la neige, mais les nuages refusaient de nous la livrer. Quelques jours avant Noël, toute la famille s'entassa dans le minivan. Nous nous rendîmes dans une ferme située à environ un kilomètre, pour couper nous-même notre sapin et déguster un cidre de pomme chaud autour d'un bon feu. C'était une journée de repos idéale, dont nous avions rêvé en Floride, mais il manquait toujours quelque chose. Où était cette fichue neige ? Jenny et moi commencions à regretter d'avoir annoncé les premiers flocons avec une telle assurance. Tandis que nous rapportions notre sapin fraîchement coupé à la maison, l'agréable senteur de ses aiguilles flottant dans le van, les enfants se plaignirent de s'être fait avoir. D'abord, pas de crayons, maintenant, pas de neige ; quel était le prochain mensonge ?

Le matin de Noël se trouvait sous le sapin une luge toute neuve et tout l'équipement nécessaire pour lancer une excursion en Antarctique. Depuis nos fenêtres, s'élevaient toujours les mêmes arbres aux branches nues, les pelouses dormantes et les champs de maïs brun. Je fis un bon feu dans la cheminée et demandai à mes enfants d'être patients. La neige finirait bien par venir.

La nouvelle année arriva, et toujours pas de neige en vue. Même Marley paraissait agité, arpentant la pièce et regardant par la fenêtre, en gémissant doucement. Les vacances s'achevèrent et les enfants retournèrent à l'école, mais toujours rien. Durant le petit-déjeuner, les enfants m'observaient d'un air maussade, moi, le père qui les avait trahis. Je commençai à marmonner de piètres excuses, donnant des arguments tels que :

— Il y a peut-être des petits garçons et des petites filles qui en ont plus besoin que nous.

— Ouais, bien sûr, papa, dit Patrick.

Trois semaines après la nouvelle année, la neige me sauva enfin de mon purgatoire. Elle se mit à tomber la nuit, quand tout le monde était endormi, et Patrick fut le premier à sonner l'alarme, déboulant dans notre chambre à l'aube et ouvrant les stores.

— Regardez ! Regardez ! glapit-il. Elle est là !

Jenny et moi nous sommes assis dans le lit. Nous ne pouvions en croire nos yeux. Un manteau blanc recouvrait les collines, les champs de maïs, les sapins et les toits des maisons, s'étirant à perte de vue.

— Bien sûr qu'elle est là, répondis-je nonchalamment à Patrick. Qu'est-ce que je t'avais dit !

L'épaisseur de la neige atteignait presque trente centimètres et les flocons continuaient de tomber. Bientôt, Conor et Colleen déboulèrent dans le hall, pouce à la bouche, traînant leur couverture derrière eux. Marley s'était levé, étiré et, sentant l'excitation ambiante, frétillait de la queue, balayant tout sur son passage. Je me tournai vers Jenny.

— Je suppose que retourner au lit n'est pas une option ? demandai-je.

Quand elle confirma mes doutes, je me tournai vers les enfants et criai :

— O.K., les lapins de neige, on va s'habiller !

La demi-heure suivante, nous nous débattîmes avec les fermetures Éclair, pantalons, boucles, capuches et gants. Une fois en tenue, les enfants eurent l'air de momies et notre cuisine ressembla à une base d'entraînement pour les jeux olympiques d'hiver. Et pour participer à la compétition d'acrobaties sur glace, catégorie gros chien, se présenta... Marley le Chien. J'ouvris la porte d'entrée et avant que quiconque pût faire un pas dehors, Marley s'élança, bousculant la petite Colleen dans son élan. Au moment où ses pattes se posèrent dans l'étrange matière blanche – oh, c'est mouillé ! oh, c'est froid ! – il changea d'avis et tenta un brusque demi-tour. Comme le sait toute personne qui a conduit sur la neige au moins une fois, s'arrêter brusquement et effectuer un demi-tour serré était une très mauvaise idée.

Marley entama une longue glissade, les fesses les premières. Il tomba sur le flanc momentanément, puis se remit aussitôt sur ses pattes, juste à temps pour dégringoler les marches du perron et finir la tête la première dans un tas de neige. Quand il se redressa une seconde plus tard, il avait l'air d'un beignet géant couvert de sucre glace. Excepté ses deux yeux bruns et le bout noir de son museau, il était entièrement recouvert de neige. L'abominable Chien des Neiges. Marley ne savait pas quoi faire de cette substance étrangère. Il y enfonça profondément son museau et éternua violemment. Claquant des mâchoires dans la poudre, il y replongea la tête la première. Ensuite, comme si une main invisible était descendue du paradis et lui avait fait une piqûre d'adrénaline, il exécuta dans la cour une série de bonds et de cabrioles, s'interrompant de temps à autre pour plonger le nez dans l'étrange matière blanche. Batifoler dans la neige l'amusait presque autant que fouiller les poubelles du voisin.

Suivre les traces de Marley dans la neige donnait une idée de la distorsion de son cerveau. Son trajet était ponctué de virages abrupts, de brusques demi-tours, de bonds erratiques, de figures de huit et de triples lutzs, comme s'il suivait quelque algorithme bizarre qu'il était le seul à pouvoir comprendre. Bientôt, les enfants suivirent leur guide à quatre pattes, courant, batifolant et riant tout en fourrant de la neige dans tous les interstices de leurs vêtements. Jenny nous rejoignit avec des toasts beurrés, des mugs de chocolat chaud et nous annonça une bonne nouvelle : pas d'école aujourd'hui. Je savais que je ne pourrais en aucune manière faire rouler ma petite Nissan dans l'allée avant un moment, ni emprunter les routes de montagnes non balisées. Je m'octroyai donc une journée officielle de vacances de neige.

Je dégageai le foyer circulaire prévu pour les feux de camp et bientôt, les premières braises se mirent à crépiter. Les enfants dévalaient la colline sur leur luge en criant et glissaient jusqu'à la lisière du bois, Marley lancé à leur poursuite. Je regardai Jenny.

— Si quelqu'un t'avait dit il y a un an que tes enfants seraient aujourd'hui en train de faire de la luge juste derrière la porte de la maison, est-ce que tu l'aurais cru ?

— Jamais de la vie, répondit-elle en m'envoyant une boule de neige dans la poitrine.

Des flocons de neige parsemaient ses cheveux, ses joues étaient teintées de rose, un petit nuage de buée se formait devant sa bouche quand elle expirait.

— Viens ici et embrasse-moi, lui dis-je.

Plus tard, pendant que les enfants se réchauffaient au coin du feu, je décidai de faire un tour de luge, ce qui ne m'était pas arrivé depuis l'adolescence.

— Tu viens avec moi ? demandai-je à Jenny.

— Désolée, c'est toi tout seul cette fois-ci, répondit-elle.

Je positionnai la luge en haut de la colline et m'allongeai dessus en me maintenant sur les coudes, les pieds joints devant moi. Je commençai à me balancer pour me mettre en mouvement. Marley avait rarement l'opportunité de m'observer d'en haut, et trôner au-dessus de moi était pour lui le synonyme d'une invitation. Il louvoya jusqu'à moi et renifla mon visage.

— Qu'est-ce que tu veux ?

Cette question était la permission qu'il attendait. Il grimpa à bord, s'étalant sur moi de tout son long et se calant sur ma poitrine.

— Descends, imbécile ! criai-je.

Mais c'était trop tard. Nous étions déjà lancés et nous prenions de la vitesse à mesure que la pente s'accentuait.

— Bon voyage ! cria Jenny derrière nous.

Ainsi étions-nous partis, Marley plaqué sur moi, léchant mon visage avec entrain tandis que nous dévalions la pente. Avec nos deux poids combinés, nous avions pris beaucoup plus d'élan que les enfants et nous avions déjà dépassé l'endroit où s'arrêtaient leurs traces.

— Tiens-toi, Marley ! hurlai-je. Nous allons dans les bois.

Nous passâmes à deux doigts d'un noisetier, puis entre deux mûriers sauvages, évitant miraculeusement de nous blesser en traversant les broussailles, sans pourtant échapper aux ronces. Il m'apparut cependant que nous allions droit à la source en contrebas, source dont l'eau n'était encore pas durcie. Je tentai de me servir de mes pieds comme freins, mais ils étaient bloqués. La pente était abrupte. J'eus juste le temps de prendre Marley dans mes bras, de fermer les yeux et de hurler « *Whoaaaaaa* ! »

J'avais l'impression d'être dans un dessin animé, à un de ces moments critiques où l'on est suspendu en l'air pendant quelques interminables secondes avant de s'écraser au sol. Cependant, dans mon propre dessin animé, j'étais plaqué contre un labrador retriever fou et baveux. Nous nous cramponnâmes l'un à l'autre pour atterrir dans un tas de neige avec un pouf étouffé, juste au bord de l'eau. J'étais à moitié sur la luge, à moitié par terre. J'ouvris les yeux et fis le point. Je pouvais mouvoir mes orteils et mes doigts, et bouger la tête. Je n'avais rien de cassé. Marley était debout en train de me tourner autour, impatient de recommencer. Je me levai en râlant et, tout en époussetant mes vêtements, je dis :

— Je deviens trop vieux pour ces bêtises.

Dans les mois qui suivirent, il devint de plus en plus manifeste qu'il en était de même pour Marley.

Un peu avant la fin de ce premier hiver en Pensylvanie, je remarquai que Marley glissait lentement de l'âge mûr à l'âge de la retraite. Il avait eu neuf ans en décembre et depuis, il avait sérieusement ralenti l'allure. Il avait toujours des phases d'excitation et des poussées d'adrénaline, comme le jour de la première neige, mais à présent, nos jeux duraient moins longtemps et étaient plus tranquilles. Marley était heureux de se prélasser une grande partie de la journée et durant nos promenades, il se fatiguait plus vite que moi, ce qui était nouveau. L'un des derniers jours de l'hiver – la température avoisinait le zéro, mais il y avait déjà des effluves de printemps dans l'air –, je dévalai la colline avec lui et projetai d'escalader la suivante, plus raide, au sommet de laquelle trônait la petite église blanche, à côté d'un vieux cimetière des vétérans de la Guerre Civile. C'était une promenade que nous faisions régulièrement et, l'automne précédent, Marley avait grimpé la colline sans effort, en dépit de la pente très inclinée, qui nous faisait toujours haleter tous les deux. Cette fois, Marley était à la traîne. Je le cajolai, lui prodiguai des encouragements, mais on aurait dit une poupée dont les mouvements ralentissaient à mesure que ses batteries se déchargeaient. Marley n'avait tout simplement plus l'énergie de grimper jusqu'au sommet de la colline. Je m'arrêtai pour lui donner le temps de souffler – ce que je n'avais jamais fait auparavant.

— Tu ne vas pas me laisser tomber, hein ? l'interrogeai-je en me penchant et en caressant sa tête de mes mains gantées.

Il leva les yeux sur moi – de grands yeux brillants – totalement indifférent à son propre manque d'enthousiasme. Ses yeux étincelaient, comme si la vie ne pouvait pas être plus belle qu'aujourd'hui – assis au bord d'une route de campagne, par une fraîche journée de fin d'hiver, avec son maître à ses côtés.

— Si tu espères que je vais te porter, tu peux tout de suite faire une croix dessus.

Le soleil le réchauffait de ses rayons et je remarquai seulement alors les petites touffes de poils gris qui piquetaient sa tête fauve. Comme son pelage était très clair, l'effet était subtil, mais indéniable. Son museau et une grande partie de son front avaient pris une teinte grise. Imperceptiblement, notre chiot était devenu un vieux chien.

Cela ne voulait pas dire qu'il se comportait mieux pour autant. Marley avait toujours ses mauvaises habitudes, simplement, il agissait à une allure plus modérée. Il volait toujours de la nourriture dans les assiettes des enfants. Il continuait de fouiller dans la poubelle de bouteilles vides. Il s'étranglait toujours avec son collier. Avalait un large éventail d'objets de la maison. Buvait l'eau à même la baignoire et répandait des gouttes partout. Et lorsque le ciel noircissait et que le tonnerre grondait, il paniquait. S'il était seul, il devenait destructeur. Un jour, nous étions rentrés à la maison pour trouver Marley dans un océan de plumes au beau milieu du matelas de Conor éventré.

Les années passant, nous prenions les choses avec philosophie et avions l'habitude de réparer les dégâts, qui étaient moins importants, à présent que nous nous étions éloignés des dangereuses tempêtes de Floride. Dans une vie de chien, des murs étaient endommagés, des canapés déchiquetés, des tapis mis en pièces. Comme dans toute relation, il y avait des dommages. Il y avait un prix que nous étions prêts à payer en contrepartie de la joie, du bonheur, de la sollicitude et de la fidélité que Marley nous avait prodigués. Nous aurions pu acheter un petit bateau avec ce que nous avions dépensé pour soigner notre chien et remplacer les objets qu'il avait détruits. Mais bon, combien de bateaux attendaient le retour de leurs maîtres toute la journée devant la porte ? Combien vivaient pour le moment où ils pourraient grimper sur leurs genoux ou dévaler la colline avec eux sur une luge en leur léchant le visage ?

Marley faisait partie de notre famille. Tel un oncle lunatique mais aimant, il était fidèle à lui-même. Il ne serait jamais Lassie ni Benji ou Old Yeller ; il ne rentrerait jamais au Kennel Club. Nous le savions à présent. Mais nous l'acceptions tel qu'il était et nous l'aimions plus que tout.

— Mon bon vieux chien, lui dis-je sur le bord de la route en cette journée de fin d'hiver, en lui grattant le cou.

Notre destination, le cimetière, était un peu plus en hauteur. Comme dans la vie, me disais-je, le but est moins important que le voyage. Je m'agenouillai, posai mes mains sur ses flancs et lui proposai :

— Et si on s'asseyait un moment ?

Quand il fut prêt à repartir, nous fîmes demi-tour et reprîmes le chemin de la maison.

23

Des poules à l'honneur

Au printemps, nous décidâmes de nous essayer à l'élevage d'animaux. Nous possédions quatre-vingts ares de terrain. Il nous paraissait normal de les partager avec un ou deux animaux de ferme. De plus, j'étais le rédacteur en chef de *Organic Gardening*, un magazine qui encourageait l'élevage d'animaux – et l'utilisation de leur fumier – pour le développement d'un jardin sain et équilibré.

— Ce serait amusant d'avoir une vache, suggéra Jenny.

— Une vache ? Tu es folle ? Nous n'avons même pas de grange ; comment pourrions-nous avoir une vache ? Où la garderions-nous ? Dans le garage, à côté du minivan ?

— Et des moutons ? Les moutons sont mignons.

Je lui lançai un regard équivoque, qui signifiait qu'elle n'avait pas une once de sens pratique.

— Une chèvre alors ? Les chèvres sont adorables.

Finalement, nous optâmes pour les poules. Pour un jardinier qui s'était débarrassé de tous pesticides chimiques et fertilisants, élever des poules était parfaitement sensé. Elles étaient bon marché et ne requéraient pas beaucoup d'entretien. Elles n'avaient besoin que d'un petit enclos et de quelques gamelles de maïs concassé tous les matins pour être heureuses. Non seulement les poules nous fourniraient des œufs frais, mais en plus, quand elles seraient en liberté, elles passeraient leur temps à faire méthodiquement place nette, mangeant insectes, vers, dévorant tiques, retournant la terre comme autant d'efficaces petits motoculteurs, tout en fertilisant le sol grâce à leurs déjections à haute teneur en nitrogène. Tous les soirs, au crépuscule, elles retourneraient d'elles-mêmes dans leur enclos. N'était-ce pas idéal ? Une poule était la meilleure amie du jardinier. Les poules avaient une raison d'être. De plus, comme Jenny l'avait fait remarquer, elles étaient mignonnes.

Nous avions choisi la basse-cour. Jenny s'était liée d'amitié avec une maman de l'école qui vivait dans une ferme et qui lui avait dit qu'elle serait heureuse de nous donner quelques poussins de la prochaine couvée. Je parlai à Digger de nos projets et il était d'accord pour dire qu'élever quelques poules était une bonne idée. Digger avait lui-même bâti un grand enclos où il gardait une flopée de poules et de poulets à la fois pour les œufs et la viande.

— Je dois juste vous prévenir, dit-il en croisant ses bras sur sa poitrine. Quoi que vous fassiez, ne laissez pas les enfants leur donner des noms. Une fois qu'elles ont des noms, ce ne sont plus des poules, ce sont des animaux domestiques.

— Vous avez raison, acquiesçai-je.

L'élevage ne laissait aucune place au sentimentalisme, j'en étais bien conscient. Les poules vivaient quinze ans et plus mais elles ne pondaient des œufs que les premières années. Quand elles cessaient de pondre, elles étaient bonnes pour le pot-au-feu. Cela faisait partie du processus.

Digger me lança un regard dubitatif, comme s'il devinait que j'étais contre cette idée, et ajouta :

— Une fois que vous leur avez donné des noms, c'est trop tard.

— Absolument, je suis d'accord. Pas de nom.

Le soir suivant, quand je revins du bureau, les enfants coururent pour m'accueillir, chacun tenant un poussin dans ses bras. Jenny était juste derrière eux, avec un quatrième poussin dans la paume de sa main. Son amie Donna avait apporté les poussins dans l'après-midi. Ils avaient à peine un jour et me regardaient de leur drôle de petite tête comme pour me dire : *Vous êtes ma maman ?*

Patrick fut le premier à prendre la parole.

— J'ai appelé le mien Plume ! proclama-t-il.

— Le mien s'appelle Tweety, dit Conor.

— Moi Wuffy, intervint Colleen.

Je lançai à Jenny un regard réprobateur.

— Fluffy, dit Jenny, elle a appelé son poussin Fluffy !

— Jenny, protestai-je, que nous a dit Digger ? Ce sont des animaux de ferme, pas des animaux domestiques.

— Oh, allez, monsieur le fermier, tu sais aussi bien que moi que tu ne pourrais jamais leur faire le moindre mal. Regarde comme elles sont mignonnes.

— Jenny, dis-je d'une voix qui trahissait ma frustration.

— Cela dit, dit-elle en me montrant le quatrième poussin qu'elle tenait dans ses mains, je te présente Shirley.

Feathers, Tweety, Fluffy et Shirley furent installés dans une boîte dans un coin de la cuisine, avec une lampe au-dessus d'eux pour les tenir au chaud. Les poussins mangeaient, déféquaient, puis mangeaient de nouveau – et grandissaient à un rythme vertigineux. Quelques semaines après leur arrivée à la maison, je fus réveillé à l'aube par un bruit étrange. Je m'assis dans le lit et tendis l'oreille. Du rez-de-chaussée s'élevait un faible couinement. C'était un gémissement éraillé, qui tenait plus du râle d'un tuberculeux que de la franche affirmation. Cela se produisit de nouveau : Cocorico ! Quelques secondes plus tard s'éleva une autre voix, tout aussi faible mais bien distincte : Cocorico ! Je secouai Jenny et, quand elle ouvrit les yeux, lui demandai :

— Quand Donna t'a apporté les poules, tu lui as demandé de bien vérifier que c'était des femelles, n'est-ce pas ?

— Tu veux dire qu'on peut faire ça ? demanda-t-elle avant de se retourner et de se rendormir.

Cela s'appelait le sexage. Les fermiers qui connaissaient leur affaire étaient capables d'examiner un poussin nouveau-né et de déterminer, avec une marge d'erreur de vingt pour cent, si c'était un mâle ou une femelle. Au magasin animalier, les poules sexuées étaient plus coûteuses. L'option la moins chère consistait à acheter des animaux de sexe indéterminé. On prenait le risque de ne pas connaître le sexe de ces gallinacés – l'idée étant que les jeunes mâles passaient à la casserole tandis que les femelles étaient gardées pour produire les œufs. Parier ainsi sur la marchandise obligeait à tuer, plumer et dépecer tout mâle excédentaire. Car comme tout éleveur de poules le savait, deux coqs dans la basse-cour, c'était un coq de trop.

Ainsi, Donna n'avait pas essayé de déterminer le sexe de nos poussins et il s'avérait que trois d'entre eux étaient des mâles. Le problème avec les coqs, c'est qu'ils voulaient tous être le roi de la basse-cour. Si on avait autant de mâles que de femelles, on pouvait imaginer qu'ils allaient se mettre par paires et former de joyeux couples, dans le style de Ozzie et Harriet. Mais pas du tout. Les mâles se battaient inlassablement, se becquetant avec férocité pour déterminer lequel dominerait la mêlée. Le vainqueur raflait toute la mise.

Une fois adolescents, nos trois coqs prirent de l'assurance. Ils se donnaient des coups de bec et, encouragés par leur testostérone, poussaient des cris perçants dans la cuisine où ils avaient élu domicile, ce qui était particulièrement stressant. Je me dépêchai donc de terminer l'enclos dans la cour.

Shirley, notre pauvre petite poule, bénéficiait de bien plus d'attentions que la femme la plus dépravée l'eût souhaité. Je pensais que les cris stridents permanents des coqs allaient rendre Marley fou. Dans ses jeunes années, le piaillement du moindre petit oiseau dans la cour le mettait dans un état frénétique et il aboyait aussitôt en courant d'une fenêtre à l'autre et en se dressant sur ses pattes arrière. Pourtant, la présence de ces trois coqs à deux pas de sa gamelle ne lui faisait apparemment aucun effet. Chaque jour, les cris devenaient plus stridents, s'élevant de la cuisine pour résonner dans toute la maison dès cinq heures du matin. Cocorico ! Marley dormait juste à côté de ce raffut. C'est ainsi que pour la première fois, je me dis que Marley n'ignorait peut-être pas volontairement le bruit ; sans doute ne l'entendait-il pas. Je me plaçai derrière lui un après-midi pendant qu'il se prélassait dans la cuisine et l'appelai :

— Marley ?

Rien. Je dis plus fort :

— Marley !

Toujours rien. Je frappai dans mes mains et criai :

— MARLEY !

Il leva la tête et regarda d'un air surpris autour de lui, les oreilles dressées, tentant d'identifier ce que son radar avait détecté. Je recommençai à crier et à taper dans mes mains. Cette fois, il tourna la tête, suffisamment pour m'apercevoir dans son champ de vision. *Oh, c'est toi !* Il se leva, la queue frétillante, heureux – et manifestement étonné – de me voir. Il se frotta contre mes jambes avec chaleur et me jeta un regard sceptique qui signifiait : *Quelle idée de me faire peur comme ça !* Mon chien, selon toute vraisemblance, devenait sourd.

Ainsi tout s'expliquait. Ces derniers mois, Marley avait paru tout simplement m'ignorer, ce qui ne lui était jamais arrivé auparavant. Je l'appelais et il ne me jetait même pas un regard. Je l'emmenais dehors un peu avant la tombée de la nuit et il reniflait un peu partout dans le jardin, indifférent à mes appels et mes sifflements pour le faire revenir. Quand il était étendu à mes pieds dans le salon et que quelqu'un sonnait à la porte, il ne se donnait même pas la peine d'ouvrir un œil.

Les oreilles de Marley lui avaient causé des problèmes dès son plus jeune âge. Comme beaucoup de labradors retrievers, il était prédisposé aux infections auriculaires et nous avions dépensé une véritable petite fortune en antibiotiques, pommades, pansements et soins vétérinaires. Il avait même subi une petite intervention chirurgicale pour tenter de corriger le problème. Je ne m'étais pas rendu compte – avant l'arrivée de ces animaux infernaux – que tous ces problèmes avaient fini par avoir raison de Marley et que notre chien avait graduellement glissé dans un monde feutré où les bruits les plus grands n'étaient plus que de lointains murmures.

Non pas que cela semblât le perturber outre mesure. La retraite convenait parfaitement à Marley et ses problèmes d'audition n'avaient pas l'air de gêner le moins du monde sa vie paresseuse à la campagne. Je dirais même que cette surdité accidentelle lui donnait enfin une excuse médicalement certifiée de nous désobéir. Après tout, comment pourrait-il obéir à un ordre qu'il n'entendait pas ? J'avais toujours affirmé qu'il était mentalement déficient, mais aujourd'hui, je jurerais qu'il avait trouvé le moyen d'utiliser la surdité à son avantage. Laissez tomber un steak dans sa gamelle et il accourait en trottinant depuis la pièce adjacente. Il avait toujours la capacité de détecter le son étouffé de la chute d'un steak dans un récipient de métal. Mais ordonnez-lui de venir quand il se trouvait là où il n'aurait pas dû être, et il s'éloignait allégrement de vous, sans même lancer un regard empreint de culpabilité par-dessus son épaule, comme il le faisait auparavant.

— Je pense que ce chien est en train de nous rouler, dis-je à Jenny.

Elle était d'accord pour dire que son audition était devenue sélective, mais à chaque fois que nous le testions – tapant dans nos mains ou criant son nom – il ne réagissait pas. En revanche, dès que nous remplissions sa gamelle de nourriture, il accourait aussitôt. Apparemment, il était sourd à tous les sons, excepté ceux qui étaient chers à son cœur, ou, plus précisément, à son estomac. C'était l'appel du ventre.

Tout au long de sa vie, Marley avait toujours été affamé. Non seulement nous lui donnions quatre grandes platées de nourriture pour chien par jour – ce qui représentait suffisamment de nourriture pour entretenir une famille entière de chihuahuas – mais nous avions commencé de notre propre chef à ajouter à son alimentation les restes de nos repas, en dépit des conseils – unanimes sur ce point – prodigués par les spécialistes. Les restes, nous le savions, amenaient les labradors à préférer la nourriture humaine à la nourriture pour chiens (mais qui pourrait les blâmer de choisir une moitié de hamburger plutôt que des boulettes de viande séchée ?). L'ingestion de restes favorisait l'obésité. Les labradors, en particulier, avaient une propension à l'embonpoint, surtout quand ils atteignaient l'âge mûr. Certains labradors, notamment ceux de la lignée anglaise, avaient tellement engraissé à l'âge adulte qu'on eût dit qu'ils avaient été gonflés à l'hélium et qu'ils étaient prêts à s'envoler au-dessus de la Cinquième Avenue pendant la parade de Thanksgiving.

Notre chien n'était pas de ceux-là. Marley avait beaucoup de problèmes, mais l'obésité n'en faisait pas partie. Peu importait le nombre de calories qu'il ingérait, il en brûlait toujours plus. Toute cette exubérance débridée consumait une incroyable énergie. Il était comme une puissante machine qui convertissait chaque particule de carburant en énergie brute. Marley était un spécimen au physique impressionnant, le genre de chien que les passants s'arrêtaient pour admirer. Il était immense pour un labrador retriever, beaucoup plus grand que la moyenne des mâles de cette race, qui pesaient entre trente et trente-six kilos. Même en vieillissant, il était encore tout en muscles – quarante-quatre kilos sans une once de graisse. Sa cage thoracique était de la taille d'un fût de bière, mais ses côtes étiraient sa peau sans la moindre trace de couche graisseuse. L'obésité était loin de nous inquiéter ; c'était plutôt le contraire. Lors de nos dernières visites au Dr Jay, avant de quitter la Floride, Jenny et moi avions exprimé les mêmes inquiétudes : nous lui prodiguions d'énormes quantités de nourriture, mais il était toujours beaucoup plus fin que la plupart des labradors, et il semblait tout le temps affamé, même après avoir avalé un seau entier de boulettes séchées qui auraient suffi à nourrir un cheval de trait. Étions-nous progressivement en train de l'affamer ? Le Dr Jay nous répondait invariablement la même chose. Il palpait les flancs de Marley, lui laissait librement arpenter la salle d'examen et nous disait que, d'un point de vue physique, Marley allait parfaitement bien.

— Continuez à le nourrir exactement de la même façon, disait-il.

Puis, quand Marley venait renifler son entrejambe ou chipait une boule de coton sur le comptoir, il ajoutait :

— Évidemment, je n'ai pas besoin de vous dire que Marley brûle beaucoup de calories à cause de son tempérament nerveux.

Chaque soir, après dîner, quand venait l'heure du repas de Marley, je remplissais sa gamelle de nourriture pour chien puis j'ajoutais sans compter tous les restes de notre repas du soir. Avec trois jeunes enfants à table, les assiettes à moitié terminées étaient monnaie courante. Croûtons de pain, gras de viande, peaux de poulet, riz, carottes, purée de prunes, sandwiches, pâtes vieilles de trois jours – tout finissait dans sa gamelle. Notre chien avait beau faire les pires bêtises, il était nourri comme le prince de Galles. Les seuls aliments que nous ne lui donnions pas étaient ceux qui étaient mauvais pour sa santé, comme les bonbons, les pommes de terre et le chocolat. Je n'approuvais pas les gens qui donnaient à leur animal la même chose qu'à leurs enfants, mais agrémenter les repas de Marley avec les restes qui auraient de toute façon terminé à la poubelle me donnait l'impression d'être économe – pas de gaspillage chez nous – et charitable. Marley était on ne peut plus heureux d'avoir de quoi rompre la monotonie de ses repas.

Lorsque Marley ne remplissait pas la fonction de finisseur de restes, il faisait son devoir de membre de l'équipe de nettoyage de la maison. Aucun désastre n'était insurmontable pour Marley. Un de nos enfants envoyait valser une assiette pleine de spaghettis et de boulettes de viande sur le sol ? Nous n'avions qu'à siffler Marley pour qu'il passât en mode *aspirateur* et dévorât le plus petit morceau de pâte, jusqu'à ce que le sol se mît à briller comme un sou neuf. Petits pois errants, bâtons de céleri, *rigatonis* égarés, giclures de sauce, rien ne lui échappait. Au plus grand amusement de nos amis, il allait jusqu'à engloutir les feuilles de salade.

Cependant, la nourriture n'avait pas besoin de passer par le sol pour finir dans l'estomac de Marley. C'était un voleur rusé et sans scrupules, qui visait essentiellement les assiettes des enfants, souvent distraits. Mais il ne passait à l'action qu'après s'être assuré que Jenny et moi ne le surveillions pas. Pour lui, les fêtes d'anniversaire étaient synonymes de festin. Il se frayait un chemin à travers la foule des enfants de cinq ans et leur chipait leurs hot dogs sans le moindre remords. À l'une de ces fêtes, j'aurais pu jurer qu'il avait avalé près des deux tiers du gâteau d'anniversaire, lapant morceau après morceau dans les assiettes en carton posées sur les genoux des enfants.

Peu importait la quantité de nourriture qu'il ingérait, il en voulait toujours plus. Quand la surdité le frappa, nous ne fûmes pas totalement surpris que le seul bruit qu'il pût encore entendre fut le son doux et feutré de la nourriture tombant dans sa gamelle.

Un jour, je rentrai du travail et trouvai la maison vide. Jenny et les enfants étaient sortis. J'appelai Marley sans obtenir de réponse. Je me rendis à l'étage, où il faisait parfois la sieste quand il se retrouvait seul à la maison, mais il n'était nulle part en vue. Après m'être changé, je retournai au rez-de-chaussée et le trouvai très affairé dans la cuisine. Me tournant le dos, il était perché sur ses pattes arrière et, les pattes avant et la poitrine posées sur la table, il avait réussi à atteindre des restes de sandwichs au fromage disposés dans des assiettes. Ma première impulsion fut de le réprimander sévèrement. Au lieu de cela, je décidai de vérifier jusqu'où je pouvais m'avancer avant qu'il ne se rendît compte de ma présence. Je m'approchai de lui à pas de loup, si près que je pouvais presque le toucher. Tout en engouffrant cet en-cas au fromage, il jetait de temps à autre un coup d'œil à la porte qui menait au garage, sachant que c'était par cette porte que Jenny et les enfants rentreraient de leur balade. À l'instant où cette porte s'ouvrirait, Marley serait allongé sous la table, feignant de dormir. Apparemment, il ne lui était pas venu à l'esprit que Papa pouvait lui aussi rentrer à la maison et s'introduire par la porte de devant.

— Oh, Marley ? dis-je d'une voix normale. Que crois-tu que tu es en train de faire ?

Il continuait tout bonnement à se régaler de sandwichs, ignorant ma présence. Sa queue battait tranquillement, signe qu'il se croyait seul. À l'évidence, il était très content de lui.

J'éclaircis ma gorge en toussant, mais il ne m'entendait toujours pas. Je sifflai, fis claquer ma langue, sans succès. Il s'était farci un sandwich et s'étirait déjà pour atteindre les morceaux abandonnés dans la seconde assiette.

— Tu es un vilain chien, lui dis-je, alors qu'il poursuivait son opération de nettoyage.

Je fis claquer mes doigts deux fois et il stoppa net, en plein milieu d'une bouchée, fixant la porte de derrière. *Qu'est-ce que c'était ? Aurais-je entendu le claquement d'une portière ?* Après un moment, il se dit qu'il n'avait rien entendu et reprit son déjeuner.

Je franchis alors la courte distance qui me séparait de lui et lui mis une tape sur l'arrière-train. J'aurais aussi bien pu allumer un bâton de dynamite. Le vieux chien faillit en perdre tous ses poils ! Affolé, il tourna la tête et dès qu'il me vit, sauta à terre et roula sur le dos, m'offrant la vision de son ventre en signe de capitulation.

— Pris au piège ! lui dis-je. Tu t'es fait avoir !

Cependant, je n'avais pas le cœur à le réprimander. Il était vieux ; il était sourd ; il était trop tard pour vouloir le changer. Le prendre au piège avait été amusant et le voir sursauter m'avait bien fait rire. À présent qu'il était étendu à mes pieds pour quémander mon pardon, je trouvais cela un peu triste. Secrètement, j'espérais qu'il était en train de feindre sa soumission.

Je terminai l'enclos des poules, une structure de contreplaqué avec une sorte de pont-levis de bois en guise de passerelle, qui pouvait être relevé la nuit pour tenir les prédateurs à distance. Donna nous avait gentiment repris deux de nos coqs contre deux poules de son poulailler. Nous avions à présent trois femelles et un mâle gonflé de testostérone qui passait son temps à trois choses : poursuivre les poules, forniquer et parader. Jenny fit observer que les coqs étaient la représentation de ce que seraient les hommes s'ils étaient livrés à eux-mêmes, sans aucune convention sociale pour brider leurs instincts primaires, et je ne pouvais qu'être d'accord avec elle. Je devais bien l'admettre, j'éprouvais une sorte d'admiration pour ce bâtard de coq.

Tous les matins, nous laissions les poules en liberté dans la cour. Marley se lançait à leur poursuite, courant et aboyant après elles avant de se calmer et d'abandonner la partie. C'était comme si quelque code génétique profondément enfoui l'avait rappelé à l'ordre. *Tu es un retriever, un chasseur; ce sont des oiseaux. Ne serait-ce pas une bonne idée de les pourchasser?* Mais Marley n'avait tout simplement pas le cœur à ça. Bientôt, les gallinacés comprirent que l'impressionnante bête fauve n'était pas une menace – plus une perturbation mineure qu'autre chose – et Marley apprit à partager la cour avec ses nouveaux compagnons à plumes. Un jour, je cessai de désherber le jardin pour observer la cour et je vis Marley et les quatre poulets se diriger vers moi en bonne formation – les oiseaux picoraient le sol et Marley reniflait un peu partout. On eût dit de vieux amis en promenade dominicale.

— Quel genre de chien de chasse es-tu donc? le taquinai-je.

Marley leva la patte, pissa sur une tomate, puis accéléra le pas pour rejoindre ses nouveaux amis.

24

Le petit coin

Un vieux chien peut nous apprendre bien des choses. Tandis que les mois passaient et que ses infirmités s'aggravaient, Marley nous fit prendre conscience de l'inexorable finitude de la vie. Jenny et moi n'étions pas vraiment à l'âge mûr. Nos enfants étaient jeunes, notre santé était excellente et la retraite nous semblait à mille lieues. Il aurait été facile d'ignorer l'inévitable passage des années et de prétendre que le temps n'avait pas prise sur nous. Marley ne nous accordait pas le luxe d'une telle dénégation. Alors que nous l'observions devenir plus blanc, plus sourd et plus faible, nous ne pouvions ignorer sa condition de mortel – ou la nôtre. L'âge nous rattrapait tous, mais il rattrapait Marley de façon à la fois fulgurante et discrète. Dans cette courte période de douze années, Marley était passé de l'état de chiot pétillant à celui d'adolescent difficile puis il était devenu un adulte vigoureux avant d'être un vieux chien gâteux. Il vieillissait de sept ans pour une année écoulée, ce qui lui donnait, à l'échelle humaine, l'âge vénérable de quatre-vingt-dix ans.

Ses dents, autrefois d'une blancheur éclatante, se résumaient aujourd'hui à une rangée de chicots bruns. Quatre de ses crocs de devant avaient été cassés lors de l'une de ses crises de panique, quand il essayait de se frayer un chemin vers la sortie. Son haleine – qui nous avait toujours un peu rappelé l'odeur du poisson – avait pris l'arôme peu ragoûtant d'une benne à ordures. Le fait qu'il avait pris goût aux défécations de poules était loin d'arranger les choses. Et pour nous dégoûter tout à fait, Marley gobait leurs excréments comme si c'était du caviar.

Son système digestif ne fonctionnait plus comme avant et il était maintenant constamment bourré de gaz, comme une bonbonne de méthane. Il y avait des jours où j'étais persuadé que si je faisais craquer une allumette à côté de lui, toute la maison allait exploser. Marley était capable d'infester une pièce entière de ses flatulences silencieuses et nocives, qui semblaient augmenter proportionnellement au nombre de convives présents pour le dîner.

— Marley ! Tu ne vas pas recommencer ! criaient les enfants à l'unisson avant de battre en retraite.

Parfois, Marley lui-même quittait la pièce. Il était tranquillement en train de dormir quand l'odeur atteignait ses narines. Il ouvrait les yeux et fronçait les sourcils comme pour demander : *Bon Dieu ! Qui a fait ça ?* Puis il se levait nonchalamment et gagnait la pièce à côté.

Quand il n'avait pas de gaz, il faisait ses besoins à l'extérieur. Ou du moins il y réfléchissait intensément. Le choix du lieu où il allait se soulager était devenu une véritable obsession. Chaque fois que je le laissais sortir, il mettait un temps fou à déterminer le lieu idéal. Il se promenait de long en large, puis repérait un endroit et explorait, reniflait, grattait le sol, puis tournait sur lui-même, avant de recommencer son manège –, tout cela avec une sorte de rictus ridicule sur le visage. Tandis qu'il arpentait le terrain à la recherche de son Nirvana, je patientais dehors, parfois sous la pluie, parfois dans l'obscurité de la nuit, souvent pieds nus, vêtu d'un simple caleçon, sachant par expérience que je ne pouvais pas le laisser sans surveillance, de crainte qu'il ne descendît la colline pour rendre visite aux chiens des environs.

Pour Marley, s'éclipser était devenu une sorte de sport. Si l'opportunité se présentait et s'il s'en croyait capable, il franchissait aussitôt les limites du terrain. Mais il ne fonçait pas vraiment. Il avait plutôt tendance à tracer son chemin en reniflant d'un buisson à un autre, jusqu'à ce qu'il fût hors de vue. Un soir, tard, je l'avais laissé sortir devant la maison pour une dernière promenade avant d'aller au lit. Une pluie verglacée formait une couche de givre sur le gazon et je rentrai à l'intérieur pour prendre un imperméable dans la penderie. Quand je retournai dans l'allée moins d'une minute plus tard, Marley avait disparu. Je parcourus la cour, sifflai, tapai dans mes mains – Marley ne pouvait m'entendre, mais j'étais sûr que les voisins m'entendaient, eux. Durant vingt minutes, je parcourus le jardin de mes voisins sous la pluie, avec un look dernier cri – boots, imperméable et caleçon. Je priai pour que personne n'eût l'idée d'allumer les lumières de son porche. Plus je fouillais les alentours, plus ma colère augmentait. Où diable était-il allé se balader cette fois-ci ? Les minutes passant, ma colère se mua en inquiétude. Je pensais aux histoires qu'on lisait dans les journaux à propos de vieillards qui s'étaient éloignés de chez eux pour se promener et qu'on avait retrouvés gelés dans la neige trois jours plus tard. Je retournai à la maison, fonçai à l'étage et réveillai Jenny.

— Marley a disparu. Je ne le trouve nulle part. Il est quelque part dehors sous une pluie verglacée.

Jenny bondit instantanément sur ses pieds, enfila un jean, un sweat-shirt et des bottes. Ensemble, nous décidâmes d'élargir les recherches. Jenny arpenta la colline, en sifflant et en tapant dans ses mains tandis que je m'enfonçais dans les bois au cœur de la nuit, m'attendant presque à trouver Marley étendu inconscient au fond de la source.

Finalement, nos chemins se rejoignirent.

— Alors ? demandai-je.

— Rien, répondit Jenny.

Nous étions trempés et le froid mordait mes jambes nues.

— Viens, lui dis-je. Rentrons à la maison pour nous réchauffer. J'y retournerai avec la voiture.

Nous redescendîmes la colline et remontâmes l'allée de notre maison. C'est alors que nous le retrouvâmes, assis sous le porche, l'air incroyablement heureux de nous voir. J'aurais pu le tuer. Au lieu de cela, je le ramenai à l'intérieur et le frictionnai avec une serviette, une odeur tenace de chien mouillé emplissant la cuisine. Épuisé par cette équipée nocturne, Marley s'échoua sur le sol et n'émergea pas avant le lendemain midi.

La vue de Marley avait beaucoup baissé et à présent, les lapins pouvaient gambader à quelques mètres de lui sans même qu'il les remarquât. Il perdait ses poils en grandes quantités, ce qui obligeait Jenny à passer l'aspirateur tous les jours – et malgré cela, elle n'en venait pas à bout. Des poils de chien s'insinuaient dans les recoins de la maison, dans les plis de nos vêtements, et on en retrouvait même parfois quelques-uns dans nos assiettes. Il avait toujours perdu ses poils, mais ce qui était auparavant une simple brise s'était transformé en un véritable blizzard. Lorsqu'il s'ébrouait, un nuage de poils se répandait autour de lui, pour se déposer sur toutes les surfaces imaginables. Un soir, pendant que je regardais la télévision, ma jambe se balançait doucement par-dessus l'accoudoir du canapé et sans faire attention, mon pied nu frottait son pelage, au niveau des hanches. Au moment de la coupure publicitaire, je découvris un cercle de peau nue à l'endroit où mon pied l'avait frotté. Des boules de poils roulaient sur le parquet comme des moutons de poussière.

Le plus inquiétant était l'état de ses hanches, qui s'était considérablement dégradé. L'arthrite qui rongeait ses articulations l'affaiblissait et le faisait souffrir. Le chien qui autrefois m'entraînait derrière lui comme un animal sauvage, ce chien qui pouvait emporter une table de fer forgé et la promener à travers une place, parvenait maintenant à peine à soulever son propre poids. Il gémissait de douleur quand il s'allongeait sur le sol et grognait pour se mettre sur pied. Je ne compris à quel point ses hanches étaient fragiles que le jour où, après lui avoir donné une légère tape sur les fesses, il s'affaissa sur ses jambes arrière comme s'il venait de recevoir un mauvais coup. Il s'était écroulé. Cela faisait peine à voir.

Grimper les escaliers qui menaient à l'étage devint incroyablement difficile pour lui, mais il ne supportait pas l'idée de dormir seul au rez-de-chaussée. Il dédaignait le lit que nous lui avions installé au pied des escaliers. Marley aimait la compagnie, il aimait se rouler en boule au pied des gens, il adorait poser son menton sur le matelas et nous observer dormir, il se faisait une joie de passer la tête par le rideau de la douche et boire l'eau de la baignoire pendant que nous nous lavions, et il n'allait pas s'arrêter aujourd'hui. Chaque nuit, quand Jenny et moi nous retirions dans notre chambre, il se campait en bas des escaliers, gémissant, glapissant, posant la patte sur la première marche tout en tentant de rassembler le courage nécessaire pour entamer cette difficile ascension qui, il n'y a pas si longtemps, ne lui coûtait aucun effort. Depuis le haut des escaliers, je l'encourageais.

— Allez, mon vieux. Tu peux le faire.

Après quelques minutes, il reculait et prenait de l'élan avant de sonner la charge, s'appuyant sur ses épaules qui supportaient la plus grande partie de son poids. Parfois, il réussissait; parfois, il s'arrêtait à mi-course et devait recommencer. Dans ses tentatives les plus désespérées, ses pattes se dérobaient sous lui et il redescendait les escaliers en glissant sur le ventre. Il était trop lourd pour que je le porte, mais je le suivais dans son ascension, soulevant son arrière-train à chaque marche pendant qu'il s'appuyait sur ses pattes avant.

Étant donné la difficulté que représentait pour lui la montée des marches, je supposai que Marley limiterait ses escapades à l'étage au strict minimum. C'était lui donner beaucoup trop de sens commun. Peu lui importait la souffrance de chaque escalade, dès que je retournai au rez-de-chaussée – pour prendre un livre ou éteindre la lumière – il était aussitôt sur mes talons, me suivant péniblement dans mes déplacements. Puis, quelques secondes plus tard, il reprenait sa pénible ascension. Jenny et moi faisions en sorte de nous affairer autour de lui à l'étage afin qu'il ne fût pas tenté de redescendre. À présent qu'il n'entendait plus rien et que son sommeil était plus profond que jamais, nous pensions qu'il nous serait plus facile de retourner au rez-de-chaussée sans qu'il s'en rendît compte. Mais il semblait toujours sentir quand nous nous éclipsions. Un soir, je lisais dans mon lit pendant qu'il dormait sur le sol à côté de moi, ronflant bruyamment. Je repoussai les couvertures, me glissai hors du lit, l'enjambai à pas de loup et quittai la pièce – non sans vérifier que je ne l'avais pas dérangé. J'étais en bas depuis à peine une minute quand j'entendis le pas lourd de mon chien dans l'escalier – il était à ma recherche. Il avait beau être sourd et à moitié aveugle, son radar était toujours opérationnel.

Cela arrivait aussi bien le jour que la nuit. J'étais assis à la table de la cuisine en train de lire le journal, Marley pelotonné à mes pieds, puis je me levais et traversais la pièce pour me resservir une tasse de café. Même si je restais dans son champ de vision, Marley se mettait courageusement debout et marchait péniblement vers moi. À peine s'était-il confortablement installé à mes pieds que je retournais m'asseoir à table. Il se relevait alors douloureusement pour revenir à mes côtés. Quelques minutes plus tard, je me rendais au salon pour mettre en marche la chaîne hi-fi et, de nouveau, il peinait à se mouvoir jusqu'à moi, pour tomber à mes pieds avec un gémissement, juste au moment où je m'apprêtais à retourner dans la cuisine. Ainsi me suivait-il partout, et il faisait de même avec Jenny et les enfants.

Avec l'âge, Marley avait de bons jours et de mauvais jours. Il avait aussi de bons et de mauvais moments, à si peu d'intervalle qu'il était parfois difficile de croire qu'il s'agissait du même chien.

Un soir, au printemps de l'année 2002, j'emmenai Marley faire une courte promenade dans le jardin. La soirée était fraîche et une brise légère soufflait. Revigoré par l'air vif, je commençai à courir et Marley, lui-même sensible au froid, galopait à mes côtés comme au bon vieux temps. Je lui dis même d'une voix forte :

— Tu vois, Marl, il y a toujours un jeune chiot en toi.

Nous trottinâmes de concert jusqu'à la porte d'entrée. Il haletait joyeusement, la langue pendante et les yeux alertes. Arrivé au porche, il tenta de grimper les deux marches du perron, mais ses pattes arrière se dérobèrent sous lui et il se retrouva bizarrement coincé, ses pattes avant sur le perron, son ventre sur les marches et son arrière-train bloqué sur le sol. Il resta un moment dans cette position, me regardant comme s'il se demandait ce qui avait pu causer cette embarrassante situation. Je sifflai, claquai mes mains sur mes cuisses pour lui donner du courage. Il s'appuya courageusement sur ses pattes avant pour essayer de se relever, en vain. Il ne pouvait pas décoller son postérieur du sol.

— Allez, Marley ! criai-je.

Mais il était bel et bien immobilisé.

Finalement, je l'attrapai sous les aisselles et l'aidai à remettre ses pattes avant en bas des marches, de sorte qu'il pût se redresser en s'appuyant sur le sol. Puis, après quelques essais infructueux, il réussit à se mettre debout. Il observa l'escalier avec appréhension pendant quelques secondes et s'élança, cette fois avec succès. Depuis ce jour, sa confiance en lui était entamée. Il n'était plus le champion de la montée d'escaliers. Et plus jamais il ne grimpa ces deux malheureuses marches sans marquer d'abord un temps d'arrêt.

Il n'y avait pas de doute, la vieillesse était une belle garce. Et une garce indigne en plus.

Marley me rappelait la brièveté de la vie, avec ses joies passagères et ses opportunités manquées. Il me rappelait que chacun de nous avait un seul âge d'or, sans aucune possibilité de retour en arrière. Un jour, on nageait au large de l'océan, convaincu que c'était le jour où on allait attraper cette mouette ; le jour suivant, on était à peine capable de se pencher pour boire l'eau de son bol. Comme tout le monde, je n'avais qu'une seule vie. Je ne cessais de me poser la même question : au nom de quoi consacrais-je mon existence à travailler pour un magazine de jardinage ? Je ne voulais pas dire par là que mon travail n'avait pas son lot de satisfactions. J'étais fier de ce que j'avais accompli pour le magazine. Mais les quotidiens me manquaient désespérément. Je regrettais les auteurs, les journalistes, les lecteurs. Faire partie de la petite histoire quotidienne me manquait, tout comme le sentiment que, à mon échelle, je faisais mon possible pour changer les choses. Je regrettais l'excitation de l'écriture, les urgences, les *deadlines* et la satisfaction de trouver dans ma messagerie en me levant le matin des e-mails en réponse à mes articles. Par-dessus tout, j'adorais raconter des histoires. Je me demandais pourquoi j'avais quitté un emploi qui répondait si bien à mes aspirations – pour me perdre dans les eaux tortueuses du management d'un magazine synonyme de budgets squelettiques, pression acharnée des annonceurs, migraines carabinées et ingrates tâches subalternes.

Lorsqu'un ancien collègue me mentionna en passant que le *Philadelphia Inquirer* recherchait un chroniqueur métropolitain, je postulai sans la moindre hésitation. Les postes de chroniqueur étaient extrêmement difficiles à obtenir ; même dans les petites rédactions, quand un poste était vacant, il était souvent pourvu en interne – une telle offre était faite aux journalistes expérimentés qui avaient fait leurs preuves en tant que reporter. L'*Inquirer* jouissait d'une excellente réputation. Lauréat de dix-sept prix Pulitzer, il était l'un des plus grands quotidiens du pays. J'étais un fan et, à présent, les éditeurs du journal voulaient me rencontrer. Je n'aurais même pas à déménager avec ma famille pour prendre mes fonctions. Mon bureau se trouverait à quarante-cinq minutes de la maison, un temps de trajet acceptable. Je ne croyais guère aux miracles. Cela paraissait trop beau pour être vrai, comme si c'était le fruit d'une intervention divine.

J'avais commencé mon nouveau job depuis seulement quelques mois quand la première grosse tempête de neige frappa la région, en 2003. Les flocons commencèrent à tomber un dimanche soir et quand ils s'arrêtèrent le lendemain, une couche de soixante centimètres recouvrait le sol. Les enfants n'auraient pas classe durant trois jours, le temps que les routes fussent déblayées, et moi-même, j'allais écrire ma chronique à la maison. À l'aide d'un petit chasse-neige que m'avait prêté le voisin, je déblayai l'allée et dégageai un chemin jusqu'à la porte d'entrée. Sachant que Marley ne parviendrait pas à escalader les murs de neige pour aller dans la cour, je lui aménageai un « petit coin », comme le nommèrent les enfants – un petit espace à l'écart où il pourrait faire ses besoins. Cependant, quand je l'appelai pour lui montrer ses nouvelles commodités, il se contenta de s'asseoir dans l'espace dégagé et renifla la neige d'un air suspicieux. Il avait des exigences bien particulières en ce qui concernait le choix du lieu où il répondait à l'appel de la nature, et il était évident que cet endroit ne correspondait pas à ses attentes. Il consentit à lever la patte et à faire pipi, mais il n'était pas question pour lui d'aller plus loin. *Faire mes besoins ici ? Juste devant la fenêtre ?*

C'est une plaisanterie ? Il se retourna et, après avoir péniblement escaladé les marches glissantes du perron, rentra à l'intérieur de la maison.

Ce soir-là, après dîner, je l'emmenai de nouveau dehors et cette fois, Marley ne put s'offrir le luxe d'attendre davantage. Il devait le faire. Il fit nerveusement le tour des espaces dégagés – l'allée et le petit coin – tout en reniflant la neige et en parcourant le sol gelé. *Non, ce n'est vraiment pas possible.* Avant que je pusse l'arrêter, il escalada le monticule de neige que le chasse-neige avait créé et commença à se frayer un chemin à travers le jardin, en direction d'un bouquet de pins blancs, à quinze mètres de là. Je ne pouvais en croire mes yeux. Mon vieux chien arthritique s'était lancé dans un trek en montagne. À chaque pas, ses hanches s'affaissaient ct il s'échouait dans la neige, où il restait quelques secondes allongé sur le ventre avant de se remettre péniblement debout pour avancer de nouveau. Progressivement, douloureusement, il se fraya un chemin dans l'épaisse couche de neige, se servant de ses épaules encore puissantes pour progresser. Je me tenais dans l'allée et me demandais comment j'allais pouvoir le sauver quand il serait immobilisé et ne pourrait plus se mouvoir. Mais il continua courageusement sa route et atteignit finalement le pin le plus proche. Soudain, je compris ce qu'il avait en tête. Ce chien avait un plan. Sous le branchage touffu des pins, la couche neigeuse ne faisait pas plus de quelques centimètres. Les arbres faisaient office de parapluie et en dessous, Marley était libre de se mouvoir et de délimiter un espace confortable pour se soulager. Je devais admettre que c'était une idée brillante. Comme à son habitude, il tourna en rond, renifla le sol, gratta la neige, essayant de déterminer le lieu idéal pour son offrande quotidienne. Puis, à mon grand étonnement, il abandonna son agréable abri et pénétra de nouveau dans la neige épaisse, en route pour le pin suivant. Le premier endroit me paraissait convenir, mais il ne répondait apparemment pas aux exigences de mon chien.

Il rejoignit le second pin avec difficulté et jugea l'espace abrité par les arbres inadéquat. Il poursuivit son chemin jusqu'au troisième pin, puis jusqu'au quatrième... cinquième, s'éloignant encore davantage de l'allée. Je tentai de le rappeler, même si je savais qu'il ne pouvait pas m'entendre.

— Marley ! Tu vas t'enliser, andouille ! criai-je.

Mais il s'obstinait à avancer toujours plus loin. Le chien avait un objectif. Enfin, il atteignit le dernier arbre de notre propriété, un grand épicéa avec un épais entrelacs de branches sous lequel les enfants attendaient le bus. C'est là qu'il trouva le coin de terre gelé qu'il recherchait – un espace privé à peine recouvert de neige. Il en fit plusieurs fois le tour et se positionna sur ses vieux os fragiles rongés par l'arthrite. Là, enfin, il se soulagea. Eurêka !

Sa mission accomplie, Marley entama son long périple pour revenir à la maison. Tandis qu'il se débattait avec la neige, j'agitais les bras et tapais dans mes mains pour l'encourager.

— Continue, mon garçon ! Tu peux le faire !

Mais je le voyais se fatiguer et il lui restait encore une longue distance à parcourir.

— Ne t'arrête pas maintenant ! criai-je.

À une dizaine de mètres de l'allée, il s'arrêta net. Il n'en pouvait plus. Il s'effondra dans la neige, épuisé. Marley ne semblait pas complètement perturbé, mais il n'avait pas l'air très à l'aise non plus. Il me lança un regard inquiet.

Maintenant, qu'est-ce qu'on fait, boss ? Je n'en avais pas la moindre idée. Je pouvais me frayer un chemin jusqu'à lui, mais ensuite ? Il était beaucoup trop lourd pour moi. Pendant plusieurs minutes, je restai sur place, l'appelai et l'amadouai, mais Marley ne réagissait plus.

— Ne bouge pas, lui dis-je. Laisse-moi aller mettre mes bottes et je viens te chercher.

Il m'était venu à l'idée que je pouvais le hisser sur la luge et le tirer jusqu'à la maison. Dès qu'il me vit approcher avec la luge, mon plan tomba à l'eau. Il se redressa, comme revigoré. La seule explication était qu'il se rappelait notre incroyable escapade en luge dans les bois et qu'il espérait recommencer. Il se démenait pour avancer vers moi tel un dinosaure empêtré dans le goudron. Je progressai dans la neige, déblayant un chemin pour lui tandis qu'il poursuivait péniblement sa route. Finalement, nous échouâmes tous les deux dans l'allée. Il se secoua pour se débarrasser de la neige et frappa mes jambes de sa queue – essoufflé et rouge, mais fier comme un valeureux aventurier revenu d'une équipée sauvage. Honnêtement, je n'avais pas cru qu'il s'en sortirait.

Le lendemain matin, je dégageai à l'aide d'une pelle un étroit passage jusqu'au pin le plus éloigné, à l'angle de la propriété, et Marley adopta cet espace comme son petit coin privé pour le reste de l'hiver. La crise avait été évitée de justesse, mais des questions restaient sans réponse. Combien de temps allait-il pouvoir continuer comme cela ? Et à quel moment les douleurs et les indignités allaient-elles prendre le pas sur le simple contentement qu'il trouvait à ses journées de paresse ?

25

Contre toute attente

Durant les vacances d'été, Jenny emmena les enfants passer une semaine chez sa sœur à Boston. Je restai seul à la traîne pour travailler. Ce qui voulait dire qu'il n'y avait personne à la maison pour s'occuper de Marley et le faire sortir. Parmi les petits embarras de l'âge, celui qui semblait le déranger le plus était le contrôle amoindri qu'il avait de sa vessie. Marley avait fait bien des bêtises durant sa vie, mais son hygiène avait toujours été irréprochable. C'était l'une des qualités de Marley dont nous pouvions être fiers. Depuis qu'il était tout bébé, il n'avait jamais eu d'accident dans la maison, même quand il restait seul durant dix ou douze heures. Nous disions en plaisantant que sa vessie était d'acier et ses testicules de pierre.

Depuis quelques mois, ce n'était plus la même chose. Marley ne pouvait plus passer plusieurs heures d'affilée sans pause pipi. Quand l'envie le prenait, il devait faire vite et, si nous n'étions pas à la maison pour le faire sortir, il n'avait d'autre choix que de trouver un coin à l'intérieur de la maison. Cela le mettait à l'agonie de faire une chose pareille et nous savions s'il s'était produit un incident à la minute où nous passions la porte d'entrée. Au lieu de nous accueillir de son exubérante manière, il restait en retrait au fond de la pièce, la tête basse, la queue entre les jambes, signes de la honte qu'il ressentait. Nous ne le punissions jamais pour cela. Comment aurions-nous pu ? Il avait presque treize ans, un âge canonique pour un labrador. Nous savions qu'il ne pouvait rien y faire, et il semblait en être lui aussi conscient. J'étais persuadé que s'il pouvait parler, il nous confesserait combien il se sentait humilié et nous assurerait qu'il avait essayé, vraiment essayé de se retenir.

Jenny avait acheté un appareil à vapeur pour nettoyer la moquette et nous accordâmes nos emplois du temps pour faire en sorte de ne jamais laisser Marley seul plus de quelques heures. Jenny fonçait à la maison après l'école, où elle travaillait comme bénévole, pour pouvoir le faire sortir. Je quittais des dîners entre le plat principal et le dessert afin de faire faire une promenade nocturne à Marley qui, bien sûr, prenait tout son temps, furetant et reniflant le sol de la cour pour déterminer le lieu idéal. Nos amis nous taquinaient en nous demandant qui, dans la famille Grogan, était le véritable maître de maison.

Une fois Jenny et les enfants partis, je savais que j'aurais de longues journées devant moi. J'avais l'opportunité de travailler tard le soir, de parcourir la région et d'explorer les villes des alentours sur lesquelles j'écrivais. Avec mes trajets, j'allais être absent de la maison dix à douze heures par jour. Jamais Marley ne pourrait rester seul aussi longtemps, même pas la moitié du temps. Nous décidâmes donc d'inscrire Marley au chenil qui l'accueillait chaque été lorsque nous partions en vacances. Le chenil était affilié à un centre vétérinaire qui offrait les meilleurs soins médicaux, à défaut de proposer des soins personnalisés. Chaque fois que nous nous y rendions, nous rencontrions un vétérinaire différent, qui ne savait rien de Marley, sauf ce qui était inscrit sur sa fiche. Nous ne connaissions même pas les noms des médecins. À l'opposé de notre cher Dr Jay, en Floride, qui connaissait Marley presque aussi bien que nous et qui était progressivement devenu un membre de la famille, ces vétos étaient des étrangers – des étrangers compétents, mais des étrangers tout de même. Cela ne semblait pas perturber Marley outre mesure.

— Waddy va camper ! piailla Colleen.

Marley parut revigoré à cette idée. Nous plaisantions au sujet des activités que le personnel du chenil allait lui proposer : creusement de trous de neuf à dix ; détérioration d'oreillers de dix heures quinze à onze heures ; raids de poubelles de onze heures cinq à midi, et ainsi de suite. Je le déposai là-bas un dimanche soir et laissai mon téléphone portable allumé sur mon bureau. Marley ne semblait jamais particulièrement détendu lorsqu'il était loin de chez lui, même dans l'environnement familier du bureau du Dr Jay, et je m'inquiétais toujours un peu. Après chaque visite, il paraissait amaigri, le museau râpé à l'endroit où il l'avait frotté contre les barreaux de sa cage. De plus, lorsqu'il rentrait à la maison, il se pelotonnait dans un coin et dormait des heures durant, comme s'il avait passé tout son temps au centre à tourner en rond dans sa cage, victime d'insomnies.

Ce mardi matin, je me trouvais près de l'Independance Hall[1], dans le centre-ville de Philadelphie, quand mon téléphone se mit à sonner.

— Un appel pour vous de la part du Dr..., m'annonça une femme du chenil.

Il s'agissait d'un nouveau vétérinaire dont je n'avais jamais entendu le nom. Quelques secondes plus tard, le vétérinaire prit la communication.

— Nous avons une urgence avec Marley, dit-il rapidement.

Les battements de mon cœur s'accélérèrent.

— Une urgence ?

Le véto expliqua que l'estomac de Marley était ballonné à cause d'un mélange de nourriture, d'eau et d'air et que, étiré et distendu, il s'était retourné sur lui-même, tordant et emprisonnant son contenu. Les gaz et les restes ne pouvant s'échapper, son estomac avait enflé jusqu'à produire un état douloureux et dangereux connu sous le nom de *volvulus*, associé à une dilatation gastrique. Une intervention chirurgicale était presque toujours nécessaire pour remettre l'estomac en place, me dit-elle. Si l'on n'agissait pas, le chien pouvait succomber en quelques heures.

Elle m'expliqua qu'elle avait introduit un tube dans la gorge de Marley grâce auquel elle avait libéré une grande partie des gaz, ce qui avait fait désenfler son estomac. Puis, en manipulant le tube, elle avait réussi, comme elle le disait, à « détordre » son estomac, et Marley, à présent sous sédatif, se reposait tranquillement.

— C'est une bonne chose, n'est-ce pas ? demandai-je d'un air dubitatif.

1. Independance Hall est le bâtiment, à Philadelphie, où la Déclaration d'Indépendance américaine a été signée, le 4 juillet 1776.

— Seulement temporairement, répondit-elle. Nous avons pu gérer la crise, mais quand les estomacs se tordent une fois, le plus souvent, ils recommencent plus tard.

— Quel est le risque que cela se reproduise ?

— Je dirais que vous avez une chance sur cent que cela ne se reproduise pas.

Une chance sur cent ? Bon sang ! Il avait plus de chances d'entrer à Harvard.

— Une chance sur cent, vous êtes sûre ?

— Je suis désolée. C'est très grave.

Si son estomac se tordait de nouveau – et elle m'assurait que cela allait se produire –, nous avions deux solutions. La première était de l'opérer. Elle m'expliqua qu'elle pouvait rattacher la paroi gastrique à la paroi abdominale à l'aide de sutures afin d'éviter une nouvelle torsion.

— L'opération coûte environ deux mille dollars, précisa-t-elle.

Je déglutis.

— Et je dois vous prévenir que c'est une intervention très lourde. Je ne la recommande pas pour un chien de cet âge.

De plus, la convalescence serait longue et pénible – si bien sûr il survivait à l'intervention chirurgicale.

— Parfois, certains vieux chiens comme Marley ne survivent pas au traumatisme de l'opération, dit-elle. S'il était âgé de quatre ou cinq ans, je vous conseillerais de l'opérer. Mais à son âge, vous devez vous demander si vous voulez vraiment qu'il traverse une telle épreuve.

— Pas si nous pouvons l'éviter. Quelle est la deuxième solution ?

— La seconde option, dit-elle avec une pointe d'hésitation, serait de l'endormir.

— Oh !

J'avais du mal à digérer toute cette histoire. Cinq minutes plus tôt, je me promenais à Liberty Bell, persuadé que Marley prenait du bon temps au chenil. À présent, on me demandait s'il devait vivre ou mourir. Je n'avais même jamais entendu parler de la maladie que le docteur m'avait décrite. Plus tard, j'appris que la dilatation gastrique était commune chez certaines races de chiens, en particulier chez les chiens qui, comme Marley, avaient de profondes cages thoraciques. Les chiens capables d'avaler leur repas entier en quelques bouchées – Marley, une fois encore – semblaient aussi être plus touchés par cette maladie. Certains propriétaires de chiens suspectaient que le stress du chenil était un facteur déclenchant, mais je rencontrai plus tard un professeur en médecine vétérinaire renommé dont les recherches n'avaient pu établir aucune connexion entre le stress et la dilatation. Le docteur que j'avais eu au téléphone reconnaissait que l'excitation due à la proximité des autres chiens pouvait avoir provoqué une attaque chez Marley. Il avait engouffré son repas à toute vitesse, comme à son habitude, et avait abondamment salivé, apparemment enthousiasmé par la présence des autres chiens. Elle pensait qu'il pouvait avoir avalé trop d'air et de salive et que son estomac avait commencé à se dilater, ce qui augmentait le risque de torsion.

— Pouvons-nous simplement attendre de voir ce qui va se passer ? demandai-je. Peut-être que cela ne va pas se reproduire.

— C'est ce que nous faisons actuellement, répondit-elle. Attendre et surveiller.

Elle répéta le chiffre de un pour cent et ajouta :

— Si son estomac se retourne de nouveau, j'aurai besoin que vous preniez une décision rapide. Nous ne pouvons pas le laisser souffrir.

— Je dois en parler avec ma femme. Je vous rappelle.

Quand Jenny répondit à son téléphone portable, elle se trouvait avec les enfants au milieu d'une foule dense sur le pont d'un bateau dans le port de Boston. Je pouvais entendre en bruit de fond le ronronnement du moteur ainsi que la voix du guide qui parlait dans un haut-parleur. Nous eûmes une conversation étrange et saccadée à cause de la mauvaise connexion. Nous nous comprenions très mal. Je criai pour tenter de lui expliquer la situation. Elle ne captait que des bribes de phrases. Marley… Urgence… Estomac… Chirurgie… Endormir.

Il y eut un silence à l'autre bout du fil.

— Hé ! fis-je. Tu es toujours là ?

— Je suis là, dit Jenny. Nous savions tous les deux que cela devait arriver un jour.

Sans penser que ce serait aujourd'hui. Pas avec Jenny et les enfants dans une autre ville. Pas sans lui dire au revoir. Pas avec moi en train de bosser dans le centre-ville de Philadelphie, à quatre-vingt-dix minutes de la maison. À la fin de la conversation, entre les cris et les silences pesants, nous nous dîmes qu'il n'y avait aucune décision à prendre. Le vétérinaire avait raison. Marley déclinait sur tous les plans. Il eût été cruel de lui faire subir une intervention chirurgicale traumatisante, simplement pour essayer de retarder l'inévitable. Nous ne pouvions ignorer le coût élevé de l'opération. Cela semblait obscène, presque immoral, de dépenser autant d'argent pour un chien en fin de vie quand il y avait tant de chiens abandonnés à la recherche d'un toit et, plus important encore, quand tant d'enfants manquaient de soins médicaux par absence de moyens financiers. Si c'était l'heure pour Marley de partir, alors nous devions nous y résigner, et nous voulions qu'il parte dignement et sans souffrir. Nous savions que c'était la meilleure chose à faire, même si aucun de nous deux n'était prêt à le perdre.

Je rappelai le vétérinaire et lui fis part de notre décision.

— Ses dents se déchaussent, il est pratiquement sourd, ses hanches sont si faibles qu'il peut à peine monter les marches du perron, lui dis-je, comme si elle avait besoin d'être convaincue.

Le véto, que je connaissais à présent sous le nom du Dr Hopkinson, me rendit la chose plus facile.

— Je crois que c'est son heure, dit-elle.

— Je suppose.

Je ne voulais pas qu'elle l'endormît sans m'avoir appelé d'abord. Je voulais être avec lui, dans la mesure du possible.

— Et, lui rappelai-je, je crois toujours à ce truc miraculeux du un pour cent.

— On en reparle dans une heure.

Une heure plus tard, le Dr Hopkinson paraissait nettement plus optimiste. Marley tenait bon et se reposait, une intraveineuse dans la patte avant. Elle évalua ses chances à cinq pour cent.

— Je ne veux pas vous donner trop d'espoir, dit-elle. Votre chien est gravement malade.

Le lendemain matin, le docteur semblait ravi.

— Il a passé une bonne nuit, dit-elle.

Quand je la rappelai à midi, elle avait enlevé l'intraveineuse de sa patte et lui avait donné un peu de bouillie de riz et de viande.

— Il est affamé, me rapporta-t-elle.

À l'appel suivant, Marley était sur pied.

— Bonne nouvelle, dit le Dr Hopkinson. L'un de nos auxiliaires l'a emmené faire un tour dehors et il a fait ses besoins.

J'applaudis intérieurement comme s'il venait de remporter un prix.

Puis elle ajouta :

— Il va beaucoup mieux. Il vient juste de me donner un grand coup de langue sur la bouche.

Oui, c'était bien notre Marley.

— Je n'aurais jamais cru cela possible hier, ajouta-t-elle. Mais je crois bien que vous allez pouvoir le ramener à la maison dès demain.

Le lendemain soir, après le travail, j'allai chercher Marley au chenil. Il avait une sale tête – il était squelettique, paraissait très faible, et ses yeux blancs étaient encrassés de mucus. On eût dit qu'il était revenu de l'au-delà, ce que, en un sens, il avait justement fait. Je devais moi-même avoir l'air un peu pâle après avoir réglé la note qui s'élevait à huit cents dollars. Quand je remerciai le docteur pour ses bons soins, elle répliqua :

— Tout le monde adore Marley. Nous avons tout fait pour qu'il aille bien.

J'emmenai mon chien miraculé jusqu'à la voiture et lui dis :

— Il est temps de rentrer chez toi, mon vieux.

Il se tenait devant la voiture, observant d'un air malheureux le siège arrière, aussi inaccessible pour lui que le mont Olympe. Il n'essaya même pas de grimper dans le véhicule. Je fis appel à un employé du chenil qui m'aida à le hisser avec précaution et je conduisis Marley à la maison, avec une caisse de médicaments et des instructions très précises. Marley cessa d'avaler ses repas en quelques bouchées et de boire des quantités d'eau démesurées. Les jours passés à jouer au sous-marin dans son bol étaient révolus. À partir de maintenant, il prenait ses repas en plusieurs fois et seulement de petites rations d'eau – pas plus d'un demi-bol à la fois. De cette façon, le docteur espérait que l'estomac de Marley allait se reposer, et aurait moins de chances de se dilater et de se retourner. Marley ne repartirait plus non plus dans un chenil peuplé de chiens qui couraient et aboyaient dans tous les sens. Tout comme le Dr Hopkinson, j'étais convaincu que cela avait été l'un des facteurs aggravants de la maladie qui avait failli avoir raison de lui.

Ce soir-là, après avoir ramené Marley à la maison, j'étendis un matelas à côté de lui sur le sol de la salle à manger. Il n'était pas en mesure de grimper l'escalier jusqu'à la salle de bains, et je n'avais pas le cœur de le laisser seul, dans cet état d'impuissance. Je savais qu'il allait tourner en rond toute la nuit si je n'étais pas à ses côtés.

— Nous allons passer la nuit ici, Marley ! lançai-je en m'allongeant à côté de lui.

Je lui caressai le dos et de grosses boules de poils me restèrent dans la main. Je nettoyai le mucus qu'il avait au coin des yeux et lui grattai les oreilles jusqu'à ce qu'il grognât de plaisir. Jenny et les enfants seraient à la maison le lendemain matin. Jenny le régalerait de petits repas composés de hamburgers et de riz. Il avait fallu attendre treize ans, mais Marley avait finalement le droit de manger la même chose que nous – non pas des restes mais un plat cuisiné rien que pour lui. Les enfants jetteraient leurs bras autour de son cou, sans savoir qu'ils avaient été à deux doigts de ne plus jamais le revoir.

Demain, la maison serait à nouveau pleine de vie et d'allégresse. Ce soir, nous étions seulement tous les deux. Allongé à côté de lui, son souffle chaud sur mon visage, je ne pouvais m'empêcher de penser à la première nuit que nous avions passée ensemble il y a des années de cela, le jour où j'avais ramené de la ferme d'élevage un chiot réclamant sa maman. Je me rappelais avoir apporté la boîte dans la chambre, puis nous nous étions endormis ensemble, ma main pendant du lit pour le réconforter. Treize années plus tard, nous étions toujours inséparables. Je repensai à son enfance, à son adolescence, aux canapés déchirés, aux matelas éventrés, aux promenades le long de l'Intracoastal et aux danses joue contre joue sur fond de musique stéréo. Je me rappelai les objets avalés, les carnets de chèques dérobés, les heureux moments de complicité partagés entre chien et homme. Surtout, je me rappelai quel merveilleux et loyal compagnon il avait été durant toutes ces années. Quelle fantastique aventure nous avions vécue ensemble !

— Tu m'as vraiment fait peur, mon vieux, murmurai-je tandis qu'il s'étirait à mes côtés et fourrait son museau sous mon bras pour m'encourager à le caresser. C'est bon de t'avoir de nouveau à la maison.

Nous nous endormîmes ensemble, côte à côte sur le sol, son postérieur à moitié sur mon sac de couchage, ma main sur son dos. Il se réveilla une fois dans la nuit. Ses épaules tressautaient, ses pattes étaient secouées de tics et de petits grognements s'échappaient de sa gorge – comme une sorte de toux. Il était en train de rêver. Je m'imaginais qu'il rêvait du temps où il était jeune et fort. Et qu'il courait comme si demain n'existait pas.

26

Le sursis

Les semaines suivantes, Marley repoussa les limites. Une lueur espiègle brillait de nouveau dans son regard, sa truffe était redevenue humide et ses os paraissaient plus solides. Après l'épreuve qu'il avait traversée, il avait plutôt l'air en forme. Il était heureux de faire de petites siestes, s'installant de préférence devant la porte vitrée de la salle à manger, pour se délecter des rayons qui filtraient à travers la vitre et réchauffaient son pelage. Avec le régime qui lui était imposé, il avait constamment une faim de loup et ne cessait de quémander à manger. Il chipait la nourriture dans les assiettes avec encore moins de scrupules qu'auparavant. Un soir, je le surpris debout sur ses pattes arrière, les pattes avant posées sur la table de la cuisine, en train de piquer des Rice Krispies dans une assiette. Comment avait-il pu se hisser sur ses pattes arrière avec des hanches aussi fragiles ? Personne n'aurait su l'expliquer. Au diable les infirmités ! Quand la volonté était de fer, le corps obéissait. Je voulus le serrer dans mes bras tant j'étais heureux de le voir aussi vigoureux.

L'épisode traumatisant de cet été aurait dû nous faire prendre conscience – à Jenny et moi – de l'âge avancé de Marley, mais nous nous étions rassurés en nous disant que la crise était passagère. La marche éternelle de notre chien vers le soleil couchant pouvait reprendre tranquillement son cours. Une partie de nous voulait se persuader qu'il vivrait toujours à nos côtés. En dépit de ses fragilités, il était le même chien joyeux et plein de fougue. Chaque matin, après le petit-déjeuner, il trottinait jusqu'au living-room et s'installait dans le canapé pour faire une longue sieste. Il s'étendait de tout son long, se frottait contre le plaid et retournait tous les coussins. Puis il se tournait dans l'autre sens et recommençait son manège de l'autre côté. De là, il sautait au sol et se roulait sur le dos, passant d'un côté sur l'autre pour se masser. Il adorait s'asseoir et lécher le tapis avec volupté, comme s'il était nappé d'un délicieux jus de viande. Il avait sa propre routine quotidienne – aboyer à la poursuite du facteur, rendre visite aux poules, les observer en train de picorer, faire le tour de tous les robinets afin de ne pas laisser la moindre goutte d'eau lui échapper. Plusieurs fois par jour, il envoyait valser le couvercle de la poubelle de bouteilles vides pour en étudier le contenu, au cas où il trouverait quelque chose à manger. Régulièrement, il passait en mode voleur et fouillait toute la maison en battant les murs et les meubles de sa queue. Et à chaque fois, je lui faisais ouvrir les mâchoires pour extraire de son palais toutes sortes d'objets – peaux de pomme de terre, emballages de muffins, Kleenex usagés, fil dentaire. Même dans ses vieux jours, certaines choses ne changeaient pas.

À l'approche du 11 septembre, je me rendis dans la petite ville de Shanksville, en Pennsylvanie, où le vol 93 s'était écrasé dans un champ désolé suite à l'insurrection des passagers, le matin de ce jour sinistre de l'année 2001. Les pirates de l'air qui avaient détourné l'avion étaient suspectés de vouloir atteindre Washington D.C., pour écraser l'appareil sur la Maison-Blanche ou le Capitole. Les passagers qui s'étaient rués dans le cockpit avaient sans doute sauvé un nombre incalculable de vies humaines. Pour marquer le deuxième anniversaire de l'attaque terroriste, mes éditeurs m'avaient demandé de visiter le site et de faire de mon mieux pour capter l'instinct de sacrifice de ce tragique épisode et l'effet durable qu'il avait sur l'âme des Américains.

Je passai la journée entière sur le site du crash, planté devant le mémorial érigé là de façon impromptue. Je parlai à nombre de visiteurs qui affluaient pour se recueillir. Je posai des questions aux gens du coin qui se rappelaient la terrible explosion. Je m'assis auprès d'une femme qui avait perdu sa fille dans un accident de voiture et qui voulait communier avec les autres sur le site du crash. Je passai en revue les différents témoignages écrits qui émaillaient le sol bétonné. Que pouvais-je dire au sujet de cette immense tragédie qui n'avait pas déjà été dit ? J'allai dîner en ville et passai mes notes en revue. Écrire une chronique était un peu comme élever une tour de brique. Chaque information, chaque citation, chaque moment capturé représentait une brique. On commençait par poser des fondations suffisamment solides pour supporter les premières pierres, puis on se mettait à ériger l'édifice. Mon carnet de notes était rempli de briques solides, mais je n'avais pas le ciment pour faire tenir l'ensemble. Je n'avais aucune idée de ce qu'il fallait faire avec toutes ces briques.

Après avoir terminé mon pain de viande et mon thé glacé, je décidai de me rendre à mon hôtel pour essayer d'écrire mon article. À mi-chemin, mû par une impulsion soudaine, je fis demi-tour et retournai sur le site du crash, à plusieurs kilomètres en dehors de la ville. J'arrivai juste au moment où le soleil disparaissait derrière les collines, et je resserrai les pans de mon imperméable autour de moi. Au sommet de la tour, un immense drapeau américain flottait au vent. Dans les dernières lueurs du jour, ses couleurs devinrent presque iridescentes. C'est seulement à cet instant que l'émotion de ce lieu sacré me saisit et que l'ampleur des événements qui se déroulèrent dans le ciel surplombant ce champ s'imposa à moi. Je parcourus du regard l'endroit où l'avion frappa le sol puis je regardai le drapeau, et je sentis des larmes me picoter les yeux. Pour la première fois de ma vie, je pris le temps de dénombrer les rayures du drapeau. Sept rouges et six blanches. Je comptai aussi les étoiles – cinquante étoiles dans un océan de bleu. Le drapeau américain signifiait bien plus pour nous maintenant. Pour toute une nouvelle génération, il était devenu synonyme de bravoure et de sacrifice. Je tenais mon sujet.

Je plongeai mes mains dans mes poches et marchai jusqu'au bout du parking, où j'attendis que l'obscurité m'enveloppât. Debout dans la nuit, je ressentais mille choses différentes. L'un de mes sentiments était la fierté. Fierté pour mes compatriotes américains, ces gens ordinaires qui s'étaient levés à l'instant crucial, sachant que ce serait le dernier. Je ressentais également de l'humilité. Je n'avais pas souffert les horreurs de cette journée, j'étais vivant et libre de poursuivre une vie heureuse en tant que père, époux et journaliste. Dans l'obscurité solitaire, je pouvais presque sentir la finitude de la vie et, au-delà, sa préciosité. Nous la tenions pour acquise, mais elle était fragile, précaire, incertaine, capable de se briser à tout instant sans prévenir. Et je me rappelai ce qui devait être évident mais qui ne l'était pas – que chaque jour, chaque heure, chaque minute était digne d'être chérie.

Je ressentis également autre chose – de l'étonnement face à l'incroyable capacité du cœur humain à absorber une aussi terrible tragédie, tout en trouvant encore de la place pour tous les petits moments de peine inhérents à l'existence de chacun. Dans mon cas, l'un de ces petits moments de peine était le déclin de mon chien. Avec une pointe de honte, je me rendis compte que, au cœur du colossal drame humain qu'était le crash du vol 93, je pouvais ressentir la lame acérée de la douleur causée par la disparition imminente d'un être cher.

Marley vivait ses derniers jours; c'était une certitude. Un nouveau problème de santé pouvait se produire n'importe quand, et quand cela arriverait, nous ne pourrions empêcher l'inévitable. Toute intervention chirurgicale invasive à ce stade de son existence serait cruelle – et c'était une chose que Jenny et moi ne voulions envisager, plus pour notre bien que pour le sien. Nous aimions ce vieux chien fou, nous l'aimions en dépit de tout ce qu'il avait fait – ou peut-être à cause de tout ce qu'il avait fait. Mais je savais à présent que le temps était venu pour nous de le laisser partir. Je retournai à ma voiture et repris le chemin de l'hôtel.

Le lendemain matin, une fois ma chronique terminée, j'appelai la maison depuis l'hôtel.

— Je voulais juste que tu saches que tu manques à Marley, me dit Jenny.

— À Marley ? Et à vous ? Je ne vous manque pas ?

— Bien sûr que si, idiot. Mais je voulais dire que tu lui manques *vraiment*. Si ça continue, il va nous rendre tous dingues.

La nuit précédente, comme Marley ne me trouvait pas, il avait passé la maison au peigne fin, examinant toutes les pièces une à une, reniflant derrière les portes, furetant dans les placards. Il s'était démené pour monter l'escalier, m'avait cherché partout au premier étage, en vain, puis il était retourné au rez-de-chaussée pour recommencer sa fouille complète de la maison.

— Il était vraiment déboussolé, me dit Jenny.

Il avait même affronté la descente abrupte des escaliers qui menaient au sous-sol où, avant que les marches de bois glissantes ne fussent un obstacle, Marley m'avait tenu compagnie de longues heures durant, se prélassant à mes pieds tandis que je fabriquais des objets, la poussière de bois retombant en fine couche sur son pelage, tel un voile neigeux. Une fois en bas, il n'avait pas réussi à remonter et avait commencé à glapir et à gémir. Jenny avait fini par venir à sa rescousse avec les enfants, l'aidant à grimper marche après marche en lui soutenant les épaules et les hanches.

À l'heure de se coucher, au lieu de s'allonger à côté de notre lit comme à son habitude, Marley s'était posté en haut des escaliers, d'où il pouvait surveiller les portes de toutes les chambres ainsi que celle de l'entrée, au cas où (1) je sortirais de ma cachette ou (2) j'arriverais à la maison au milieu de la nuit, si par hasard j'étais parti faire un tour sans prévenir. C'était là que Jenny l'avait retrouvé le lendemain matin quand elle était descendue au rez-de-chaussée pour préparer le petit-déjeuner. Quelques heures s'étaient écoulées avant que Jenny ne comprît que

Marley n'avait toujours pas montré le bout de son nez, ce qui était tout à fait anormal. Il était toujours le premier à descendre l'escalier le matin, fonçant droit devant la porte d'entrée qu'il battait de la queue pour signifier qu'il voulait sortir. Elle l'avait retrouvé profondément endormi sur le sol, tout près de mon côté du lit. Et elle avait rapidement compris pourquoi. Quand elle s'était levée, elle avait par inadvertance repoussé les oreillers – il lui en fallait trois pour dormir – de mon côté du lit, créant une silhouette sous les couvertures à l'endroit où je dormais habituellement. Avec une vision digne de Mister Maggo, on pouvait pardonner à Marley d'avoir confondu une pile de plumes avec son maître bien-aimé.

— Il était persuadé que tu étais là-dessous, dit Jenny. Je peux te l'assurer. Pour lui, tu étais en train de dormir !

Nous éclatâmes de rire ensemble au téléphone, puis Jenny dit :

— Tu peux le féliciter de sa loyauté.

Elle n'avait pas tort. Notre chien nous avait toujours été totalement dévoué.

J'étais revenu de Shanksville depuis seulement une semaine, quand la crise que nous redoutions tant se produisit. Je me préparais pour aller travailler dans la chambre quand j'entendis un grand bruit suivi des cris de Conor :

— Au secours ! Marley est tombé dans l'escalier.

J'accourus et trouvai Marley affalé en bas de l'escalier, en train d'essayer péniblement de se remettre sur pattes.

Jenny et moi le rejoignîmes rapidement et l'examinâmes sous toutes les coutures, caressant doucement ses membres, palpant ses côtes, massant sa colonne vertébrale. Apparemment, il n'avait rien de cassé. Avec un gémissement, Marley se remit debout, s'ébroua et s'éloigna en boitillant. Conor avait assisté à l'accident. Marley avait commencé à descendre l'escalier mais, après deux marches, se rendant sans doute compte que tout le monde était à l'étage, il avait tenté de faire demi-tour. En manœuvrant pour se retourner, ses hanches s'étaient affaissées et il avait dévalé entièrement l'escalier.

— *Waouh*, nous avons eu de la chance, dis-je. Une telle chute aurait pu le tuer.

— Je n'arrive pas à croire qu'il ne soit pas blessé, répondit Jenny. Il est comme un chat à neuf vies.

En fait, Marley s'était bel et bien blessé. En quelques minutes, il s'était raidi et, quand je revins du boulot ce soir-là, Marley était comme paralysé, incapable de faire le moindre mouvement. Il semblait avoir mal partout, comme s'il avait été malmené par des voyous. Ce qui le handicapait, en réalité, c'était sa patte avant gauche, elle ne supportait plus aucun poids. Je pouvais la serrer sans qu'il se mît à japper et je redoutai une blessure au tendon. Quand il me vit, il se fit violence pour se mettre sur pattes et venir me faire la fête, mais c'était sans espoir. Sa patte avant gauche était invalide et, avec ses fragiles pattes arrière, il ne pouvait plus se mouvoir. Marley n'avait plus qu'un seul membre valide – vilain tour pour tout animal à quatre pattes. Il parvint finalement à se lever et tenta de se traîner vers moi sur trois pattes, mais ses hanches s'effondrèrent et il retomba sur le sol. Jenny lui donna de l'aspirine et apporta un sac de glaçons pour sa patte avant. Marley, qui restait joueur, même dans l'adversité, tenta de gober les cubes de glace.

À dix heures trente, ce soir-là, Marley n'allait guère mieux et il n'avait pu vider sa vessie depuis une heure de l'après-midi. Il se retenait depuis près de dix heures. Je ne savais vraiment pas comment j'allais pouvoir le faire sortir pour qu'il pût se soulager. Et surtout, comment le faire rentrer ensuite. L'enjambant et entourant sa poitrine de mes mains, je l'aidai à se relever. Ensemble, nous titubâmes jusqu'à la porte d'entrée, mais une fois arrivé sur le perron, il s'immobilisa. Sous la pluie battante, les marches – sa mémoire le lui rappela – étaient plus glissantes que jamais. Il était on ne peut plus nerveux.

— Allez, dis-je. Juste un petit pipi et on rentre vite fait à la maison.

Il n'avait pas l'intention de céder. J'essayai de le convaincre qu'il n'avait qu'à descendre les marches et en finir avec tout ça, mais l'on n'apprenait pas au vieux singe à faire la grimace. Il retourna à l'intérieur en boitillant et leva ses grands yeux bruns vers moi, comme pour s'excuser pour ce qui n'allait pas manquer de se passer.

— Nous réessaierons plus tard, dis-je.

Comme s'il s'agissait d'un signal, il se campa sur ses trois pattes et vida sa vessie à même le sol, formant une flaque autour de lui. C'était la première fois depuis son enfance qu'il urinait dans la maison.

Le lendemain matin, Marley allait mieux, même s'il était toujours handicapé. Nous sortîmes, et il fit tous ses besoins sans problème. Puis, après avoir compté jusqu'à trois, Jenny et moi le hissâmes sur le perron pour qu'il pût retourner à l'intérieur.

— J'ai l'impression, dis-je à Jenny, que Marley ne reverra plus jamais l'étage de cette maison.

Il était évident qu'il avait grimpé sa dernière volée de marches. À partir de maintenant, il devrait s'habituer à vivre au rez-de-chaussée.

Ce jour-là, je restai à la maison pour travailler. J'étais tranquillement dans ma chambre en train de taper ma chronique sur mon ordinateur portable, quand j'entendis du bruit dans l'escalier. J'interrompis mon travail et tendis l'oreille. Le bruit m'était familier – c'était une sorte de clapotis qui me fit penser à celui des sabots d'un cheval sur une passerelle de bois. J'observai la porte de la chambre et retins mon souffle. Quelques secondes plus tard, la bouille de Marley apparut au bout du couloir et il déboula dans la chambre. Ses yeux se mirent à briller quand il m'aperçut. *Alors te voilà !* Il fourra sa tête dans mes genoux, quémandant des caresses, qu'il avait amplement méritées.

— Marley, tu as réussi ! m'exclamai-je. Mon vieux chien ! Je n'arrive pas à croire que tu aies pu grimper jusqu'ici.

Un peu plus tard, quand je m'assis sur le sol près de lui et lui flattai l'encolure, il se tourna vers moi et prit mon poignet dans ses mâchoires, par jeu. C'était un bon signe – un signe que le petit chiot joueur vivait toujours en lui. Le jour où il me laisserait m'asseoir à côté de lui sans me titiller, je saurais que ce serait la fin. La nuit précédente, il avait flirté avec la mort et je m'étais une fois de plus préparé au pire. Aujourd'hui, il me grignotait le poignet et bavait sur mes mains. Juste au moment où je croyais que sa longue et heureuse course était terminée, il était de retour.

Je lui soulevai la tête et le forçai à me regarder dans les yeux.

— Tu me diras quand ce sera l'heure, n'est-ce pas ? murmurai-je, plus sous forme d'affirmation que de question.

Je ne voulais pas avoir à prendre cette décision moi-même.

— Tu me le diras, n'est-ce pas ?

27

La grande prairie

L'hiver arriva tôt cette année-là et tandis que les jours raccourcissaient et que le vent soufflait dans les branches dénudées, nous nous pelotonnions dans notre nid douillet. Je coupai suffisamment de bois pour nous chauffer tout l'hiver et l'entreposai derrière la maison. Jenny prépara de bonnes soupes et fit cuire du pain, et les enfants, une fois encore, se postèrent à la fenêtre dans l'attente de la première neige. Je m'attendais également à la chute des premiers flocons, mais avec une certaine appréhension, me demandant comment Marley pourrait supporter un nouvel hiver rigoureux. Le précédent avait été suffisamment pénible pour lui, et cette année, il s'était considérablement affaibli. Je ne savais pas s'il pourrait affronter l'allée verglacée, les escaliers glissants, la pelouse couverte de neige. Je compris soudain pourquoi les retraités choisissaient de s'exiler en Floride ou en Arizona.

Un dimanche soir venteux de la mi-décembre, alors que les enfants avaient terminé leurs devoirs et s'exerçaient à leur instrument de musique, Jenny prépara du pop-corn et déclara que ce serait une soirée vidéo. Les enfants se précipitèrent pour choisir un film et je sifflai Marley, pour qu'il vînt dehors avec moi chercher une provision de bûches. Pendant que je remplissais mon panier de bois, il me tournait autour et humait l'air glacial, comme s'il pressentait l'arrivée de l'hiver. Je tapai dans mes mains et agitai les bras pour attirer son attention, et il me suivit à l'intérieur, marquant un temps d'hésitation devant le perron avant de s'armer de courage pour escalader les marches en traînant ses pattes arrière.

À l'intérieur, je fis crépiter les bûches pendant que les enfants attendaient le début du film. Les flammes léchèrent le bois et la chaleur se diffusa dans la pièce, encourageant Marley à s'installer dans son coin de prédilection, juste devant la cheminée. Je m'allongeai sur le sol près de lui, un oreiller sous la tête, plus intéressé par le spectacle des flammes léchant le bois que par le film. Marley ne voulait pas délaisser sa place favorite, mais l'occasion était trop belle. Son humain préféré était à quelques pas de lui, en position allongée, absolument sans défense. Qui était le mâle dominant à présent ? Sa queue commença à battre le sol. Puis il se dandina et progressa dans ma direction. Il se déhanchait à chaque pas, ses pattes arrière s'étirant derrière lui, et bientôt il se pressa contre moi, enfouissant sa tête dans mes côtes. Quand je voulus le caresser, il fut aux anges. Il se repoussa sur ses pattes avant, s'ébroua vigoureusement, envoyant des poils partout tout autour de lui, et me regarda, ses grosses bajoues tout près de mon visage. Je me mis à rire, ce qu'il prit pour un feu vert. Avant que je pusse comprendre ce qui se passait, il écrasa ma poitrine de ses grosses pattes avant puis d'un seul coup, il s'affala de tout son poids sur moi.

— Ugh ! criai-je sous le choc. Attaque frontale de labrador !

Les enfants hurlaient de joie. Marley n'en croyait pas sa chance. Je n'essayais même pas de le repousser. Il se tortillait, bavait, me léchait le visage et fourrait son museau dans mon cou. Sous son poids, je pouvais à peine respirer et après quelques minutes, je le fis à moitié glisser sur le côté, où il resta pendant presque toute la durée du film – la tête, une patte et une épaule sur ma poitrine, le reste collé contre moi sur le sol.

Sans mot dire, je profitais de ce moment privilégié, car je savais qu'il n'y en aurait pas beaucoup d'autres. Marley était au crépuscule d'une vie longue et bien remplie. En y repensant plus tard, je compris que cette soirée au coin du feu avait été notre soirée d'adieu. Je caressai sa tête jusqu'à ce qu'il tombât endormi. Puis je continuai à le caresser.

Quatre jours plus tard, nous chargeâmes le minivan pour partir quelques jours en famille à Disneyworld, en Floride. Ce serait les premières vacances des enfants loin de leur maison et ils étaient tout excités à cette idée. Ce soir-là, en prévision d'un départ très matinal le lendemain, Jenny emmena Marley au centre vétérinaire. Elle s'était arrangée pour que Marley pût passer une semaine dans une unité de soins, où les médecins et les employés pourraient garder un œil sur lui et où il ne serait pas dérangé par les autres chiens. Après l'incident de l'été dernier, le personnel était heureux de prodiguer à Marley un environnement confortable et une attention toute particulière, sans coût supplémentaire.

Ce soir-là, tandis que nous terminions les bagages, Jenny et moi nous disions combien il était étrange d'être séparés de notre chien. Nous n'avions plus de gros animal à nos côtés pour épier nos moindres mouvements ou se faufiler hors de la maison chaque fois que nous transportions un sac dans le garage. Nous appréciions cette liberté d'action, mais la maison paraissait immense et vide, malgré la présence des enfants.

Le lendemain matin, avant le lever du soleil, nous nous entassâmes dans le minivan et mîmes le cap vers le sud. Je m'étais toujours moqué des grandes expéditions familiales à Disneyworld. Je me rappelai le nombre de fois où j'avais déclaré :

— Nous pourrions emmener toute la famille à Paris pour la même somme d'argent.

Mais la famille passa de merveilleux moments, y compris le papa récalcitrant. Nous réussîmes à éviter tous les pièges classiques – maladie, colères dues à la fatigue, perte de tickets, perte d'enfants, querelles entre frères et sœur. Ce furent des vacances formidables et le trajet de retour fut consacré à énoncer les qualités et les défauts de chaque attraction, chaque repas, chaque jeu aquatique, chaque moment passé ensemble. Nous nous trouvions dans le Maryland, à quatre heures de route à peine de la maison, quand mon téléphone portable sonna. C'était l'une des employées du centre vétérinaire. Marley était léthargique, disait-elle, et ses hanches étaient encore plus faibles que d'habitude. Il semblait bien mal en point. Elle nous expliqua que le vétérinaire voulait avoir notre permission pour lui administrer des stéroïdes et un traitement anti-douleur.

— Bien sûr, lui répondis-je. Faites le nécessaire. Nous viendrons le chercher demain.

Quand Jenny vint le chercher le lendemain après-midi, le 29 décembre, Marley avait l'air fatigué et un peu hagard, mais il ne semblait pas particulièrement malade. On nous avait prévenus que ses hanches étaient plus fragiles que jamais. Le docteur lui parla de ses problèmes d'arthrite, puis un employé aida Jenny à le hisser dans le minivan. Pendant le trajet – qui dura à peine une demi-heure – il fut secoué de hoquets, comme s'il essayait de dégager sa gorge de l'épais mucus qui l'obstruait. Jenny le fit descendre dans la cour, où il se laissa tomber sur le sol gelé, d'où il ne put plus ou ne voulut plus décoller. Paniquée, Jenny m'appela au bureau.

— Je n'arrive pas à le faire rentrer à l'intérieur, dit-elle. Il est allongé dehors dans le froid et ne veut pas se relever.

Je quittai aussitôt mon bureau, et le temps d'arriver à la maison, quarante-cinq minutes plus tard, elle avait réussi à le remettre sur pied et à le conduire à l'intérieur. Je le trouvai avachi sur le sol de la salle à manger, en proie à une grande détresse. À l'évidence, il n'était pas lui-même.

En treize années, jamais je n'étais rentré à la maison sans que mon chien ne bondît à mes pieds pour s'étirer, haleter, frétiller de la queue et me faire la fête comme si j'étais un héros de guerre. Ce jour-là, il me suivit des yeux lorsque je passai la porte, mais sans bouger la tête. Je m'agenouillai à côté de lui et lui caressai la truffe. Pas de réaction. Il n'essaya pas de m'attraper le poignet. Ne voulut pas jouer. Ne leva même pas la tête. Son regard était perdu dans le lointain et sa queue reposait, inerte, sur le sol.

Jenny avait laissé deux messages au centre vétérinaire et attendait qu'on voulût bien la rappeler, mais il était évident que cela devenait urgent. J'appelai le centre à mon tour. Après quelques minutes, Marley se hissa lentement sur ses membres tremblants et tenta une nouvelle fois de vomir, mais rien ne semblait vouloir sortir. C'est alors que je remarquai son estomac ; il était plus gros que d'habitude et dur au toucher. Mon cœur flancha ; je savais ce que cela signifiait. Je rappelai le centre vétérinaire et cette fois, je décrivis la dilatation de l'estomac de Marley.

La réceptionniste me mit en attente un moment, puis revint et me dit :

— Le docteur dit qu'il faut l'emmener au centre immédiatement.

Jenny et moi n'avions pas besoin d'échanger une parole ; nous avions tous les deux compris que le moment était arrivé. Nous prîmes les enfants dans nos bras et leur expliquâmes que Marley devait aller à l'hôpital pour chiens, que les médecins allaient faire de leur mieux pour le soigner, mais qu'il était très malade. Tandis que je me préparais à partir, j'observai Jenny et les enfants. Ils s'étaient blottis autour du pauvre chien étendu sur le sol et lui disaient au revoir. Chacun d'entre eux le caressa et passa un petit moment avec lui. Les enfants restaient foncièrement optimistes : le chien qui avait toujours fait partie de leur vie allait bientôt être de retour, comme neuf.

— Ça va aller mieux, dit Colleen de sa petite voix.

Avec l'aide de Jenny, je le fis grimper à l'arrière de ma voiture. Elle lui donna une dernière embrassade rapide, et je la quittai, lui promettant de l'appeler dès que j'en saurais plus sur son état. Il était allongé au pied de la banquette arrière, sa tête nichée entre les deux sièges avant. Je conduisis avec une main sur le volant et l'autre tendue derrière moi de façon à pouvoir caresser sa tête et son cou.

— Oh ! Marley ! furent les seuls mots qui sortirent de ma bouche.

Sur le parking du centre, je l'aidai à descendre de la voiture et il s'arrêta pour renifler un arbre où les chiens avaient l'habitude de faire leurs besoins – en dépit de sa maladie, il restait curieux. Je lui accordai une minute, car je savais que cela pouvait être la dernière passée près de ces arbres qu'il aimait tant, puis je le tirai gentiment par le collier et le fis entrer dans le hall. Juste après avoir passé la porte d'entrée, il décida qu'il était allé assez loin et se laissa tomber précautionneusement sur le sol carrelé. Incapables de l'obliger à se relever, les employés apportèrent un brancard, le firent glisser dessus et l'emportèrent dans la salle d'examen, à l'abri de mon regard.

Quelques minutes plus tard, le véto, une jeune femme que je n'avais encore jamais vue, vint me chercher pour me conduire dans une salle où elle plaça une série de radios sur un tableau lumineux. Elle me montra l'estomac de Marley, qui avait doublé de volume. Sur la radio, à l'endroit où l'estomac et les intestins se rejoignaient, elle traça deux cercles noirs de la taille du poing, en m'expliquant qu'ils indiquaient la torsion. Comme la dernière fois, elle me dit qu'elle allait l'anesthésier, puis lui introduire un tube dans l'estomac afin de libérer le gaz responsable de la dilatation. Ensuite, elle manipulerait le tube manuellement pour faire disparaître la torsion.

— Ce sera difficile, mais je vais essayer de remettre son estomac en place à l'aide du tube.

C'était exactement le même pari impossible que l'été précédent avec le Dr Hopkinson. Cela avait marché une fois, pourquoi pas deux ? Je demeurais silencieusement optimiste.

— Très bien, dis-je. Faites de votre mieux.

Une demi-heure plus tard, elle revint de la salle d'examen, le visage anxieux. Elle avait essayé trois fois sans succès de détordre son estomac. Elle lui avait administré plus de sédatifs dans l'espoir de détendre davantage les muscles de son estomac. N'ayant obtenu aucun résultat, elle avait introduit un cathéter dans ses côtes, dernière tentative pour dénouer le nœud, mais là aussi en vain.

— À ce stade, dit-elle, la seule véritable solution est une intervention chirurgicale.

Elle fit une pause, comme si elle jaugeait si j'étais prêt à accepter l'inévitable, puis ajouta :

— Ou la décision la plus humaine serait de l'endormir.

Jenny et moi avions réfléchi à ce cas de figure cinq mois plus tôt et nous avions pris notre décision, aussi pénible fût-elle. Ma visite à Shanksville m'avait conforté dans ma résolution de ne pas faire endurer à Marley davantage de souffrances. À présent, debout dans cette salle d'attente, sommé de me décider, j'étais tétanisé. Le médecin comprit mon trouble et m'exposa les complications que pouvait entraîner une intervention pratiquée sur un chien de cet âge. Un autre problème la tourmentait, me dit-elle. Il s'agissait d'un résidu de sang qui filtrait à travers le cathéter, indiquant un endommagement possible de la paroi stomacale.

— Qui sait ce que nous trouverons si nous l'opérons, ajouta-t-elle.

Je lui dis que je voulais sortir quelques minutes pour appeler ma femme. Sur le parking, je téléphonai à Jenny et lui expliquai qu'ils avaient tout tenté pour le soigner, sans succès. Nous restâmes un long moment silencieux au téléphone.

— Je t'aime, John, dit-elle finalement.

— Je t'aime aussi, Jenny.

Je retournai à l'intérieur et demandai au vétérinaire si je pouvais rester quelques minutes seul avec lui. Elle m'avertit qu'il était sous tranquillisants.

— Prenez tout le temps qu'il vous faudra.

Je le trouvai inconscient sur le brancard posé sur le sol, une intraveineuse dans la patte avant. Je me mis à genoux et passai les doigts dans sa fourrure, comme il l'aimait. Je fis courir ma main sur son dos. Je pris dans mes mains ses petites oreilles légères – ces sacrées oreilles qui lui avaient causé tant de tracas au fil des années et qui nous avaient coûté une petite fortune. Je soulevai sa lèvre et regardai ses dents sales et abîmées. Je pris l'une de ses pattes de devant et la couvris de ma main. Puis je posai mon front sur le sien et restai ainsi un moment sans bouger, comme si je pouvais faire passer un message à travers nos boîtes crâniennes, de mon cerveau au sien. Je voulais lui faire comprendre quelques petites choses.

— Tu sais, tous ces trucs que nous te disions tout le temps, murmurai-je. Combien tu étais pénible ? N'en crois pas un mot, Marley.

Il devait absolument le savoir, mais ce n'était pas tout. Je voulais lui dire quelque chose que je ne lui avais jamais dit, que personne ne lui avait jamais dit.

— Marley, tu es un chien formidable.

Je retrouvai le docteur dans le hall.

— Je suis prêt, annonçai-je.

Ma voix se brisa, ce qui me surprit, car je pensais vraiment m'être préparé à cet instant depuis des mois. Je savais que si je prononçais un mot de plus, j'allais craquer. Je me contentai donc d'un signe de tête et je signai les formulaires qu'elle me tendit.

Une fois la paperasse terminée, je suivis le médecin dans la pièce où Marley était étendu, toujours inconscient. Je m'agenouillai à nouveau près de lui et pris sa tête dans mes mains pendant que le médecin préparait une seringue qu'elle introduisit dans la perfusion.

— Est-ce que ça va ? me demanda-t-elle.

Je hochai la tête et elle diffusa le liquide dans la perfusion. La mâchoire de Marley tremblait légèrement. Le médecin écouta son cœur et déclara qu'il battait lentement, mais qu'il battait encore. C'était un gros chien. Elle prépara une seconde seringue et l'introduisit dans le cathéter. Une minute plus tard, elle écouta de nouveau les battements de son cœur. « Il est parti », dit-elle simplement.

Elle me laissa seul avec lui. Je soulevai doucement une de ses paupières. Elle avait raison : Marley était parti.

Je me rendis au bureau d'accueil et réglai la note. Le médecin me proposa la crémation de groupe pour soixante-quinze dollars ou bien la crémation individuelle, pour cent soixante-dix dollars.

— Non, répondis-je. Je vais le ramener à la maison.

Quelques minutes plus tard, le docteur et son assistant poussèrent un chariot chargé d'un immense sac noir qu'ils m'aidèrent à hisser sur la banquette arrière. Le médecin me serra la main, me dit combien elle était désolée. Elle avait fait de son mieux, m'assura-t-elle. C'était son heure, lui répondis-je, avant de la remercier et de reprendre la route.

Sur le chemin du retour, je commençai à pleurer – une chose que je ne faisais pratiquement jamais, même aux enterrements. Cela ne dura que quelques minutes. Quand j'arrivai dans l'allée de la maison, mes yeux étaient de nouveau secs. Je laissai Marley dans la voiture et rentrai dans la maison où Jenny m'attendait. Les enfants étaient couchés ; nous les préviendrions le lendemain matin. Nous tombâmes dans les bras l'un de l'autre en pleurant. J'essayai de raconter à Jenny ce qu'il s'était passé, de lui expliquer que Marley était déjà profondément endormi quand la fin arriva, qu'il n'y avait eu aucune panique, aucun drame, aucune souffrance. Je ne trouvais pas les mots. Plus tard, nous allâmes à la voiture pour sortir le lourd sac noir. Nous le déposâmes sur un chariot du jardin, puis nous le fîmes rouler dans le garage, où il allait rester pour la nuit.

28

À l'ombre des cerisiers

Cette nuit-là, mon sommeil fut agité, et une heure avant l'aube, je me glissai hors du lit et m'habillai en silence pour ne pas réveiller Jenny. Dans la cuisine, je bus un grand verre d'eau – le café pouvait attendre – et je sortis de la maison avec une lampe de poche, sous une bruine de neige fondue. Je pris une pelle et une pioche et me rendis dans l'espace planté de pins blancs où Marley avait élu domicile l'hiver dernier pour faire ses besoins. Pour moi, c'était là qu'il devait reposer.

La température était remontée un peu au-dessus de zéro, et le sol était fort heureusement dégelé. Dans la semi-pénombre, je commençai à creuser. Après avoir traversé une fine couche de terre, je tombai sur une épaisse couche argileuse émaillée de roches – résidus des travaux de creusement des fondations de la maison – ce qui rendit ma progression plus ardue et plus lente. Au bout de quinze minutes, je me débarrassai de ma veste et fis une pause pour reprendre mon souffle. Au bout de trente minutes, j'étais en sueur et le trou faisait à peine soixante centimètres de profondeur. Après quarante-cinq minutes d'efforts, je tombai sur une poche d'eau. Le trou commença à se remplir. Et se remplir. Une eau sale et boueuse eut tôt fait de recouvrir le fond du trou. J'apportai une bassine et tentai de vider l'eau, mais le trou se remplissait aussitôt. Jamais je ne pourrais laisser Marley dans cette mare boueuse et glacée. C'était hors de question.

En dépit de mes efforts – mon cœur battait à tout rompre, comme si je venais de courir un marathon –, j'abandonnai mon idée première et explorai le terrain. Je m'arrêtai à l'endroit où la pelouse faisait place à la forêt, au pied de la colline. Je plantai ma pelle entre deux grands cerisiers, dont les branches, dans la lumière grisâtre de l'aube, me faisaient penser à une cathédrale à ciel ouvert. C'était ces mêmes arbres que Marley et moi avions évités de justesse lors de notre chevauchée fantastique en luge.

— Cet endroit sera parfait, dis-je tout haut.

Il était situé dans une zone de terrain que les bulldozers n'avaient pas retournée et la terre d'origine était meuble et bien drainée – le rêve pour un jardinier. La tâche fut plus facile et bientôt se forma un trou d'environ quatre-vingts centimètres de circonférence et de un mètre vingt de profondeur. Je retournai à la maison et trouvai les enfants debout, en train de renifler doucement. Jenny venait juste de leur apprendre la nouvelle.

Les voir pleurer – c'était leur première expérience de la mort – m'affecta profondément. Oui, ce n'était qu'un chien, et les chiens vont et viennent dans le cours d'une vie humaine – ils la quittent même parfois simplement parce qu'ils représentent une nuisance. Ce n'était qu'un chien et pourtant, chaque fois que j'essayais de parler de Marley, mes yeux se remplissaient de larmes. J'expliquai aux enfants qu'il était normal de pleurer, qu'avoir un chien finissait toujours par nous rendre triste parce que les chiens ne vivaient pas aussi longtemps que les hommes. Je leur racontai que Marley était endormi quand on lui avait fait la dernière piqûre et qu'il n'avait rien senti. Il s'était juste éteint. Colleen était bouleversée parce qu'elle n'avait pas dit au revoir à Marley, persuadée qu'il allait revenir. Je lui dis que j'avais dit au revoir à Marley de la part de toute la famille. Conor, notre auteur en herbe, me montra ce qu'il avait préparé pour Marley, et qui l'accompagnerait dans la tombe. C'était le dessin d'un énorme cœur en dessous duquel il avait écrit : « À Marley, j'espère que tu sais combien je t'ai aimé toute ma vie. Tu as toujours été là pour moi. Dans la vie comme dans la mort, je t'aimerai toujours. Ton frère, Conor Richard Grogan. » Colleen dessina une petite fille avec un gros chien jaune et ajouta : « P.S. – je ne t'oublierai jamais. »

Je sortis seul de la maison et transportai le corps de Marley sur le chariot jusqu'au pied de la colline, où je coupai une brassée de branches de pin pour tapisser le fond de la tombe. Je fis descendre le lourd corps du chariot, puis le fis glisser dans le trou, aussi délicatement que possible, même si je savais qu'il n'y avait aucun moyen élégant d'accomplir une telle tâche. Je descendis dans le trou, j'ouvris le sac pour le voir une dernière fois, puis je le mis dans une position confortable, qu'il adoptait naturellement – roulé en boule, comme quand il était au coin du feu, la tête nichée sur le côté.

— O.K., mon grand, c'est le moment, dis-je.

Je refermai le sac et retournai à la maison pour aller chercher Jenny et les enfants.

Nous nous rendîmes en famille près de la tombe. Conor et Colleen avaient collé leurs feuilles dos à dos et les avaient mises dans un sac plastique, que je déposai tout contre la tête de Marley. Patrick coupa cinq branches de pin avec son couteau suisse, une pour chacun de nous. Un par un, nous laissâmes tomber le rameau dans la tombe, enveloppés par la senteur des pins. Nous fîmes une pause, puis tous ensemble, comme si nous avions répété, nous dîmes en chœur :

— On t'aime, Marley.

Je repris la pelle et envoyai la première pelletée de terre sur le sac. La terre frappa lourdement le plastique, avec un horrible son, et Jenny se mit à pleurer. Je continuai à recouvrir le corps. Les enfants m'observaient en silence.

Quand le trou fut rebouché, je fis une pause, puis nous rentrâmes tous ensemble à la maison. Nous nous installâmes à la table du salon et nous commençâmes à raconter des histoires drôles à propos de Marley. Jenny nous remémora la fois où Marley avait failli devenir cinglé durant le tournage de *The Last Home Run*, quand un étranger avait pris bébé Conor dans ses bras. J'évoquai le nombre incalculable de laisses qu'il avait sectionnées ainsi que la période où il faisait pipi sur les chevilles de notre voisin. Nous évoquâmes toutes les choses qu'il avait détruites, nous rappelant les milliers de dollars que cela nous avait coûtés. Nous pouvions rire de tout cela à présent. Pour aider les enfants à se sentir mieux, je leur dis une chose que je ne pensais pas vraiment.

— L'esprit de Marley est au paradis des chiens maintenant. Il est dans une immense prairie dorée, libre de courir. Et ses hanches sont de nouveau solides. Son ouïe est excellente, et sa vision perçante. Et il a toutes ses dents. Il est comme au premier jour – à chasser les lapins toute la journée.

— Et il a toutes les portes vitrées à sa disposition pour passer à travers, ajouta Jenny.

L'idée de Marley rendant tout le monde dingue au paradis nous fit éclater de rire.

La matinée avançait et je devais aller travailler. Je retournai auprès de la tombe et terminai de remplir le trou, lentement, avec respect, balayant la terre éparpillée autour avec mes chaussures. Quand le trou fut entièrement rebouché, je déposai deux grosses pierres au-dessus, puis je rentrai à l'intérieur, pris une douche, et me rendis à mon bureau.

Les jours suivants, toute la famille resta silencieuse. L'animal qui était au centre de tant de conversations animées ces dernières années était aujourd'hui un sujet tabou. Nous tentions de retrouver une vie normale, mais parler de lui rendait les choses encore plus difficiles. Colleen, en particulier, ne pouvait supporter d'entendre son nom ou de voir sa photo. De grosses larmes roulaient sur ses joues et elle serrait les poings en disant avec colère :

— Je ne veux pas parler de lui !

Je repris mon train-train – aller au bureau, écrire ma chronique, rentrer à la maison. Chaque soir depuis treize ans, Marley attendait mon retour devant la porte. Franchir la porte d'entrée à la fin de la journée fut l'épreuve la plus pénible pour moi.

La maison semblait silencieuse, vide. Ce n'était plus vraiment une maison. Jenny passait l'aspirateur comme une forcenée, déterminée à remplir une pleine bassine des poils de Marley infiltrés dans tous les recoins de la maison. Peu à peu, les traces de notre ancien chien furent effacées. Un matin, au moment de mettre mes chaussures, je découvris sur la semelle intérieure un tapis de poils, qui s'étaient collés à mes chaussettes quand je me promenais dans la maison, et que j'avais déposés un à un dans mes chaussures. Je m'assis simplement et observai ma trouvaille – que je tenais entre deux doigts – en souriant. J'allai la montrer à Jenny et lui dis :

— Nous n'allons pas nous débarrasser de lui si facilement.

Elle rit, mais ce soir-là, dans notre chambre, Jenny – qui n'avait pratiquement rien dit de toute la semaine – explosa.

— Il me manque. Je veux dire... Il me manque vraiment, vraiment beaucoup. J'en souffre terriblement.

— Je sais, répondis-je. Je souffre aussi.

Je voulais écrire une chronique d'adieu à Marley, mais j'avais peur que mon émotion ne passât pour une manifestation larmoyante, exubérante et complaisante de mon chagrin, qui n'aurait fait que m'humilier. Je continuai donc à traiter des sujets moins chers à mon cœur. Je savais que je voulais dresser de lui un portrait réaliste, et non celui de l'impossible parfaite réincarnation de Rintintin – ce qui ne lui ressemblait nullement. Beaucoup trop de gens idéalisaient leur animal domestique après leur disparition, les transformant en des bêtes sensationnelles et nobles, capables de tout faire pour leur maître, excepté de leur préparer des œufs au plat pour le petit-déjeuner. Je voulais me montrer honnête. Marley était un chien drôle, ultravivant et infernal, qui n'avait jamais été capable d'apprendre la totalité des leçons de bonne conduite. Honnêtement, il aurait tout aussi bien pu être le pire chien de la planète. En revanche, il avait compris tout de suite intuitivement ce que voulait dire être le meilleur ami de l'homme.

Les semaines suivant sa mort, je me recueillis régulièrement sur sa tombe, au pied de la colline. Je voulais m'assurer qu'aucun animal sauvage ne venait fouiner par là durant la nuit. La tombe restait intacte, mais je savais que dès le printemps, je devrais ajouter quelques brouettes de terre pour remettre le terrain à niveau. Je venais là avant tout pour communier avec lui. Debout près de sa tombe, je me rappelais des bribes de son existence. J'étais embarrassé de constater à quel point j'avais du chagrin en pensant à ce chien – j'en avais bien plus que pour quelques humains disparus que j'avais connus. Ce n'est pas que je mettais la vie animale sur le même plan que la vie humaine, mais en dehors de ma famille proche, peu de gens s'étaient livrés à moi avec une telle abnégation. Secrètement, je pris la chaîne de Marley qui était restée dans la voiture depuis mon retour du centre vétérinaire, et je la cachai sous mes sous-vêtements, dans mon armoire, où je pouvais la regarder et la toucher tous les matins.

Je passais toute la semaine avec une douleur lancinante dans la poitrine. C'était bien une douleur physique, mais cela n'avait rien à voir avec une maladie. J'étais apathique, je n'avais goût à rien. Je n'avais même pas d'énergie pour mes hobbies habituels – jouer de la guitare, travailler le bois, lire. Je me sentais déboussolé, je ne savais pas quoi faire de moi-même. Je finis par me coucher de plus en plus tôt chaque soir, à neuf heures et demie, dix heures.

Pour le Nouvel An, nous fûmes invités à une fête chez des voisins. Nos amis nous exprimèrent leurs condoléances, mais nous fîmes en sorte de parler de choses légères. Après tout, c'était le jour de l'An. Pendant le dîner, Sara et Dave Pandl, un couple de paysagistes qui venaient de Californie pour retaper une vieille ferme en pierre, et qui étaient devenus de bons amis, vinrent s'asseoir à côté de nous et nous parlâmes ensemble de l'amour que nous portions à nos chiens respectifs et du sentiment de perte que nous ressentions. Dave et Sara avaient enterré leur chère Nelly, un berger australien, cinq ans plus tôt, et il reposait à présent sur la colline, à côté de leur ferme. Dave était un homme peu sentimental, au caractère posé et plutôt taciturne. Mais lorsqu'il parlait de Nelly, lui aussi avait la voix qui se brisait sous l'émotion. Il me raconta comment il avait arpenté les pentes rocheuses derrière sa maison pour trouver la pierre parfaite pour la tombe de Nelly. Elle avait la forme naturelle d'un cœur et il fit graver dessus : « Nelly ». Même après toutes ces années, la perte de leur chien les touchait profondément. Leurs yeux s'embuaient de larmes quand ils parlaient d'elle. Comme le disait Sara en séchant ses larmes, un chien pouvait parfois si profondément affecter le cours de votre vie que vous ne l'oublieriez jamais.

Le week-end suivant, je fis une longue marche à travers les bois et quand je retournai au bureau le lundi matin, je savais ce que je voulais écrire à propos du chien qui avait bouleversé ma vie, et que je n'oublierai jamais.

Je commençai mon récit en décrivant la marche que j'avais faite à l'aube, armé de ma pelle, et combien il m'avait semblé étrange d'être dehors seul, sans mon chien, qui depuis treize ans m'avait accompagné dans toutes mes excursions. « Et à présent j'étais seul, écrivis-je, et je creusais un trou pour le mettre dedans. »

Je citai mon père qui, lorsque je lui dis que j'allais enterrer mon vieux compagnon, lui fit le plus beau compliment qu'on eût jamais fait à mon chien : « Il n'y aura jamais un autre Marley. »

Je réfléchis longuement à la façon dont je pouvais le décrire, et voici ce que je finis par écrire : « Personne n'avait jamais dit de Marley qu'il était un chien *formidable* – ni même un bon chien. Il était aussi sauvage qu'un bandit et aussi fort qu'un buffle. Il traversait la vie avec une fougue et une énergie qui se rapprochaient dangereusement de la catastrophe naturelle. C'est le seul chien de ma connaissance à avoir été renvoyé des cours de dressage. » Je poursuivis ainsi : « Marley était un mâchouilleur de couches, un briseur de vitres, un baveur invétéré, un fouilleur de poubelles. Côté cerveau, laissez-moi seulement vous dire qu'il a pourchassé sa queue jusqu'au jour de sa mort, apparemment sur le point de faire une découverte majeure pour la race canine. » Bien sûr, il était bien plus que cela et je décrivis son intuition, son empathie, sa gentillesse envers les enfants, son cœur pur.

Ce que je voulais vraiment exprimer, c'était la façon dont cet animal avait touché nos âmes et nous avait enseigné l'une des plus importantes leçons de notre vie. « Une personne peut apprendre beaucoup de choses d'un chien, même d'un chien aussi dingue que l'était le nôtre. Marley m'a appris à vivre chaque jour intensément avec son inépuisable énergie et sa joie, à saisir l'instant et à suivre les élans de son cœur. Il m'a appris à apprécier les choses simples – une promenade dans les bois, une chute de neige, une sieste au coin du feu. Et quand il s'est affaibli avec l'âge, il m'a appris à rester optimiste face à l'adversité. Par-dessus tout, il m'a montré ce qu'était l'amitié, l'abnégation et – plus important encore – l'indéfectible loyauté. »

À la mort de Marley, je découvris un nouveau concept – Marley en tant que mentor. En tant que maître et modèle. Était-il possible qu'un chien – en particulier un chien aussi déluré que le nôtre – pût montrer aux hommes les choses qui comptaient vraiment dans la vie ?

Je crois que oui. Loyauté. Courage. Dévotion. Simplicité. Joie. Et les choses qui ne comptaient pas, aussi. Un chien n'avait pas besoin de belles voitures, de grandes maisons ou de vêtements griffés. Les symboles de prestige ne signifiaient rien pour lui. Un simple bâton lui suffisait. Un chien jugeait les autres non pas en fonction de leur couleur, de leurs croyances ou de leur statut social, mais simplement en fonction de ce qu'ils étaient vraiment. Un chien se moquait de savoir si vous étiez pauvre ou riche, cultivé ou illettré, intelligent ou borné. Donnez-lui votre cœur et il vous donnera le sien. C'est aussi simple que cela et pourtant, nous, humains, si sages et si sophistiqués, avons toujours eu du mal à comprendre ce qui est vraiment important. Tandis que j'écrivais cette chronique d'adieu, je compris que tout cela était sous nos yeux et qu'il suffisait de les ouvrir. Parfois, il fallait un chien avec de mauvaises manières mais de bonnes intentions pour nous aider à y voir plus clair.

Je terminai mon article, le remis à mon éditeur et rentrai à la maison le cœur plus léger, comme si un fardeau dont je n'avais même pas conscience avait disparu.

29

Le club des Mauvais Chiens

Quand j'arrivai au bureau le lendemain matin, le voyant rouge de ma messagerie téléphonique clignotait. J'entrai mon code d'accès et une voix mécanique que je n'avais jamais entendue m'annonça que ma boîte vocale était pleine.

— Merci d'effacer les messages inutiles, disait la voix.

J'allumai mon ordinateur et j'ouvris ma messagerie électronique. Même résultat. La page d'ouverture était remplie de nouveaux messages, tout comme la page suivante, et encore la page d'après, et ainsi de suite... La lecture de mes messages était pour moi un petit rituel matinal. Il constituait un baromètre viscéral – à défaut d'être exact – de l'impact de ma chronique sur mes lecteurs. Certaines chroniques ne récoltaient pas plus de cinq ou dix messages et, ces jours-là, je savais que je n'avais pas convaincu mes lecteurs. D'autres me valaient quelques dizaines de réponses, dans les bons jours. Quelques-unes avaient même fait mieux. Ce matin, j'avais des centaines d'e-mails, bien plus que tout ce que j'avais pu recevoir auparavant. En objet, on pouvait lire « Sincères condoléances », « Une terrible perte » ou simplement « Marley ».

Les amoureux des animaux étaient une espèce humaine particulière, généreux d'esprit, pleins d'empathie, peut-être un peu enclins au sentimentalisme et avec un cœur grand comme un ciel sans nuage. La plupart de ceux qui avaient écrit ou appelé voulaient simplement me témoigner leur sympathie, me dire qu'ils étaient eux aussi passés par là et qu'ils savaient quelle difficile épreuve ma famille traversait. D'autres avaient des chiens qui se rapprochaient inexorablement de la fin de leur vie ; ils redoutaient ce qui allait se passer, comme nous l'avions fait nous aussi il n'y avait pas si longtemps.

Un couple écrivit : « Nous vous comprenons très bien et nous compatissons pour la perte de Marley, qui nous rappelle celle de notre Rusty. Ils nous manqueront toujours et ne pourront jamais vraiment être remplacés. » Un lecteur prénommé Joyce nota : « Merci de nous rappeler notre Duncan, qui repose dans notre propre jardin. » Une banlieusarde du nom de Debi me confia : « Notre famille sait ce que vous ressentez. Le jour du Labor Day dernier, nous avons dû faire piquer notre golden retriever, Chewy. Il était âgé de treize ans et avait de nombreux défauts en commun avec votre chien. Le dernier jour, il n'était même plus capable de sortir pour faire ses besoins et nous savions que nous ne pouvions le laisser souffrir plus longtemps. Nous aussi l'avons enterré dans notre jardin, sous un érable rouge qui sera son mémorial. »

Un recruteur nommé Monica, propriétaire d'un labrador, Katie, écrivit : « Mes condoléances. Ma chère

Katie n'a que deux ans, mais souvent je me dis : *Pourquoi laisses-tu cette merveilleuse créature prendre ainsi ton cœur ?* » De la part de Carmela : « Marley devait être un chien formidable pour avoir une famille qui l'aimait autant. Seuls les propriétaires de chiens peuvent comprendre l'amour inconditionnel que nos chiens nous donnent et l'incommensurable peine que nous ressentons quand ils disparaissent. » De la part de Elaine : « Nos animaux domestiques ont des vies très courtes et ils la passent à attendre chaque jour notre retour. On ne peut imaginer l'amour et la joie qu'ils apportent dans nos vies et il est fou de constater combien nous nous rapprochons les uns des autres grâce à eux. » De la part de Nancy : « Les chiens sont un des joyaux de l'existence. Ils donnent une incroyable richesse à la nôtre. » De la part de MaryPat : « Depuis ce jour, je regrette le son des petites pattes de Max frappant le sol de la maison à la recherche d'un tas de choses; ce silence vous rend cinglé un certain temps, surtout la nuit. » De la part de Connie : « Aimer un chien est une chose fabuleuse, n'est-ce pas ? Cela rend nos relations avec les autres aussi ennuyeuses qu'un bol de flocons d'avoine. »

Quand le flux des messages se tarit enfin, quelques jours plus tard, j'entrepris de les compter. Près de huit cents personnes, toutes amoureuses des animaux, avaient été suffisamment émues pour me contacter. Ce fut un incroyable partage d'émotions et pour moi, une formidable catharsis. Après avoir parcouru tous les messages – et avoir répondu au plus grand nombre d'entre eux – je me sentis mieux, un peu comme si je faisais partie d'un immense cyber-groupe de soutien. Ma douleur personnelle s'était faite le vecteur d'une thérapie publique, où il n'y avait aucune honte à ressentir une souffrance réelle et profonde pour la perte apparemment inconséquente d'un vieux chien gâteux.

Mes correspondants m'écrivaient et m'appelaient aussi pour une autre raison. Ils voulaient débattre de l'assertion centrale de mon texte, à savoir que Marley était le chien le plus mal élevé du monde. « Pardonnez-moi – ainsi commençait une réponse typique – mais votre chien ne pouvait être le plus mal élevé du monde, puisque c'était le mien qui l'était ! » Pour appuyer leurs dires, ils me régalaient d'anecdotes sur les comportements farfelus de leurs chiens. Je lus des histoires de rideaux déchirés, de lingerie dérobée, de gâteaux d'anniversaire dévorés, d'intérieurs de voiture détruits, de fugues, et même d'une bague de fiançailles ornée d'un diamant avalée, ce qui rendait l'intérêt de Marley pour les chaînes en or bien moins original, en comparaison. Ma boîte électronique ressemblait à un talk-show télévisé : *Les mauvais chiens et les gens qui les aimaient*, avec les victimes consentantes qui expliquaient fièrement, non pas combien leurs chiens étaient extraordinaires, mais combien ils étaient infernaux. Bizarrement, la plupart des histoires les plus terribles mettaient en scène d'imprévisibles labradors retrievers, exactement comme le mien. Nous n'étions pas seuls, après tout.

Une femme du nom de Elyssa décrivit la façon dont son labrador Mo trouvait un moyen de sortir de la maison quand il se retrouvait seul, généralement en fracassant les vitres d'une fenêtre. Elyssa et son mari avaient pensé stopper ses élans destructeurs en bouchant et renforçant toutes les vitres du rez-de-chaussée. Mais il ne leur était pas venu à l'idée de protéger aussi les vitres de l'étage. « Un jour, mon mari est rentré à la maison et a vu qu'une vitre était cassée à l'étage. Il s'est fait un sang d'encre pour

Mo, écrivait-elle. Juste au moment où on commençait à craindre le pire, Mo est sorti de nulle part et est venu vers nous, la tête basse. Il savait qu'il avait fait une bêtise, mais à notre grande surprise, il n'était pas blessé. Il avait fait un vol plané depuis le premier étage et avait atterri sur un épais buisson qui avait amorti sa chute. »

Larry le labrador avait avalé le soutien-gorge de sa maîtresse et l'avait vomi dix jours plus tard en un seul morceau. Gypsy, un autre labrador aux goûts aventureux, avait dévoré la jalousie d'une fenêtre. Jason, un retriever irlandais croisé avec un setter, avait ingurgité un tuyau d'aspirateur d'un mètre cinquante de long, « intérieur renforcé et tout », raconta son propriétaire, Mike. « Mais j'adore cet animal », avait-il ajouté.

Phoebe, un labrador croisé, avait été renvoyée de deux chenils différents et sommée de ne jamais y revenir. Sa propriétaire, Aimee, expliqua : « Apparemment, elle faisait office de chef de gang, ouvrant non seulement sa propre cage, mais aussi celles des autres chiens. Ensuite, ils profitaient de leurs quelques heures de liberté pour s'offrir un ou deux en-cas. » Hayden, un labrador de quarante-cinq kilos, avalait tout ce qui lui tombait sous la dent, raconta sa maîtresse, Carolyn. Ce pouvait aussi bien être une boîte entière de nourriture pour poissons, une paire de mocassins en daim ou bien un tube de glu, « mais pas tout en même temps ». Elle ajouta : « Son plus grand exploit fut de déchirer l'armature de la porte du garage à laquelle je l'avais bêtement attaché pour qu'il puisse profiter du soleil. »

Tim raconta que son labrador jaune, Ralph, était un voleur de nourriture particulièrement rusé – encore plus que Marley. Un jour, avant de sortir, Tim avait placé une belle plaque de chocolat au sommet du réfrigérateur, hors de portée de Ralph. Le chien avait réussi à ouvrir les tiroirs du placard avec sa patte, puis s'en était servi comme d'un tremplin pour grimper sur le plan de travail. De là, il s'était mis en équilibre sur ses pattes arrière pour atteindre le chocolat, dont il ne restait pas trace au retour de son maître. Malgré l'overdose de chocolat, Ralph n'était pas tombé malade. « Une autre fois, écrivit Tim, Ralph a ouvert le réfrigérateur et en a vidé le contenu, emballages compris. »

Nancy voulait découper ma chronique pour l'archiver, parce que Marley lui rappelait beaucoup son retriever Gracie. « J'ai posé l'article sur la table de la cuisine et je me suis retournée pour prendre une paire de ciseaux, écrivit Nancy. Quand j'ai voulu reprendre le journal, évidemment, Gracie l'avait avalé. »

Waouh ! L'espace d'une minute, je me sentis mieux. Marley ne me semblait plus aussi infernal. Finalement, il avait plein de copains dans le Club des Mauvais Chiens. Je rapportai plusieurs messages à la maison pour les montrer à Jenny, qui rit pour la première fois depuis la mort de Marley. Mes nouveaux amis de la Société Secrète des Propriétaires de Chiens Anormaux nous avaient bien plus aidés qu'ils ne le sauraient jamais.

Les jours se muèrent en semaines et l'hiver fit place au printemps. Des jonquilles avaient fleuri autour de la tombe de Marley et de délicates fleurs de cerisier flottaient tout autour avant de se poser dessus. Progressivement, la vie sans notre chien était devenue plus facile. Certains jours, je ne pensais pas à Marley, puis un petit indice – quelques poils sur un sweat-shirt, le cliquetis de sa chaîne quand j'ouvrais mon tiroir pour prendre une paire de chaussettes – le rappelait brutalement à ma mémoire. Avec le temps, les souvenirs pénibles s'estompèrent, et je me remémorai uniquement les moments heureux. Des moments oubliés depuis longtemps me revinrent à l'esprit comme des flashs, aussi limpides que de vieux clips qu'on aurait rediffusés. Lisa, l'adolescente victime d'une agression au couteau, qui s'était penchée sur Marley et l'avait embrassé sur la truffe après sa sortie de l'hôpital. L'équipe de tournage qui s'était entichée de lui. La postière qui chaque matin lui glissait une douceur à la porte d'entrée. Sa passion pour les mangues qu'il décortiquait soigneusement à l'aide de ses pattes avant pour en extraire la chair jaune. Les couches de bébé qu'il reniflait avec un air béat sur le visage. La façon dont il quémandait ses tranquillisants comme s'il s'agissait de morceaux de viande. Des instants qui méritaient à peine qu'on s'en souvînt et qui pourtant défilaient à présent dans mon esprit comme sur un écran de cinéma. La plupart de ces souvenirs me faisaient sourire. D'autres me faisaient prendre une pause et me mordre la langue.

J'étais en réunion à mon bureau quand un souvenir me revint. Nous vivions à West Palm Beach, Marley était encore un chiot et Jenny et moi de jeunes mariés rêveurs. Nous nous promenions main dans la main le long de l'Intracoastal Waterway par une fraîche journée d'hiver. Marley nous traînait derrière lui. Je l'avais laissé grimper sur le mur de béton qui faisait soixante centimètres de large et se dressait à un mètre au-dessus de la surface de l'eau.

— John ! avait protesté Jenny. Il pourrait tomber.

Je l'avais observée d'un air dubitatif.

— Tu le prends pour un idiot ? Que crois-tu qu'il va faire ? Qu'il va plonger dans le vide ?

lièrement de pouvoir circuler librement où bon me semblait sans un gros animal jaune collé à mes basques.

Pourtant, en tant que famille, nous n'étions pas au complet.

Un matin, à la fin de l'été, je m'apprêtais à prendre mon petit-déjeuner dans la cuisine quand Jenny me mit un journal sous le nez, et pointa le doigt sur un article.

— Tu ne vas pas en croire tes yeux, m'annonça-t-elle.

Une fois par semaine, le journal local mettait à l'honneur un chien sans abri qui cherchait une nouvelle maison. Il y avait toujours le nom du chien, sa photo et une brève description – dans laquelle le chien semblait prendre la parole pour faire son propre portrait. C'était une astuce pour donner une image flatteuse du chien. Nous trouvions souvent les descriptions amusantes, surtout étant donné les efforts déployés par les auteurs pour mettre en valeur ces animaux rejetés.

Ce jour-là, j'avais sous les yeux la bouille d'un chien que j'aurais reconnu entre mille. Notre Marley. Ou du moins un chien qui aurait pu être son jumeau. C'était un gros labrador jaune avec une tête en forme d'enclume. Il fixait l'objectif de l'appareil photo avec une telle intensité que j'étais persuadé que juste après la prise du cliché, il s'était jeté sur le photographe, l'avait mis à terre et avait tenté de dévorer l'appareil. Il y avait son nom sous la photo : Lucky. Je lus le descriptif à voix haute. Voilà comment Lucky se décrivait : « Je suis plein d'entrain ! Je ferais un malheur dans une maison tranquille, même si je dois canaliser mon inépuisable énergie. Je n'ai pas eu une vie facile, alors ma nouvelle famille devra faire preuve de patience avec moi et continuer à m'apprendre les bonnes manières. »

— Mon Dieu ! m'exclamai-je. C'est lui. Il est revenu de chez les morts.

— Réincarnation, dit Jenny.

Il était troublant de voir à quel point Lucky ressemblait à Marley. Même la description lui correspondait parfaitement. Plein d'entrain ? Des difficultés à canaliser son énergie ? Doit apprendre les bonnes manières ? Patience requise ? Nous étions familiers de tous ces euphémismes, puisque nous les avions nous-mêmes utilisés. Notre chien mentalement déséquilibré était de retour, plus jeune, plus fort et plus sauvage que jamais. Nous nous tenions là tous les deux, à fixer le journal sans un mot.

— Je suppose que nous pourrions aller jeter un coup d'œil, dis-je finalement.

— Juste pour le plaisir, ajouta Jenny.

— Oui, par simple curiosité.

— Quel mal y a-t-il à faire un saut là-bas ?

— Il n'y a aucun mal, acquiesçai-je.

— Eh bien, alors... Pourquoi pas ?

— Qu'avons-nous à perdre ?

Remerciements

Même un auteur n'est jamais seul au monde, et je voudrais remercier les nombreuses personnes qui, grâce à leur soutien, m'ont permis de mener à bien ce projet. En premier lieu, permettez-moi d'exprimer ma plus profonde gratitude envers mon agent, la talentueuse et infatigable Laurie Abkemeier, de DeFiore and Company, qui a cru en cette histoire et en ma capacité à la raconter bien avant que je m'en croie moi-même capable. Je suis convaincu que sans son enthousiasme et son soutien sans faille, ce livre serait encore aujourd'hui à l'état de simple projet. Merci, Laurie, d'avoir été ma confidente, ma « défenseuse », mon amie.

Des remerciements chaleureux à mon formidable éditeur, Mauro DiPreta, dont les interventions judicieuses et intelligentes ont rendu ce livre meilleur, et à la joyeuse Joelle Yudin, qui s'est occupée de tous les détails. Merci aussi à Michael Morrison, Lisa Gallagher, Seale Ballenger, Ana Maria Allessi, Christine Tanigawa, Richard Aquan et toutes les personnes du groupe HarperCollins qui sont tombées amoureuses de Marley et qui ont fait de mon rêve une réalité.

J'ai une dette envers mes éditeurs du *Philadelphia Inquirer* pour m'avoir sauvé de l'exil que je m'étais imposé, loin du milieu journalistique que j'aime tant. Et aussi pour m'avoir fait l'inestimable cadeau de me confier ma propre chronique dans l'un des plus grands journaux américains.

Je suis très reconnaissant à Anna Quindlen dont l'enthousiasme immédiat et les encouragements ont eu bien plus d'importance qu'elle ne peut l'imaginer.

Merci du fond du cœur à Jon Katz, pour ses précieux conseils ; ses livres, en particulier *A Dog Year : Twelve Months, Four Dogs and Me*, m'ont inspiré.

À Jim Tolpin, un homme de loi très occupé qui a toujours trouvé le temps de me conseiller. À Pete et Maureen Kelly, dont l'amitié – et le cottage donnant sur le lac Huron – étaient le remontant dont j'avais besoin. À Ray et JoAnn Smith, pour avoir été là quand j'avais le plus besoin d'eux, et Timothy R. Smith dont la merveilleuse musique m'a ému aux larmes. À Digger Dan, mon fournisseur de viandes fumées. À mes chers frères et sœurs, Marijo, Timothy et Michael Grogan pour leurs encouragements. À Maria Rodale, pour m'avoir confié les rênes de son précieux magazine, et aidé à trouver mon équilibre. À tous ces amis et collègues trop nombreux pour être cités, pour leur gentillesse, leur soutien et leurs bons conseils… Merci à tous.

Jamais je n'aurais eu l'idée de ce projet sans ma mère, Ruth Marie Howard Grogan, qui très tôt m'a donné le goût pour les belles histoires bien racontées et qui a partagé avec moi son don de conteuse. Non sans tristesse, je me rappelle et j'honore mon plus grand fan entre tous, Richard Frank Grogan, décédé le 23 décembre 2004, alors que ce livre était en cours. Il n'a pas eu la chance de le lire, mais j'ai pu m'asseoir à son chevet un soir et lui lire les premiers chapitres tout haut, ce qui l'a même fait rire. Ce sourire, je m'en souviendrai toujours.

J'ai une immense dette envers ma chère et patiente épouse, Jenny, et mes enfants, Patrick, Conor et Colleen, qui m'ont autorisé à les mettre sous les projecteurs et à raconter des détails très intimes. Vous êtes vraiment super et je vous aime plus que tout.

Enfin (oui, encore une fois), je dois remercier mon infernal ami à quatre pattes, sans lequel il n'y aurait pas eu de *Marley et moi*. Il aurait été heureux de savoir que sa dette pour tous les matelas éventrés, les cloisons dévastées et les objets précieux avalés, était entièrement payée.

Table

Composition par Asiatype

Impression réalisée sur CAMERON par
BRODARD ET TAUPIN
La Flèche
en décembre 2007

Imprimé en France
Dépôt légal : décembre 2007
N° d'édition : 97782/03 – N° d'impression : 44891